图文修订版

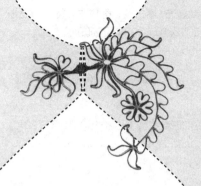

武则天

明主与暴君

李古寅　彭华杰/主编

廣東旅游出版社
GUANGDONG TRAVEL & TOURISM PRESS
悦读书·悦旅行·悦享人生
中国·广州

图书在版编目（CIP）数据

明主与暴君：武则天 / 李古寅，彭华杰主编. — 广州：
广东旅游出版社，2015.10（2024.8重印）

ISBN 978-7-5570-0212-1

Ⅰ.①明… Ⅱ.①李… ②彭… Ⅲ.①传记文学－中国－
当代 Ⅳ.①I25

中国版本图书馆CIP数据核字（2015）第237723号

明主与暴君：武则天

MING ZHU YU BAO JUN : WU ZE TIAN

出 版 人	刘志松
责任编辑	李 丽
责任技编	冼志良
责任校对	李瑞苑

广东旅游出版社出版发行

地　　址	广东省广州市荔湾区沙面北街71号首、二层
邮　　编	510130
电　　话	020-87347732（总编室） 020-87348887（销售热线）
投稿邮箱	2026542779@qq.com
印　　刷	三河市腾飞印务有限公司
	（地址：三河市黄土庄镇小石庄村）
开　　本	710毫米×1000毫米 1/16
印　　张	17
字　　数	246千
版　　次	2015年10月第1版
印　　次	2024年8月第2次印刷
定　　价	72.00元

本书若有倒装、缺页影响阅读，请与承印厂联系调换，联系电话 0316-3153358

序 言

　　武则天是中国历史上唯一的女皇帝，也是封建社会少有的女政治家。她在中国历史上实际执政半个世纪，集明主、暴君、风流女皇于一身。她的出现，打破了男人主宰中国历史的一统天下。

　　一千多年来，对这位女皇的是非功过，毁誉褒贬，议论万殊。

　　历史上的武则天，之所以毁誉并至，褒贬兼有，盖因武氏一生有着太多不同寻常之处：

　　其一，武氏出身并非望族，而能少年入宫；其二，入宫之后，又被逐出宫，到感业寺削发为尼；其三，从感业寺卷土重来，二次进宫；其四，二次进宫，便力压群芳，迅即被册封为皇后；其五，由册封皇后，到并称"二圣"；其六，由并称"二圣"，到临朝称制；其七，由临朝称制，而改唐为周；其八，"神龙革命"，武周覆灭，而武则天不死；其九，武氏举贤任能，又滥杀无辜，但能掌握有度；其十，武氏搜罗男宠，淫乱宫廷，而社会稳定；其十一，武氏幼读儒学，入宫又笃信佛典，并利用佛教登上女皇宝座……

　　武氏其人可以说浑身皆谜。如年龄、出生之地，都没有定论；武则天称帝，但最后又去帝号称皇后，足证其对当皇帝也狐疑不定；她的男宠问题，正史皆直书不避，但细究起来，武氏六七十岁始得男宠，而且闹得风风火火，沸沸扬扬，从生理上推断，不能不是一团谜；最

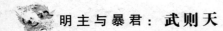

后是武氏墓前之无字碑，这是武氏最后的创造，并吊起人们的悬念，谜团上又罩上一层神秘的雾。

中国历史上出了个武则天，增加了历史的鲜活感和趣味性。本书参考了大量的历史文献，也参考了中外时贤的新著，并努力表达出新意。

本书是集体创作，我们编书同仁虽然尽了最大努力，但因学识浅薄，见闻孤陋，难免类例失范，斧琢欠工，不足地方尚多，诚盼敬爱的读者朋友惠于指正。

李古寅

2014 年 2 月 26 日于郑州

目　录

抖翎的公鸡。王皇后无计可施，更加气恼。愤怒之中，她猛然想起武则天。她想，武则天在立太子问题上，是暗地里立了大功的。当初皇上想她，曾害了一场大病。论容貌，论见识，萧淑妃给她提鞋都不配，只要武才人能回宫，不愁萧淑妃不败下阵来。

杀鸡儆猴 / 069

武则天谋划了第一个妙计，杀鸡给猴看，然后一步步、一口口吃掉更多的反对者和对手。她选中的第一个目标就是"炮筒子"萧淑妃。萧淑妃心直口快，口无遮拦，也容易抓到把柄。

074 四、蜇计暗施

滴血验亲 / 074

第二天，高宗以着人看相为名，让太监把代王弘抱到太医轩，请太医把他们父子的手指都刺破，把血滴在金碗中。高宗低头一看，两人的血在水中很快溶到一起，顿时高兴起来，说："怎么会有假，这孩子就是我的啊！"

谁说虎毒不食子 / 078

王皇后出于慈爱心肠，上前用一只手轻轻地抚摸着小公主，又怕触醒她，便亲昵地弯下腰，用嘴唇在小公主红扑扑的脸蛋儿上吻了吻，然后才蹑手蹑脚地走出来……武则天顿时一股恶念涌上心头，一双魔爪从广袖中伸了出来，猛然扼住小公主的脖颈……

大网张开 / 085

高宗传出圣旨："尚书左仆射褚遂良忤逆犯上，贬往潭州。"这一旨意一出，使一班贞观老臣大为惊骇，长孙无忌也禁不住倒吸一口冷气。他心想，武则天要弄的这一招实在厉害呀！大网已经张开了。

094 五、册封皇后

网罗许、李 / 094

李义府一夜之间转危为安，不仅没有左迁，第二天武则天还差人送来重礼，三天之后又加官晋爵。武则天的目的，是要让文武大臣知道，拥护她做皇后，会有什么好处。朝野的议论也随着李义府的频频擢升而发生倾斜。

高宗已拿定主意：我毕竟是一国之君，国政家事还要任由你们做主？立谁为皇后，难道都要由别人操办？高宗实在受不了。这也许是武则天床笫之间教化的结果。

王皇后这个自幼养在深闺中的贵族小姐，听完诏书，再次拜道："陛下万岁！"萧淑妃的表现可不同，她破口大骂："阿武，你这个狡猾恶毒的东西！但愿来世我生为猫，你是鼠，世世代代狠狠咬破你的喉咙。"

一番话，说得高宗无言以对。于是，高宗连见一见长孙无忌的决心都没有，就直接下了诏书，削掉长孙无忌太尉官衔和封邑，只保留扬州都督的空衔，逐往黔州。流放黔州两个月，宫中就派大理正袁公瑜来逼他自缢。据说，他的死是一种很贵族式的自杀。

《新唐书·奸臣传》这样记载："义府貌素恭，与人言嬉怡，微笑而阴贼，偏忌著于心。凡忤意者皆中伤之。时号义府'笑中刀'，又以柔而害物，号曰'人猫'。"乾封元年，李义府死于流放地振州。李义府的下场，正所谓"善有善报，恶有恶报，不是不报，时间未到，时间一到，一律报销"。

武则天虽然对自己家的人有看法，但她在宫中朝中也实在孤立。如果武姓没人保护她，支持她，一旦有事，谁又能来保她这个皇后呢？所以，她还是按照中国人几千年来一贯的思维方式，想到了娘家人。一人得道，鸡犬升天。

高宗皇帝一生有十四个皇子，由十个母亲所生，其中四个为武则天亲生。如此看来，对高宗的性爱生活，武则天也牢牢地控制在手，甚至达到了纯粹的一夫一妻制，就如同他不是皇帝，而是一介农夫。从这方面说，所谓并称"二圣"，高宗也是徒有虚名。

太子弘死的第二天早晨，高宗向群臣宣称要退位，以示反抗，让大唐帝国就此灭亡吧！他悲愤交加。他的退位使群臣大惊，他说要把帝位让给武后，横竖她一向就统治着大唐的天下。太子弘遇害，对高宗的精神打击实在太大了。

多年来的怀才不遇及积怨，使得骆宾王义无反顾地加入到李敬业的反武大军中，并写下闻名于世的《讨武曌檄》。

武敏之品行恶劣，竟与外祖母杨氏发生性关系。武则天得知实情后，对母亲的行为咬牙切齿，可她毕竟是自己的生母啊。武则天遇到了难题。

来俊臣开口道："囚徒当中多有不服，你说该怎么办？"周兴回答道："容易得很！你把囚犯装入大瓮，周围放上木炭烧烤，还有什么不能承认的事呢！"周兴的回答，使来俊臣很得意，便对周兴说："说得好！"随即命仆从抬来一大瓮，周围按周兴的说法烤上炭，然后慢慢拿出谕旨，谦恭地说："请君入瓮。"

太后紧紧地抱住了这个健壮的男子，两人掀起了一个又一个欢愉的高潮。太后尽情地享用着这个男人，这是她六十多年来从未享受过的。

数千多人齐聚到皇宫门前，喧嚣请命。其中有文武百官、远近民众、四夷酋长、各国使臣，有商人，有和尚，有道士。武承嗣选了十二名请命代表，进宫面见皇太后，并呈上一个由六万人签名的长折子。武则天见了，真是又惊又喜。惊的是没有想到一下子会有这么多人签名请命，喜的是请命行列中各行各业的人都有，特别是广大黎民百姓也都开口说话了。看来众望所

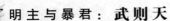

归，水到渠成了。

武则天与日俱增的与其年纪极不相称的淫欲之火，使他骇然不已。"这个老女人，简直比婊子还要淫荡！"薛怀义心中不知诅咒过多少遍。

"陛下，"团儿一边给武则天捶着背，一边说着早已准备好的话，"据奴婢所知，近来太子妃刘氏和窦氏二人每天晚上对着两个木人祈求鬼神，施法诅咒，企图陷害陛下，缩短陛下阳寿。奴婢已得到确切的证据，如若陛下怀疑，可以派人到东宫搜查。"

为了防止日后互相残杀，几经思量，武则天召来皇太子李显、相王李旦、太平公主以及梁王武三思、定王武攸暨等人，命他们写下盟誓，并至明堂之上焚香，祷告天地神灵："皇帝千秋之后，皇太子与武氏一族永世和好，绝不发生争执，更不互相残杀。"为使盟誓世世相传，武则天又命人将其镌刻在铁券上，以告后世子孙。

有其母必有其女，皇帝、公主都是个中老手。当下，太平公主便将张昌宗进献给武则天。这张昌宗果真面如傅粉，唇若涂脂，身材健美，穿着华丽，像是神话故事中的玉童，武则天一见惊异得一时说不出话来。

王同皎抱起太子，推上马背，率领士卒一路砍杀，冲到了迎仙宫。张昌宗与张易之一起赶来迎仙宫看个究竟，不料即时被逮住，并立刻诛杀，连喊叫一声也未来得及就身首异处了。大臣们终于去掉了一块心病。

二月初四，大唐国号正式恢复。于是自从天授元年（690年）以来，由武则天称帝的十五年的大周帝国彻底宣告结束。大唐旗帜的颜色也从周的大红色恢复为唐的黄色，大唐的旗帜又迎风飘扬了。

韦皇后干政 / *232*

原本应该成为他们傀儡的中宗皇帝，即位之后却公然忽视他们的存在，他们感到十分愕然。中宗不仅没有成为他们的傀儡，反而成了韦后的傀儡。这正像当初长孙无忌想使高宗成为自己的傀儡，却被武则天抢走的情形一样。

武三思乱宫廷 / *235*

韦后与武三思私通之后，韦后感觉到武三思有许多美妙之处，不可言喻，身心通泰，所以对他百依百顺。在他们两人媾欢之时，武三思经常信誓旦旦地说，有朝一日他能够掌权的话，必定尽心孝敬韦皇后，把韦后逗得乐不可支。

女皇升天 / *238*

她在弥留之际，断断续续地吩咐内侍写下遗嘱：去掉自己的帝号，称则天大圣皇后，陪葬在高宗的乾陵，立一块碑，上面一个字也不要镌刻。这就是有名的无字碑。武氏临死还勾起后人的悬念。

▌一、龙女降世▐

武士彟其人

谁也不曾想到，一个木材商人能封官晋爵，进入大唐王朝的政治中心，更不会想到，他的女儿能做皇帝。这个中国历史上唯一的女皇帝，就是武士彟的女儿武则天。

武则天究竟出生在什么地方，史学家历来争论不休。有说她出生在山西文水，有说她出生在四川广元，也有说是西安，更有人说她生在扬州。众说纷纭，莫衷一是。

那么，一代女皇武则天究竟出生在何地呢？

历史学家郭沫若根据《李义山诗集》中《利州江潭作》一文中的有关记载，认为李义山在此诗自注中的"感孕金轮所"之说中的"金轮"，即指武则天，并且她曾自我册封为"金轮圣神皇帝"，"感孕"是指帝王因感动天神而身怀六甲。后来，武则天改唐为周做了一代骄人的女皇帝，所以李义山在自注中使用了这样的敬语。唐代的利州，即为今日之四川省广元县（现为广元市）。郭沫若根据唐代诗人李义山的诗题自注判断武则天出生于四川省广元县。郭沫若在他编写的《武则天》历史剧中还说："武后的父亲曾在利州做过都督，武后即生于广元县。今广元县犹有武后生处，曰则天乡，有寺曰皇泽寺，寺内有武后石刻像。"

明史专家吴晗先生则不同意郭沫若的这一判断。他在《新建设》1961 年第一期《关于历史人物评价问题》一文及附记中叙述道："武则天生于武德七年（624 年），《册府元龟》中有两条材料，说明武德末年武则天的父亲在扬州，任扬州都督长史。以此看来，武则天出生在四川的说法是不大可能的。""武则天的父亲武士彟在利州都督任上是贞观五年的事，这时武则天已经八岁了。在此之前，贞观元年任利州都督的是罗寿和李孝常。如此说来，武则天不可能生在利州。"然而，武则天究竟出生在何地，吴晗先生也没有下一个明确结论。这就给我们留下一个难解的千古之谜。

为揭开武则天出生地之谜，我们有必要先来叙述一下武则天的父亲武士彟（另一说为"镬"）的一些历史情况，以便为寻找武则天真实的出生地打开缺口。

武士彟，生于北齐隆化元年（576 年），山西文水人，是经营木材致富的"寒族"，自幼喜欢读书，聪敏异常，好交友，礼贤下士，常以陶朱公范蠡作他人生的楷模。他知道口袋里仅仅有几个钱还不行，还难以得到世人和上层社会的认可。而要彻底摆脱"寒人"低下的社会地位，只有自己去奋斗，用金钱去开辟一条人生的仕途之路，从而不再被别人认为是下三烂。因之，他每读书见有扶主立国之描述，便反复研读，深刻领会。他的父亲见儿子胸有大志，便要他发愤自强，并大力支持他的事业。

他在和乡人许文宝来往各地贩卖木材之余，营造了一大片山林栽种数万棵小树。这些小树，十几年时间便长得高大挺拔，成为有用的房屋和庙宇的建筑材料。武士彟既经营木材，又营造山林，很快财源就像流水一样滚滚而来，他也成为了方圆百里闻名的大富商。

山西地区冬季较长，且东有太行山脉，成为一座天然的屏障，夏季起风时大雨往往集中于山麓。同时，西北有广阔的沙漠，寒风狂吹朔方，生态环境很差，极不适宜种植农作物。而武士彟选择的林业，正好为他带来了丰厚的利涯。因此，他成为大地主和大商人，就是必然的事情了。

一天，酒足饭饱之后，武士彟和好友许文宝在树林中观看一天天苗壮成长的高大林木，兴奋异常。二人边走边说："从今以后，我们可要发大财了，钱多得可是几辈子都花不完呀！"

许文宝道："我看赚的钱，足够咱两家用一辈子的了。可是，要那么多钱干啥用呢？"

武士彟说："咱们虽然发了财，但无权无势，还时常受官府敲诈勒索。我要用钱走向仕途，整治一下贪官污吏，以解心头之恨。"

许文宝虽不再言语，但心里很佩服他的这位仗义豪爽的朋友。

说来也巧，这天，李渊领兵经过文水县，久闻武士彟是个开明的富商，仗义疏财，就特地到武家休息，想结识一下大名鼎鼎的武士彟。

武士彟平素就仰慕名流，喜欢与有才学的人交往。今见李渊相貌堂堂，龙睛含威，双耳垂肩，一表人才，分明有帝王之相，十分敬佩，便立即招呼家人好酒相待。

原来李渊是奉隋炀帝之命，以山西、河北巡抚使身份带兵去河津一带讨伐农民起义军首领毋端儿的。毋端儿聚众数千人，到处攻城略地，抢粮夺财。隋炀帝大为恼火，特派李渊带兵前往围剿。武士彟见李渊不仅有帝王之相，又是朝廷的重臣，款待殷勤，天天酒席相敬，杯来盏往，十分投机，临行并赠送丰厚的礼帛。为此，李渊十分感激，把他视为知己。

此后，李渊带兵行军，往来于临汾、晋阳一带时，便住宿在武士彟家。大业十三年（617 年），因李渊讨"贼"有功，隋炀帝提拔他为太原留守。李渊为报答武士彟款待之情，特命武士彟为晋阳行军司铠。

当时，农民起义军此起彼伏，611 年先有农民领袖王薄在长白山发动起义，星星之火，很快便燃烧到河北、陕西、山东、河南、浙江和宁夏等地。到 614 年农民起义军已席卷全国，其中河南的翟让、李密领导的瓦岗军，河北窦建德领导的义军，以及杜伏威领导的江淮义军，是三支实力最强大的农民起义队伍。风起云涌的起义大军，直接威胁着隋王朝的统治。正在这时，外族势力突厥又围攻马邑（今山西朔州），形势非常危急。这时，李渊命副留守高君雅和王仁恭合力抵抗，务必保住马邑不被攻破。谁知，二人出师不利，伤亡惨重。李渊担心隋炀帝问罪，随即有起兵的意图。战死也是死，起义也是死，还不如拼搏一下，兴许还可能活下去。正当李渊忧愁之际，他的二儿子李世民看出了父亲的心思，趁机劝其父要当机立断，不要想得太多，以免耽误了时机。李渊对此重大举动，决策十分慎重，万一不成，反遭灭族杀身之祸，此事绝不可妄动。无奈，李世民便请父亲的好友武士彟共同劝说李渊快速发动兵变，成就大事。

这天傍晚，武士彟手执蒲扇，大摇大摆地来到李渊的留守府。

武士彟拜见李渊

李渊将他迎接到客厅，请他坐下。

端上茶，武士彟喝了一口，便单刀直入地说："当今隋炀帝暴虐无道，残害忠良，民心向背，农民纷纷起来造反，隋王朝已陷入四面楚歌之中，不知你有何打算？天下大事就怕议而不决，反受其害呀！"

李渊听到这突如其来的问话，十分惊讶。他便问道："如今天下大乱，群雄四起，如何收拾残局，愿听君高见！"

武士彟神秘兮兮地说："我昨晚做了个梦，梦见大人身穿黄袍，在长安坐上金銮宝殿，威风凛凛。哈，哈……真是好不惬意啊！"说着从腰间内袋掏出一部兵书，双手献给李渊。

李渊十分惶恐，忙问道："武参军夜献兵书，有何意图？"

武士彟不慌不忙地起身掩上门，然后转回身，用深沉的目光盯着李渊，郑重其事地说道："这部兵书是我多年苦钻《孙子兵法》所写的心得，经多次删改修正，成书三十卷，名为《兵法典要》。今见唐公倜傥豁达，宽仁厚众，风流勇健，有帝王雄风，故而特将此书奉献于唐公，以作为举兵发难时的参考之计谋。"

李渊听后，故作惊讶状，说道："发兵举事，万万使不得。我等受皇恩浩荡，荣及身后，这种犯上作乱的举动，可不是君子所为。此等想法，万万使不得呀！"

武士彟不慌不忙地站起来，提高嗓门对李渊道："自古以来，天下大事，分久必合，合久必分。当今隋炀帝暴虐无道，残害忠良，民不聊生，怨声载道。唐公受昏君之命，出兵征讨义军，实在是倒行逆施呀！依兄弟看来，现今不如趁天下大乱之际结交义军，隋炀帝又游幸江都短时间不能回归，火速发兵进攻长安，取天下易如反掌啊！"

李渊的二公子李世民坐在一旁，忙插话道："我在街上听到一首民谣：'江南杨花败，河北李花开，黎民争（贞）观快到来。'不知父亲可否听到这首民谣，了解其真实含义？"在他的话音中透着咄咄逼人的气势。

李渊原来已经同儿子李世民多次商讨起兵反隋之事，今听武士彟的诚心劝告，更加坚定了起兵叛隋的决心。当时他心花怒放，捋捋胡须，连忙命兵士拿酒上菜。李渊斟满两大杯，双手捧酒递给武士彟，自己也举起一杯来，二人酒杯碰了一下说："感谢武公的出谋献策，日后若得天下，定当与君共享富贵！"

自此，李氏父子日夜筹划起兵之事。他委派两员得力干将去招兵买马，一个是李世民的夫人长孙氏的叔父，叫长孙顺德。此人曾做过隋炀帝的右勋卫，隋炀帝派遣他去征辽东，行军途中，他逃亡到李渊部下。一个是雍州池阳人刘弘基。因隋炀帝出兵辽东，兵无食粮，马无草料，钱粮匮乏，怨声载道，他便在行军途中与部下偷杀耕牛，结果被农夫捉拿送到官府，判罪进了监狱。释放后，他以盗马屠杀耕牛为生，后来流窜到太原，投奔于李渊麾下。二人都是以亡命之身栖居在李渊之处，对隋王朝的统治恨之入骨。他们受李渊重托后，对招兵买马之事十分卖力，一月之间便招募兵丁数万人，驹马无数。李渊大加奖赏，以后陆续招募的兵马，统归二人带领，成了李渊部下的中坚力量。

刘弘基和长孙顺德招募兵丁、私下购马的事，很快引起了副留守王威、高君雅的注意和猜疑。他二人暗地里对武士彟说："刘弘基、长孙顺德都是朝廷钦犯，所犯罪行本应立即处死，李渊怎能这样糊涂，竟敢窝藏钦犯，又命二人去统率兵马，若被炀帝发现，有诛灭九族之罪。我的意见应将此二人囚禁起来，解除兵权，听候处理。不知武兄意下如何？"

武士彟若无其事地说道："王留守所见极是。可是那长孙顺德和刘弘基是唐公的亲属和朋友，如果解除他们的兵权加以审问，必然要激怒唐公，引起争斗。二虎相斗，必有一伤。同时，这二位虽犯有重罪，能知过必改，为朝廷招募兵员竭尽忠心。现如今国难当头，还是以团结为重嘛！"一番话，说得王威无言以对，只好随声附和，不再去追究。但是，他心里的疑团始终没有解开。

当时的留守司兵田德平，也怀疑李渊用此二人有反隋炀帝和自立为王的企图，便同武士彟商议，以便见机行事。

这天，在酒宴上他趁机问武士彟对此有何看法。武士彟随机应变地说："李渊生于八柱国之家，八岁袭唐国公，大业初为荥阳郡太守，后又征为殿中少监，迁卫尉少卿，是世袭的官宦大家，对隋王朝感恩戴德，忠心耿耿。如今又奉命招募讨伐农民起义军的兵马，全权都归唐公主管，王威、高君雅都是副职，不过都是个虚名而已。你便是向他们告发，他们也奈何不了唐公，你何必做得罪人不讨好的事呢！"田德平听后，感到很有道理。于是便将告发之事暂且放下，佯装不知。

王威、高君雅看准李渊父子要发动兵变，又和武士彟商议不成，便想设计干掉李渊父子。一次，李渊同武士彟喝酒，正在杯来盏往的时候，李渊的四子李元吉慌里慌张地从门外跑进来，气喘吁吁地说："隋炀帝遣使送旨，召父亲前往江都陪驾。"

李渊听后，惊恐万状，酒杯失落于地，说道："这可是性命攸关的事呀！"

这时，李世民走到武士彟身旁，同他如此这般耳语一番。武士彟道："如今事已至此，木已成舟，无毒不丈夫，应先下手为强，绝不能束手待擒。"于是便向李氏父子献了计谋。李渊心急如焚，但又无可奈何，于是决定听从武士彟和儿子李世民的意见，立即发动兵变。他传令使臣进来，设香坛下跪，举行三拜九叩礼，恭听圣旨。只见使臣迈着八字步，双手捧着圣旨，大摇大摆地进来。站稳后，拖着娘娘腔，慢声细语地念道："敕令太原留守李渊，火速前来江都，计商剿灭贼寇之策。钦此。"

念毕，李渊双手接过圣旨，重赏使臣，并设宴招待。

第二天，李渊便收拾行装，安排好军务大事，准备立即启程前往江都。

前来为李渊送行的各路人马以及部属络绎不绝。

副留守王威等喜笑颜开，端着酒壶也前来送行。等到日将中午，送行人员到齐，只见那使臣突然又取出一道圣旨，对着众人："宣王威接旨。"王威诚惶诚恐地跪拜接旨。只见那使臣展开圣旨念道："敕令太原留守李渊将反贼副留守王威斩首示众，以正国法。钦此。"念毕，忽有数名刀斧手，不由分说，立即将王威捆绑起来，推出午门。那王威边挣扎边高声叫道："这不是真圣旨，是伪造的……"言犹未尽，早已是身首异处。为李渊送行的大小官员见状，都急忙匍匐在地，异口同声地说："愿听李留守之命。"李渊父子和武士彟威风凛凛地站在大庭广众之中，宣誓起兵，打到长安去，推翻隋王朝，并晓谕百姓，各守其业，努力耕作，保百姓平安无事。

李渊太原起兵，联合突厥，扩充军队，所到之处，势如破竹，于公元617年十一月进入长安。次年二月，隋炀帝被禁卫军将领宇文化及杀死，至此隋王朝灭亡。五月，李渊建立唐朝，改年号为武德，并大会群臣于含章殿，下诏书敕封武士彟等十四人为开国元勋，授光禄大夫，并封武士彟为太原郡公。

谁也不曾想到，一个木材商人能封官晋爵，进入大唐王朝的统治中心，更不会想到，他的女儿能做大唐帝国的皇帝。这个中国历史上唯一的女皇帝，就是武士彟的女儿武则天。

龙女降生

杨氏怀胎十月，终于一朝分娩。呱呱坠地的婴儿啼哭声，惊动了左邻右舍，百官都来祝贺问好。可惜又是一个女孩，这令武氏夫妇大失所望，皱起眉头，唉声叹气。

武德元年（618年）八月，李渊登上皇位，大宴群臣，并特地下诏道："朕自起兵晋阳，遂登皇极，经纶天下，实仗群臣……"在这封诏书里，武士彟、长孙顺德等十四人被列为"开国元勋"，诏书说明"犯罪非叛逆"之罪，均可"并恕一死"。武德二年（619年）七月，李渊在关中设立十二军，武士彟担任中检校并钺军将军，专一管理农垦和军队重任，武德四年（621年）又被委任为检校右厢卫。同时，李渊命令将武士彟全家荣迁京城长安，以彰显抚慰之意。

武士彟当检校并钺军将军的时候，日夜为军务操劳，极少回家与家人团聚。一天，他的两个儿子生了重病，妻子催他火速回家看望，但他始终没有抽出时间。终因医治无效，两个儿子相继夭亡。武士彟听到一双儿子夭亡的噩耗，只流下几滴热泪，就又去忙碌他的军务大事了。其妻相里氏因儿子夭亡，日夜啼哭，终因悲伤过度，得了急病，多方医治，也不见好转。这时武士彟正在检校右厢卫任所，又未请假回家探望妻子，相里氏在悲痛绝望中死去。不到两年时间，相继死了三位亲人，武士彟都在外勤于政务，没有与亲人告别，更没有向皇上请假。这两件事，有人悄悄奏明皇上。李渊闻奏，大受感动，立即下诏书曰："此人忠节有余，去年儿夭，今日妇亡，相去非遥，未尝言及，遗身殉国，举无与此。"武士彟精忠为国，越来越受到李渊的倚重。

一天，李渊将武士彟召进宫中，亲切地对他说："朕自起兵太原，推翻隋王朝暴政，扫平群雄，武公立下汗马功劳。如今，你的妻儿相继亡故，怕朕分忧，又无请假举丧，实乃忠君爱国。朕愿亲自为卿另择佳偶，不知卿意下如何？"李渊紧接着又说："有原隋朝纳言遂宁公杨士达，英才冠绝，为人忠厚。他有一女，德才兼备，可作卿的好内助。"李渊当即命令他的女儿桂阳公主到杨家通婚做媒，具体操办完婚事宜，并下旨：一切完婚费用，统由官府承担。武士彟诚惶诚恐，却也只能悉听尊便了。

这桂阳公主是李渊的第五个女儿，聪明好学，写文作诗，丹青作画，属于文坛女杰，李渊十分喜欢她。曾嫁给华州刺史赵慈景。武德三年（620年），赵慈景出征河东，战死在沙场，桂阳公主便改嫁于吏部侍郎杨师道。这杨驸马的父亲叫杨士雄，是杨士达的长兄，论资排辈，桂阳公主和杨士达的女儿是叔伯姑嫂关系，亲上加亲更为亲。这门亲事，由李渊提议，桂阳公主做媒，没有不成之理。

杨士达之女出身名宦士族家庭，先祖父杨喜，是刘邦的郎中骑将，曾率军追剿项羽。项羽乌江自刎后，论功敕封赤泉侯。杨喜的十六代孙是隋文帝杨坚，十七代孙是隋炀帝杨广，杨士达是皇室宰相，正二品纳言，封即始安侯。虽然隋王朝已灭亡了，但旧王室的成员依然是名门望族。如今又是唐高祖李渊的联姻近属，堪称一级名门望族。武士彟虽然是唐王朝李渊的开国元勋，位极人臣，但出身低微，若能同这样的有贵族血统的人家联姻，就能彻底改变"寒族商人"的地位。所以李渊一提，他喜不自禁，便纳头叩拜，感激皇恩不止。

到成婚之日，武士彟家的官邸，红毡铺地，张灯结彩，雅乐盈耳，热闹非凡。桂阳公主为他们主持盛大的结婚礼仪，达官显贵送礼贺喜的络绎不绝。有诗为证：

富丽千门柳垂绿，净雅万窗花映红。

依人栏杆饰金凤，擎天玉柱附蛟龙。

五彩画廊曲邃深，一色幽室洞房明。

惟见珠光腾宝气，谁知雕梁几多重？

在唐代，男女婚配，很强调男方要比女方年龄大，有"男大十岁，同年同岁"的习俗。可杨氏女已经四十三岁了，仅比武士彟小两岁，实有不般配之感。然而，婚后二人感情甚好，形影不离。那杨氏虽然已是半老徐娘，但体态丰腴，姿色犹存，风韵不减当年，更兼出身名门贵族，性情温柔贤良，举止文雅大方，能诗善画，很有大家风范，因而十分得武士彟好感，将她视为尤物，捧在手里怕碎了，含在口里怕化了，夜夜离她不得。

唐武德五年（622年），李渊又敕封武士彟为工部尚书，赐封八百户。这可是皇上的特殊恩赐呀！但武士彟自幼养成廉俭习惯，知足而止，从无贪欲，前后三次相让。他说："皇上对我的恩赐已经够多了，不能再有所求。"李渊又派李世

小武照穿一身男装

民说服，武士彟才算勉强接受。不久，李渊又敕封他为应国公。就在这恩宠倍加的时候，继室杨氏为他生了一个女儿，武士彟十分高兴。因前妻相里氏生有四个男孩，没有女儿，今杨氏生了个千金，自然高兴。

又过了两年，即武德六年（623 年），杨氏二度怀孕。这次，武士彟夫妇可不像第一次那样兴奋，而是昼夜盼望着生一个男孩，以支撑辛勤创立起来的庞大家业。所以夫妇二人经常到庙里烧香祈祷，请道士念经作法，让易师抽签算命，整日虔诚地吃斋念佛。杨氏怀胎十月，终于一朝分娩。呱呱坠地的婴儿啼哭声，惊动了左邻右舍，众百官都来祝贺问好。可惜又是一个女孩，这令武氏夫妇大失所望，皱起眉头，唉声叹气。

当初，武士彟满心欢喜地打算借着杨氏的高贵血统生个有根基的贵公子，以便子承父业，延续百代。这杨氏盼生儿子的心情更为殷切，因她已是四十多岁的中年妇人了，膝下无子，使自己身后更为可悲。那时正是重男轻女观念根深蒂固的时代。后世文字中所谓的子，其实就是指男子，女子根本就不算数。尤其在上流社会，这种倾向更为明显。然而，事与愿违，夫妇二人只能相对饮泣。然而，新出生的女婴不管她的父母如何忧愁，只管瞪着一双明亮的大眼睛去洞察人间和未知的世界。

幸好杨氏陪嫁过来的奶妈，是个极为精明的女子，她小心翼翼地护理着这个小女孩，饿了便吃奶，渴了就喂水，不满周岁便学会走路了。她爱笑爱闹，无忧无虑，很讨大人欢心。奶妈也不断安慰武士彟和杨氏，她说："生男生女是上天注定，不管男孩女孩，只要聪明好学，长大必有所用。况且你们夫妇正是身强力壮的时候，不愁再生个好儿郎。你们有两个千金不算多，以后日子长着哩，不要整日地发愁，损害了身体是大事啊！"

不管如何，这女孩总是天真烂漫地自由成长。奶妈很善于迎合武氏夫妇求子心切的心理，特地为那小女孩裁制好一身合体的男孩衣服。谁知，那女孩明眸凤眼，大脸宽额，活蹦乱跳，加上穿了男装，颇似一个小男娃，武氏夫妇看在眼里，疼在心上，也慢慢改变了以前的看法。这个小女孩，就是以后叱咤华夏大地、家喻户晓的女皇帝武则天。

▌二、梦兆日月▌

从武照到媚娘

袁天罡稍稍靠近，仔细端详片刻后，对这个身穿男装的孩童满口赞扬，说："这位小公子龙睛凤项，实乃伏羲之相，富贵可极。可惜是个男娃儿，若是女郎，将来必可君临天下，执掌社稷。"

日月给大地带来光明。

日月是大地的皇冠，是大自然的眼睛，象征着人世间的神奇、伟大与君权。武则天崇尚日月，自比日月，其志非凡。

武则天幼小时名叫武照，后来又自创一字，改为武曌。从武照到武曌，这其间又有着怎样的机缘呢？

原来，武则天的父母曾常常因她的出生征兆、非同寻常的气象和聪颖美丽而成一块心病，总想找个星相家为这个女孩相相面，算算命，以预测这个小女孩以后的人生命运。

自从河图洛书出现，黄帝推演奇门，周文王创后天八卦，诸葛亮神机妙算扶汉室，以致到了唐朝这个中国历史上的盛世，医卜医相之术已达到相当完善的程度。同时，也产生出了一批极为有名的星相家。当时就有在野和在朝的两人，他们是袁天罡和李淳风。

那是武照两岁多的时候，一天，武士彠突然听到一个消息，闻名遐迩的星相家袁天罡奉旨进京将途经利州。袁天罡，《旧唐书》列传中曾盛赞他观相准确如神。武士彠认为这千载难逢的良机，绝不可失。于是他便赶紧派一名家人赶到成都，恳请他在路过利州时，务必屈驾光临寒舍一叙。武士彠对星相家如此感兴趣，不是没有原因的，在当时那个时代，人们对命运十分迷信，尤其对梦中出现的征兆常萦绕于心，想弄个究竟。当时就曾经传说过不少奇梦应验的故事。据说，唐高祖李渊起事打天下之前，有一位白眉禅师曾以梦境之事说服李渊起兵夺取隋王朝江山。这位热衷于迷信，相信梦的力量的武士彠将军，心底中翻腾起一个又一个古人的梦兆。

周朝的时候，太公姜子牙垂钓于渭水之滨，而文王做了一个梦，梦见一只飞熊来到王宫。醒来之后，他问群臣此梦将预示着什么？臣下回答，将有一位贤人辅佐周朝而有天下。

秦朝时，秦始皇在御花园饮宴后，忽然觉得困倦，便昏昏沉沉进入梦乡。当他一觉醒来时，回忆起刚才梦中的一幕幕混沌场景：一个儿童从东方而来，穿着一身红色衣服，面如赤铜一般，腾起一跃，把太阳抱在怀里。此时，又出现一个儿童，从西面而来，穿着一身青色衣服，面如敷粉一般，他对红衣儿童大声叫道："且慢，不可夺我太阳，奉上帝之命，令我掌管天下。"但红衣儿童不服，放下手中太阳，同青衣儿童厮打起来，因红衣儿童勇猛，一连把青衣儿童摔倒七十二次。最后一拳便将青衣儿童打死。红衣儿童说："他虽英雄，哪有我的福分大。"于是抱着太阳便走，秦始皇见状叫道：

"你姓甚名谁？"红衣儿童回头应道："我是炎帝的儿子。"后来不久秦归于汉。这隐隐约约的梦幻，暗示了红衣代表汉朝，青衣代表秦朝，太阳象征至高无上、光照四方、威震天下的君权。谁得到太阳，谁就得到了天下。夏桀曾自称太阳，近世亦有伟人被老百姓称为心中的红太阳。

西汉的创立者汉高祖刘邦，人称沛公。他在当亭长时，夜间做了一个怪梦，梦见他独自一人正在夜巡执勤，忽见前面不远处一只肥羊似动非动，于是便上前捕获。但是那只羊力大无比，跳跃敏捷，刘邦费了九牛二虎之力才将那只羊制伏。梦中之物必然似是而非，光怪陆离，变幻莫测。不多时，那只羊又像一只面团所塑之羊，于是高祖刘邦将其角一一拔去，又将其尾也拔掉，恍惚之间，夜梦已过。醒来时天还未明，他反复思虑，不得要领，无从解释，难以自圆。于是他秘密地告诉身边的亲随。亲随一边解释，一边用树枝在地上写了个羊字，然后用手将羊字的两点擦去，又将羊字形如尾巴的那部分擦掉。啊，明白了，这不是一个"王"字吗！这事大家心知肚明，后来果真应验此梦。

唐高祖李渊起兵反隋之前，除了武士彟向李渊献上自己梦见李渊乘龙在天际翻腾之外，李渊本人也有一怪梦，而且是李渊在分析了隋王朝大势已去，决定起兵推翻隋朝的前夜。他在梦中不知是因为激动，还是担心，或者魂神惊悸，梦见自己从高高的床上坠落地上，浑身难以翻动，形同死尸，结果被群蛆所食。他醒后请一位叫智隔的禅师圆梦，禅师拱手祝贺道："公将君临天下矣，群蛆共食并非坏事，梦中所现正所谓同现实颠倒也。梦凶反吉，群蛆正应群臣附势也。"

对于历史上因梦而成大器，因梦而成大业，因梦而得天下的先例，武士彟深信不疑。况且当时一位白眉禅师曾讲过：梦有五境，一曰过去境；二曰现在境；三曰未来境；四曰灵境；五曰宝境。所谓过去境，显然是在梦中回到了过去，梦到了过去的人和事，好像过去那些最使人难忘之事又浮现出来一般；所谓现在境，一定是对近期所发生的重大事件的再现；所谓未来境，那是还没有实现，而将来定会应验的先期预见；灵境就非同一般了，必然有神灵的指使、暗示；宝境就更厉害了，可能就是预示着天命所归、帝王霸业之境地了。

这天，星相大师袁天罡应邀来到都督府，逐一为武士彟前妻所生的两个儿子，以及武士彟同杨氏所生的大女儿即后来的韩国夫人看了相。所谓相法，有其一定道理，是历来术数家们总结出来的结晶，正像人常抬起眉毛，而额头易有皱纹，手常握工具而有老茧一样，人的每个部位都体现着一定的规则和含义，隐喻着一定的卦象。

袁天罡自心内搜索相法，逐一对照面前这些面庞。他看杨氏出自大家闺秀，年过四十，但面容仍如二三十岁般充满青春光泽，便断定她尚有生育能力。于是他说道："夫人长相不凡，两年内必生贵子。"一席话说得武士彟夫妇喜笑颜开。武士彟又让他的原配妻子所生的两个儿子站到袁天罡面前，袁天罡开口便说："二子官运亨通，将来必居三品。"他又转脸看到早已站在旁边的武士彟的大女儿，说："此女有大富大贵之相，丈夫必然官高位显。"

武士彟对这些近似奉承的话并未放在心上，他关心的就是下一步袁天罡将会怎样评判小女儿武照。他让乳母把小女儿武照领出来，站在袁天罡的身旁。袁天罡稍稍靠近，仔细端详片刻后，对这个身穿男装的孩童满口赞扬，说："这位小公子龙睛凤项，实乃伏羲之相，富贵可极。可惜是个男娃儿，若是女郎，将来必可君临天下，执掌社稷。"

袁天罡到底是一代大师，相术之书从未对帝王之相有特殊规定说明，仅仅谈到富贵之相的大概轮廓，而没有帝王之相的具体标准。他能一眼看出武照有君临天下的可能，也实属不易。

大师的话未落，武士彟心头一惊，按捺着又惊又喜又怕又疑的心情，庆幸小女因着男装而未被袁天罡识破性别。不然的话，大师之言语若是传扬出去，被当今皇上知道，定会大祸临头。

此时，武士彟的狐疑有了答案，也好像了却一桩心事。他对袁天罡作了一番酬谢，恭恭敬敬送出了大门。此后在他有生之年，对大师的话一直是既激动又忐忑不安，一个小女孩儿，将来真的会成为天下的君主吗？他及时叮嘱全家老小，千万不能泄露此事，否则会遭杀头之祸。

然而，从此以后，武士彟对武照特别关心，也更加呵护她。他依照自己的看法，也并不能接受女儿成为一国之主的说法。但不管怎么说，他对女儿武照仍寄予极大期望。他认为，就算女子成为天子是异想天开的事，册立为皇后总该可以吧！对一介女子来说，能坐上皇后宝座，也就等于是天下的主人了。尤其当天子龙体欠安或太子继位年龄尚幼时，皇后更可辅弼摄政，那不正是天下之主的身份吗？

武士彟一旦对这一问题有了合理解释，他的这一梦想也就变得绚丽多彩了。

从前朝的宫廷情形看，虽不乏出身贫贱的皇后，如汉武帝的卫皇后不就是个不知其父为谁的私生女，而且还是个卑贱的舞妓。汉成帝的赵皇后，原本也是个三餐不继的市井舞娘，被人称作"赵飞燕"。但现在的情况却大为不同，非名门贵族女子根本不可能成为皇后。然而，在充满野心的父亲的思想里，时间的因素已被抹杀，他整日陶醉在自我编织的梦想里。他想：与卫皇后和赵皇后相比，我女儿武照有更显赫的家族势力，父亲位居高官，母亲为隋朝王室之后，谁说不能册立为皇后呢！

他在心里反复念叨："我一定要把武照送进后宫，让她成为天下女人中的豪杰！"

武士彟暗中打定主意，这也是他有生以来最后的一个心愿了。

当他以这种眼光看武照时，一个刚满周岁的女儿在他看来，果真是花容月貌、国色天香，仿佛就是一个真正的皇后似的。

他决定为女儿武照取个乳名，叫媚娘。

武媚娘现在愈发健康，长得也更加可爱、聪明伶俐，一双大眼闪动着黠慧的光芒。在武则天曲折一生里，八岁以前的这段日子，应算是最幸福、最阳光明媚的日子了。

武照入宫

小武照静静地看着母亲。一会儿，把手轻轻放在母亲肩上，低声安慰母亲说："能见到天子，不是很幸运的事吗？母亲为什么这么难过呢？"

武士彠在贞观五年（631年）荣升荆州（今湖北省松滋至石首之间）大都督。荆、并、益、扬为四大都督府，素为人所看重。和过去一样，善于掌握机会的武士彠在重要地方仍用金钱打通关节。

此时武照一看就是个健康、聪明可爱的小女孩。这年，她的母亲杨氏又为照生了个妹妹，武士彠夫妇虽未遂愿，但也无可奈何。

光阴荏苒，日月如梭。武照已和其他高官家庭的小公子一样，开始跟着家庭教师读书。武士彠看到家庭教师不是故意讨好主人，而是真正为武照的领悟力感到惊讶时，武士彠大为高兴。百忙之中，也尽量抽出时间教育武照。武照身为大都督的掌上明珠，在父亲的权势和财力的保护下，幸福地成长。但天有不测风云，人有旦夕祸福。贞观九年（635年），武士彠死于任内。为了表彰武士彠的政绩，朝廷追封他为礼部尚书。

自父亲死后，武照的幸福生活突然告一段落。从此，武照和其母亲杨氏的生活各方面都很惨淡。俗话说凤凰落架不如鸡。人去势衰，当官时的威风扫地殆尽，往日风风火火追捧的人群没有了，送礼的人也不来了，甚至还遭遇到同父异母兄弟的白眼，小武照第一次感受到世态炎凉冷暖。人在顺境中学的少，因在顺境中的人情事态多为假象；人在逆境中学的多，因在逆境中的人情事态才是真实暴露，人们才能看到真实，看清了本质，有心人受益无穷。这段经历，武照刻骨铭心。杨氏是贵族出身，大家女子，顺境雍容典雅，逆境亦能蛰伏应对。虽然处境艰难，但三个女儿都长得亭亭玉立，这是杨氏唯一的希望和安慰。尤其是次女武照，具有出众的美貌和坚强的个性，是杨氏唯一的依靠。

武照十四岁那年春天，民间流传着一个消息，即朝廷派宦官至各地，为朝廷选拔嫔妃，挑选良家美女、才女送进后宫。被选中的家庭，认为是莫大的光荣，通常都会举行宴会，招待亲友。其实，对民间少女而言，这不仅不是喜事，还是莫大的灾难呢。加入"后宫佳丽三千"的行列，究竟能不能得到天子的宠幸，还是个谜。大多数的人，到了白发皤然，连接近天子的机会都没有，一生如此，把青春埋葬在后宫里。唐诗中就有不少描述后宫哀怨的诗句，或写她们的焦躁和悲愤，或写一度得到宠幸，失宠之后被打入冷宫的忧愁。如沈佺期的《长门怨》：

> 月皎风泠泠，长门次掖庭。
> 玉阶闻坠叶，罗幌见飞萤。
> 清露凝珠缀，流尘下翠屏。
> 妾心君未察，愁叹剧繁星。

这首诗是以汉武帝陈皇后为比喻，哀叹失宠的宫人。

因此，听到天子选妃的消息时，凡是有女初长成，且貌美动人的家庭，就开始恐慌，急忙找婆家，设法尽快嫁出去。杨氏的长女此时已嫁给一个叫贺兰越石的官吏，当时流行早婚，女孩子在十五六岁或十七八岁，通常都会出嫁完婚。杨氏由于恐慌，虽然稍嫌早，还是草草地将三女嫁给一个叫郭素慎的低级官吏。她的这两个女儿，虽然都嫁给了卑微的小官，但想到生活在后宫的悲惨，能过正常的人间生活，这样还是好多了。

而武则天不论杨氏如何苦劝，她坚持不肯结婚。这个时候的武照，已经是亭亭玉立、聪明活泼的少女。杨氏也觉得将这样的女儿随便嫁给一个小官实在可惜，不是鲜花插到牛粪上吗？

在这个过程中，武照的美貌终于传到天子耳朵里，下诏召入后宫。这不是一般宦官选嫔妃，而是绝对不能推辞的圣旨。杨氏悲痛万分，此时她忽然想起武士彟病重时说的话："媚娘长大以后，一定要想办法献给天子。年纪还小，已经这么美丽灵活，只嫁给一个普通人，实在太埋没她了。"当时，杨氏只当作是年老病人说的感伤话，并没有放在心上。现在回想起来，也许丈夫在死之前，为了在

小武照读书写字

适当的时机使武照进宫，已经做过一定安排。丈夫在当时知道自己不久于人世，为了有朝一日奉到圣旨时不致太恐慌，而事先暗示自己⋯⋯

左思右想，结果都一样。不论怎么想，怎么难过，事到如今，一切都太迟了。杨氏愈哭愈伤心。武照默默地等待，等母亲哭泣停止。她的神情泰然自若，不像是个年轻无知的少女，脸上甚至还露出明朗单纯的笑容。武照静静地看着母亲。一会儿，把手轻轻放在母亲肩上，低声安慰母亲说："能见到天子，不是很幸运的事吗？母亲为什么这么难过呢？"此时武照的脑海里，浮现出一向溺爱自己的亡父的脸孔，脸上是满意的笑容。这笑容使她的耳边突然响起父亲弥留之际对她说的话。父亲将十三岁的武照单独叫到床前，以十分严肃的表情，告诉她一个叫袁天罡的伟大星相家的预言。他反复告诉她那个预言，直到年幼的武照能背诵清楚为止。她答应父亲，一定把这个预言深藏于心，自己要暗自努力促成这件事，而不能告诉母亲。现在看来武士彟是一个心理学家，他给女儿一个梦想，就有实现梦想的可能性，没有梦想的人心中是死水一潭，不会出现浪花。武照暗想："现在奉了圣旨，终于向这条路迈出第一步了。"她向心中亡父的影子，用力点头。"我发誓绝不会让父亲失望。"杨氏只是茫然地看着脸上光彩灿然的女儿。十四岁的美丽少女武照，在母亲伤心悲凉的相送下，带着一颗热切期待的心入宫。当时是贞观十年（636年）十一月。

宠幸初临

太宗像饿虎扑羊一样将武照压在身下，武照连连抽搐、呻吟不断。武照趁势狂吮太宗的舌尖，两人越拥越紧，浑然成为一体。

武照入宫后，立刻经由掖庭令赐给才人的地位。这是因为她是奉圣旨入宫的关系。才人，是正五品的女官。武才人第一次得到宠幸，是入宫一两个月以后的事情，当她接到侍候天子命令的这一天，由当值的宦官为其彻底准备妥当。通常每五日赐浴一次。这一次尚是白天，便赐武照沐浴，浴间的大盆，外侧是黑漆，里侧是红漆。随着热气散发出来的芳香，充满狭小的房间。仔细地洗过身体之后，再把头上的发髻重新梳理，开始描眉化妆。寝室内的灯光暗淡。妆化得比平时更浓，然后穿上全新的衣服。一切由操作熟练的宦官，依序进行。武照只是像傀儡般，任由他们摆布。不久即打扮完毕，浓妆也掩不住年轻、健康的肤色，况且"脂粉助艳"，武照就像个小仙女似的。

初更时分，武照由提着红绢灯笼的宦官引导，到天子常住的甘露殿。就在刹那间，武照抬起饱满宽大的额头，不由心中大叫道："终于到觐见天子的时候了！"因太宗听说武照拥有稀世美貌，才特将她召进宫来。太宗自从十多岁至今，凡是到卧室陪他的女人，都是千挑百选的美女，传说中的武照，究竟有多漂亮，一定要召到身边看个清楚。

在屋内淡淡的烛光下看到的，是一位比传说中更美的佳丽。细长的眼睛，带着几分羞赧，同时露出好奇和挑战性的光芒。卸下衣服之后，未成熟的身体，修长而纤细。皮肤如高贵的羊脂，光滑而有清凉的感觉。对女人有千百次经验的太宗，刹那间心里异常兴奋。乍看之下，聪明而不成熟，有说不出的性感和魅力，是个奇妙神秘的混合体，太宗觉得遇到这样的少女，还是第一次。一时间，体温骤升，像饿虎扑食一样将武照压在身下，武照连连抽搐，呻吟不断，并趁势狂吮太宗的舌尖，两人越拥越紧，浑然成为一体。一阵暴风骤雨终于过去。在愉快的疲劳中，太宗看到了武照流下的眼泪，但满脸都充溢着令人怜爱的幸福表情，这真是个稀世珍宝似的女人。过去由自己占有的少女不计其数，但都拼命忍耐，不敢作声；或者，在木偶一般的脸上，刻画出死板的笑容。这名少女则像受伤的年幼的美丽野兽，并没有隐藏自自然然的痛苦。这时太宗第一次觉得，眼前拥抱的不是傀儡，而是生机勃勃的处女，心中非常快慰。

武照退出甘露殿时，已接近午夜子时，照由宦官背着回到掖庭。躺在自己的床上，一阵痛楚袭来，全身都感到酸懒、疲劳。在夜晚的寒气中，头脑却特别清楚。"这样就算接近龙颜了吗？"以英明著称的太宗，在近处看，是一个双鬓微白、眼光锐利粗犷、傲视一切、脸色黝黑的男人。微翘的胡须，宽厚的胸膛，强壮的手臂，对这些，虽然没有感到特别的恐惧，但被抱在他流着汗、充满男人气味的怀里，几乎无法透过气来的那种感觉，现在犹存。"但总算已获龙宠。"武照自言自语。这时候突然想起，自己情不自禁流泪时，皇上温柔爱抚的情形，忍不住从心里产生幸福的微笑。"从现在开始，武媚娘要努力作战，坚持到底！"经过第一次的体验，此时已有睡意。武照满怀幸福感，轻轻抚摸着胸前隆起的乳房。此后不到三天，武照就又得到皇上宠召，再度侍候皇上。身体的下部虽然有点疼痛，但精神上的荣耀，受天子专宠而胜过其他佳丽的荣耀，使武照看起来更加容光焕发、美艳动人。

大难不死

大概是幕布后面的刀斧手站得累了，发出轻微的兵器撞击声。武照顿时意识到她的猜想和担心是对的。她用眼斜视桌边的那杯酒，一定是备下的信号，更为明显的是，太宗腰间还佩带着一把宝剑。这种种迹象表明，太宗是下定杀她这个后宫小才人的决心了。

月有阴晴圆缺，人的福祸难测。

武则天自贞观十年（636年）十四岁入宫，到二十七岁出宫为尼，这段在宫中当唐太宗的才人的日子，虽有受到专宠的佳期，也有充满了险象几乎丢掉性命的经历。但是她却能化险为夷，摆脱厄运，最终成为一个杰出女人。

唐太宗统治下的贞观盛世，可说是空前安泰和谐的社会。

当时，太白星经常在白天出现，天文官占卜后奏明太宗说："女主当昌。"与此同时，民间流传着一本名为《秘记》的手抄书，上面也记载有"唐朝三代之后，女主武王当有天下"的预言。这个预言无疑是对梦想万世基业的唐太宗一种精神打击，使朝廷内外相互猜测和敌视，一片混乱。

唐太宗是一代开明君主，文治武功在历史上很有名气。对民间流传的预言他虽然不信，但心里不免有些疑惑，难以名状。他想，岂有妇人当皇帝之理，那是阴阳颠倒，世界到了末日。唐太宗于是大动肝火，对凡知道《秘记》内容，并且涉及其身的重大嫌疑人，毫不留情，统统杀掉。

当时有一个很滑稽的故事：有名武将叫李君羡，出身武安，贞观年间做左武卫将军、武连县公，并担任玄武门宿卫。有一次，太宗在宫中宴请武将，李君羡应邀出席，席间行酒令时，约定输者必须报出自己的小名以逗乐。李君羡输了，说道："臣小的时候，因长相秀气，又在兄妹中排行老五，所以父母便为臣取名为'五娘'。"太宗愕然，但装着若无其事的样子，笑着说："何物女子，乃尔勇健！"

小武照微笑入宫

　　这个时期太宗正欲肃清危及唐朝政权稳定的嫌疑人员，李君羡出生地有一个"武"字，小名又为"五娘"，五是武的谐音，怎不叫太宗生疑？李君羡很快便被派往华州任刺史。后来以图谋不轨为由，将他杀掉，并没收了他的全部家产。

　　为巩固大唐江山，唐太宗滥杀无辜，使朝廷内外一片血腥味。当时与袁天罡齐名的星相家李淳风是朝廷的天文宫太史令，他看到太宗屠杀许多人，怕有更多的生灵涂炭，他根据自己的验占和指算，预料《秘记》所记之人就在宫中，并且是皇上的亲属。他这样奏道：

　　"这征兆已经非常明显，事情注定要发生在宫中，再过四十年她称帝，整个大唐江山即将变色，子孙尽矣！现在陛下如此滥杀无辜，即将称帝的人还是不死，有什么用呢？天之所命不可去也！况且，武氏是宫中的武氏，并非别人。"

　　唐太宗知道李淳风善于卜算，但还怕他算不准确，就有意测验于他，看他是否真能知过去测未来。于是问道："既会卜算，请为朕算一算今科状元是谁？"

　　李淳风答道："若问今科状元，乃火犬二人之杰也。"

　　唐太宗打算如果李淳风所言不差，那么他预言女祸就在宫中及宫中的武氏一定不会错，那时再废去武才人也不迟。反正她一个小小才人，弱女子，一时半会翻不起大浪，危及不了江山。这一来心情也就平静许多，可以自由洒脱一阵子了。

　　在中国历史上，袁天罡、李淳风被誉为有极高本领的星相家。近代民间所传名为《推背图》的预言书籍，据说就是他二人合著，以隐秘的、模棱两可的言辞预言了其所处唐朝以致人类灭亡的各个阶段的历史。其实，是否是他们所著也未可知，倒是近代有些人把走过来的已知历史事件附会到他们两人的那些"预言"上之后，却显得相当神奇和灵验。

　　人们总是在偶然中寻找着必然，而必然的事情也常常和偶然的事物相关联。

　　放榜的日期到了，榜首是一个叫狄仁杰的人，这着实让唐太宗吃惊不小。火犬二人之杰，不正是应验了狄仁杰三字拆开的隐语吗？

　　太宗在心中暗暗服输。他想："我只说李淳风是痴人妄语，谁知他的预测一字不差，难道真是天意？"

　　唐太宗是一代明君，何等聪明狡黠，身边有一个姓武的才人他不是不知，只是他感到这个小女子貌美多情、温柔娴雅、对己忠直，一时也找不出杀掉她的理由。但不知何故，又常常使他感到坐卧不宁。自武才人入宫以来的种种表现，往深处想，也不能不使他不寒而栗。

武才人——

她有文才，对书法、历史颇有研究；

她有胆略，竟提出用铁鞭、匕首、铁锤去制服烈马；

她有机谋，同萧后那锋芒毕露的对话……

种种迹象表明她不是一般女子，实有王者之风，母仪天下之气。难道《秘记》的隐语真能应验在她身上？难道她就是民间传说中的三世后坏我天下、断我唐祚的女王？

越想，唐太宗越急火攻心，茶饭不香，好像自己的江山马上就会被这妖女夺去似的。于是，心中的疑虑，无名的愤恨，为后世的担忧，无时无刻不在煎熬着这位雄才大略、一世英明的帝王。

"不行，为了李唐江山，为了子孙后代，必须除掉这个后患。"唐太宗终于下定决心。

太宗于是设计摆下一个"鸿门宴"。

这一日，风和日丽，阳光明媚，皇宫内处处鸟语花香。唐太宗突然派人来召见武才人到御苑下棋。武则天的心顿时提到嗓子眼儿上。她心中有数，父亲告诉过她的身世，民间也流传着"武王当有天下"的秘密传闻。她为遮掩这些秘密而不惜在太宗面前使出浑身解数，用种种媚态来努力保护自己，以图将来的发展。今日无缘无故，太宗怎么突然想起同一个后宫小才人下棋来了，这与前些时候太宗杀李君羡如出一辙呀！现在该怎么办？

武则天的内心斗争异常激烈，她已到了生死关头。

善于运用智慧的武则天临赴御苑前拿定主意：只能表现无能，宁可回回输棋给太宗，也不能让他借故发怒而杀人。

武则天款款来到了御苑，只见太宗皇帝表情悠闲，看不出有什么不愉快的事。他面前的棋子已摆好，桌边上还放着一杯酒，专等她来对弈。

武则天不慌不忙，向皇上请安后，问道：

"圣上今天怎么有空，屈尊同臣妾下棋？"

太宗慢条斯理地说：

"呵，没什么，郁闷无聊，随便消遣而已。"

武则天落座后，小心地拿起棋子同太宗对弈。但因两人都有心事，各怀鬼胎，所以都在毫无目的地挪动棋子。太宗的棋艺本来很好，可今天步步走错，还时不时用眼角瞟一下武则天。

武则天佯装不知，故意把棋步步走错，太宗举着棋子装作不解地说："媚娘今天怎么了，回回都下不过朕？"

武则天谄媚地说："圣上棋艺厉害，似有神力相助，臣妾抵挡不住。"

太宗把眼一瞪说："不是实话，是你反常！"

武则天心中一惊，知道被太宗看出了破绽。于是，她便装作若无其事的样子，柔声细语道："正常、反常全凭圣上去说，反正心中无事不怕冷水冰，臣妾能怎么说呢？"

唐太宗一时也无言以对，继续对弈，以便伺机行事。

大概是幕布后面的刀斧手站得累了，发出轻微的兵器撞击声。武则天顿时意识到她的猜想和担心是对的。她用眼斜着瞅了瞅桌边的那杯酒，一定是备下的信号，更为明显的是，太宗腰间还佩带着一把宝剑。这种种迹象表明，太宗是下定杀她这个后宫小才人的决心了。

常言道，君叫臣死臣不能不死。既然没有生的希望了，也只有横下心来，听天由命。武则天想到这里，反而镇静许多，该下棋就下棋，就是死也要赢他太宗一盘棋，杀一杀不可一世的皇帝的威风。这也是一个薄命的小才人对至高无上的天子唯一能够下手或称之为反击的方法。

因太宗满腹心事，主意难拿，所以棋艺发挥不出来，而武则天则认真地下起棋来。不多一会儿，武则天喊了一声"将"！太宗输了。

人有善恶两性，有的善多而恶少，有的恶多而善少。当一种场合之中用善引发，必然更为善，用恶引发必然增强恶的念头。

此时的太宗皇帝被一个才人、一个小女子战败，觉得太丢面子，一股恶气涌上心头。他望着武则天，竟敢"将"到皇帝的头上，这一"将"大为不吉，不是"将"了我李氏皇位，夺了我的大唐江山吗？他一咬牙，伸手端起酒杯往下摔去。武则天心中有数，看得真切，眼疾手快，双手往前接住了下落的杯子，然后轻轻放在桌子上，杯中的酒却洒落一地。

"圣上既然要杀臣妾，何必要借他人之手，臣妾从来不怕死，现在就死在圣上的面前。"话音刚落，她就从正在发愣的太宗腰间"唰"的一声抽出宝剑，就要自刎。

这一举动倒吓坏了太宗皇帝，他连忙上前夺过宝剑，嘴里不停地说："媚娘，媚娘，你这是怎么啦？"

到此时，太宗又可怜起这位娇小妩媚的小才人了。

太宗越是不让她自刎，她越是来劲，同太宗夺起剑来。她边夺边说："何必这样遮遮掩掩，一个小小的才人死了，不过同圣上死一条狗差不多。臣妾一片忠心侍君，却落得如此下场，还活着干什么，不如死了干净！"

太宗见武才人果真性情刚烈，真想自刎，一时又感到尴尬难堪，死死地捏住剑柄说："你胡说什么，朕几时要杀你？"

武则天听到此言，杏眼圆睁地望着太宗，鼻孔里"哼哼"冷笑两声，把剑递给太宗，弯腰抓起酒杯迅速往地上一摔，"当啷"一声响，顿时跳出四个持刀大汉。武则天厉声说道："砍吧！砍死我这个要夺大唐江山的武氏女王吧！"

四个大汉见此情景反而蒙住了，太宗慌忙斥责道："都下去，不许动手！"

唐太宗在武则天突如其来而又处处主动的一些举动面前，原先的想法被全部打乱，卖个人情斥退了刀斧手。

四个大汉莫名其妙地退出去后，太宗不得不尴尬地把事情挑明。他向武则天赔笑道："朕一时误听谗言，做了件不妥当的事，媚娘千万不要生气。"

武则天听了，翻着白眼问道："臣妾只问陛下一句，还杀不杀啦？"

太宗连忙摆手道："不杀了，不杀了。"

武则天又步步紧逼："圣上是只今天不杀，还是永远不杀了？"

太宗步步后退地说道："只要朕在，永远不杀你！"

武则天跪下叩头说道："谢圣上的永远不杀之恩。"

太宗上前双手将她扶起道："不是媚娘机智过人，今天真的险些送命，朕也险些办错一件事。"

武则天转怒为笑，顺势向太宗怀中一倒说："只可惜君无戏言，圣上已经亲口许下永远不杀臣妾的诺言，再后悔也晚了。"这天夜里，唐太宗好像为了抹平武照心中的伤痕，临幸了福绥宫。两人彻夜云雨翻腾，前嫌尽释，和好如初。

从此以后，朝野或民间关于《秘记》的预言渐渐降温。人们再也不关心这件与己无关的无聊传言了。

武则天前进的道路上，似乎又风平浪静了。

太子废立

按照武则天的打算，太宗偌大年纪了，没有必要打他的主意。于是，她的第一步棋就是要紧紧抓住太子。可是太子现在已经被废，太子之位还空缺着，自己能不能像趋炎附势的朝臣那样，提前物色个对象，以便经常接近他，逐步朝着完全驾驭他的目标前进，最后取而代之呢？

在中国历史上，大唐帝国是有名的盛世，不但物阜民丰，疆域辽阔，而且国祚长，名君多。作为打天下、奠基业的李渊高祖皇帝，自然是劳苦功高。作为在玄武门事变中登上皇位，在治国上创立了有名的"贞观之治"的太宗皇帝更有雄才大略。这样一个历经三百余年，涌现十几位皇帝的大朝代，按历史规律讲，前几代皇帝都应十分有为，可是事与愿违，两代以后却偏偏出了一位懦弱无能、常年患病、眼目难睁、头晕心懒的高宗皇帝，这不能不使人感到奇怪。他的被立太子、他的继太宗而即位，有没有旁助，有没有其他原因？这个谜值得一解。

那是李世民登基不久，立了八岁的嫡长子中山王承乾为皇太子。承乾是皇后长孙氏所生，因生于承乾殿，故得此名。但是唐太宗并没有料到，这个承乾竟成了第二个已故的太子建成，步了他伯父的后尘，第一个站出来争夺唐王朝第三代皇位。

贞观四年（630年）七月，太子承乾十二岁，唐太宗李世民为培养太子的才干，加强了对他的教育，并任命李纲为太子少师，任命御史大夫萧瑀为太子少傅。

李纲年纪老迈，腿脚有毛病，但他是个难得的文豪大儒，肚子里装满学问，对太子少师之职十分胜任。因此，太宗恩惠有加，特意赐给他一乘轿子，允许他乘轿进宫。他每次来到东宫门前下轿，太子都是跪着拜迎。

为了让太子学习治国安邦的道理，专门开设了很多课目。譬如如何处理政务，如何处理案件，如何批阅奏章，如何体恤民众，如何治理边陲等。除李纲、萧瑀外，有时候房玄龄在繁忙的政务中也抽出时间来侍坐指导。

一晃就是一年。贞观五年（631年）六月，少师李纲去世，由左庶子于志宁和右庶子李百药替代李纲的职务。但这时的太子承乾，已是难以教育的少年了，常常不听老师教导，平日穷奢极欲，贪图享乐，似一块朽木难以雕也。李百药作为太子少师，十分失望，尤其对太子性情与品质的表里不一更是痛心疾首。两年后，他便在无奈和叹息中辞去少师一职。

贞观七年（633年），太宗只得重新物色良师，任命中书侍郎杜正伦为右庶子，与左庶子于志宁共同辅佐太子。太宗嘱托二人说：

"朕年少时，尚在民间，所以深知民间疾苦与真伪，经历过许多时事的磨难与锻炼。尽管如此，登基以来，在处理繁杂的公务时，仍不免出现差错。何况太子生在深宫，长在福中，从未耳闻目睹过百姓疾苦，世事艰辛，难免会放荡不羁，不谙世事，望二位尽力教导，使他成才。"

由于有太宗的重托，对太子的贪玩懒惰、不爱学习，于志宁等人多次直谏，太宗对此十分高兴。为了鼓励这种对太子的严厉教育方式，太宗专门赐给他们金银布帛，以示奖励。

有很长一段时间，太子承乾患了严重的脚痛病不能上朝，终日蛰居东宫。由于太宗监督不到，师傅又不能天天训诫，太子缺少约束，交上了一群狐朋狗友，就更加为所欲为，放纵自己了。

于志宁和杜正伦常常直谏、规劝，但不管如何苦口婆心，也感动不了太子。没有办法，于、杜二人向太宗诉说。

太宗安慰并指示他们说：

"太子的病不算大事，他暗地结交的人，大都是小人之辈，败坏名声，令朕忧心。卿应严格监察，耐心教导，如果还不见效果，可来告诉于朕。"

于、杜二人遵循太宗旨意，严加教育，并多次直谏，但均无效果。正直的杜正伦灵机一动，想出了一个新招。他打出了唐太宗的招牌，告诉太子，他的严格、直谏或者说是犯颜，是按皇上密谕行事的。他本来出于好心，想用此话吓吓太子，使他有所好转，谁知太子并不害怕，而且适得其反，满腹不悦地上奏父皇。结果使事情更加复杂化了。太宗以杜正伦任意泄露密谕为由，将杜正伦贬为地方官，以示惩罚。

接着，太宗又任命孔颖达负责督导太子。

贞观十二年（638年），孔颖达迁职国子监祭酒后，太宗又任命张玄素接替太子的右庶子之任。

太子的老师更换了一个又一个，可还是没有多大起色。他对学问毫无兴趣，反而喜欢上了一种游戏。他模仿突厥族战术，造出五狼头军旗，搭起穹庐（蒙古包），摆起阵势，并身着毛皮制的铠甲，出入于这种形似战营的阵容中，自名为"武戏"。

每次这种武戏活动，都与他的伙伴汉王元昌（太子的叔父、太宗的异母弟弟）共同指挥着各自的"部队"，呼叫着冲锋陷阵，厮杀格斗，俨然一个突厥首领的模样。他的这一举动显然同唐王室的威严肃穆很不相称。

但是，这些活动究其根源，也有某些原因。原来唐朝李氏的远祖是出自陇西（今甘肃一带）的胡族人，高祖李渊也是汉化的胡族武将，太子生母长孙氏的远祖也是鲜卑族胡人。因此，太子的奇风异俗与特别嗜好是一种返祖现象，按现在的说法叫遗传基因所致。

贞观十六年（642年）六月，皇上允许太子任意地使用府库的物品后，太子承乾更是乘机大肆挥霍，增盖宫殿，沉溺玩乐，声色犬马不绝于耳，书本连看都不想看了。

右庶子张玄素不得不上书劝诫道："恩旨尚未逾六旬，用物已经过十万，骄奢之极，令人痛心。"太子并不把这些话放在心上。于是张玄素更严厉地劝说太子道："苦口良药利于病，忠言逆耳利于行。敬请太子居安思危，能够慢慢谨慎起来。"

但是，这位太子对张玄素的逆耳忠言十分反感，便命仆从在张玄素上早朝时，用抽马的鞭子殴打他，将他打得奄奄一息，还严厉地威胁道：

"一旦立为天子，到时候想干什么就干什么，谁敢直谏，格杀勿论！也许要杀他五百个！"

与太子承乾相反，他的弟弟、被太宗封为魏王的李泰则是一个勤于学习，礼遇大臣的好后生。泰仅比承乾小一岁，由于他聪敏好学，颇得父皇的疼爱。

贞观十一年（637年），唐太宗任命礼部尚书王珪为魏王的老师，太宗告诫李泰说："你师事王珪，应当像侍奉父皇一样。"因此，李泰每次遇到王珪，总是先行礼后说话。所学课目也都能很快掌握。王珪也十分器重这位皇子，由衷地感到他很有希望，日后必成治国栋梁。

魏王好学，早使太宗分外高兴。还在贞观十年（636年）二月时，太宗就特诏准许李泰在魏王府内开设学馆，征招学士，以便进一步熏陶他，力争塑造出像太宗一样的理想形象。

这是唐太宗有意培养他，要他仿效自己。当太宗还是秦王的时候，高祖曾经准许他设立天策上将府和文学馆，征招十八学士，为他的成功和名誉打下了基础，捞取了不少政治资本和得以站在人前的荣耀。李泰能被允许设立文学馆，真是恩宠有加。由此可见，太宗在培养后嗣上花费了不少的心血。

除太子承乾和五名年幼的王子外，其他的十二名成年王子都已赴各州任都督，只有相州（今河南省）都督魏王没有赴任，太宗只任命一个名叫张亮的大臣代理其职前去赴任。这同样是一种殊荣和宠遇。这样的安排，也就十分明显，把他留在身边，是为便于向他传授治国安邦的本领。这是太宗渐渐移宠于李泰的重要表现。

既然是文学馆，总要搞出点名堂，建立些功勋。魏王李泰依照司马苏勖的建议，准备在文学馆内修纂《括地志》。这是一部记述唐朝疆域的地理书籍。魏王上奏父皇，太宗准许他征召著作郎肖德言、秘书郎顾胤、沼室参军蒋亚卿、功曹参军谢偃四名学者从事编纂。后来一些贵族子弟也纷纷加入，一时间形成了门庭若市、盛况空前的景象。这些人善于把握风向，梦想如当年世人视进秦王府李世民的文学馆为"登瀛洲"那样，获得好运。

这期间，太子承乾却仍然是无法无天，太宗对他似有心灰意冷的感觉。贞观十四年（640年）正月，唐太宗驾临李泰的魏王府第，赦免雍州长安县囚禁的死刑以下的犯人，免除延康里当年的租税。这是魏王府的所在地，当地民众自然十分感恩戴德，认为是享了魏王的洪福。太宗又下赐物品给魏王府的僚属及延康里的官员。太宗的这些恩典，显然是想突出魏王李泰，树立他在民众心中的威望。

贞观十六年（642年）春，魏王把编纂好的《括地志》呈献给太宗。太宗一看，好一部大书，全书共五百五十卷，没有翻看完就高兴地下诏将书藏于秘阁，对李泰赐帛万匹。

太宗又常常驾临魏王府第，当面赐教。魏王李泰从此便恃宠骄横，结交宾客，培植私人势力。同时，太宗看到魏王李泰腰腹宽大，身体肥胖，行动不便，还恩准他乘坐小辇车出入宫禁。

谏议大夫褚遂良看不过去，上折子奏明皇上说，陛下疼爱庶子的情景不是好现象，而且又多次提出异议和警言。但太宗对李泰的偏爱却有增无减，一天比一天厉害。

太宗平日居于宫中，因时常想见到魏王李泰，便又让他移居宫内的武德殿。

这一系列举动，与其说是偏爱，不如说是太宗用实际行动表明自己的决心，明白无误地告诉众大臣，要废太子承乾，改立魏王李泰为太子。

大臣中不少人感到不安。魏徵进谏道："皇上如果宠爱魏王，就应以正确的方式爱护他，并且应经常考虑他的安全，所以就必须尽力约束魏王的骄纵，不使他处在嫌疑和是非之地而成为众矢之的。现在陛下让他移居武德殿，正好在东宫的西侧，过去是海陵王元吉的住所，当时人们就认为不妥。虽然今非昔比，不同往常，但臣属担心魏王心中也会不安的。"

魏徵将昔比今的一席话，点到了要害，触到了太宗的痛处。提起已故太子李建成及其弟李元吉的名字，太宗不由得脑海里浮现出玄武门政变的那幕悲剧。他心有余悸，觉得大臣们的谏言不无道理，心想："差点重蹈覆辙！"于是他立刻纳谏，收回成命，让李泰回到他自己的魏王府。

魏王李泰渐渐地恃宠骄横，而太子承乾依然是那样的放荡不羁。至贞观十七年（643年），两人的行为和表现已成了不协调的二重奏。同时，二人的嫉恨、对立和冲突，也到了一触即发、互不相容的地步。

李泰本人迫切期待着太宗废黜太子承乾，好尽早取而代之，搬到东宫，将来拥有天下。明白他这种思想和愿望的魏王府的僚属们，以及朝中部分大臣，也开始暗地活动，准备拥立魏王为太子。

被太宗任命到魏王府为高官的黄门侍郎韦挺和工部尚书杜楚客等，都积极为魏王李泰网罗党羽，重金收买朝臣，宣传魏王李泰的聪明才智，四处活动游说应立魏王为太子。于是，部分朝臣也就闻风附和、见风使舵。魏王李泰的周围很快就秘密或公开地聚集了一批拥护者。

此种情形，给太子承乾带来了危机。太子承乾并不示弱，他获悉有关消息后，开始提防和搞一些主动的预防措施。有一次，他叫人伪造一封像是出自魏王府的密告函，诉说魏王的罪状，以消除父皇唐太宗对李泰的宠爱。但是却徒劳一场，经太宗下令搜捕了半天，不了了之。倒是太子发生的一些过错被太宗抓住了把柄。

太子承乾与太常侍内的一名乐童搞同性恋。这个少年才十多岁，容貌美丽，太子对他产生了特殊感情，并为他取名"称心"。两人同床共寝，像夫妻一样，搂搂抱抱，十分亲密。这件事被他身边的人传到了太宗耳朵里，太宗十分恼怒。

这期间，有两个擅长方术的道士一个叫秦英，一个叫韦灵符，也十分得宠于太子，太宗知道后更加震怒。

太宗当即命捉拿"称心"等人，处以极刑，并接连诛杀数人。太子承乾受到严厉训斥。他从此怀恨在心，认定是李泰告的密，更加仇视李泰。

太子承乾此后称病不出，动辄数月不入朝谒见父皇。他利用此时机，秘密雇用刺客纥干承基，又招募百余名壮士，准备刺杀魏王李泰，想以此法除掉同他争夺太子之位的仇人。

太子的叔父、终日和太子一起玩耍的汉王元昌，以及吏部尚书侯君集、中郎将李安俨、洋州刺史赵节、驸马都尉杜荷等人也伺机煽动太子暗杀李泰，走其父李世民玄武门政变之路，早日夺取帝位。

他们用刀割破手臂，发誓生死与共，成功后共享富贵。

他们中有的献计太子率兵冲击两宫，其中西宫是唐太宗李世民居住的大内，逼太宗禅位于太子。同谋者杜荷，是大唐元勋杜如晦之子、城阳公主的女婿，他献计谋道："如果太子装作病重，皇上有可能亲自前来探望，到时候可乘机下手。"

正当太子承乾和他的一班人计划尚未付诸实施之时，这年二月，齐州都督李祐在齐州（今山东省）发动叛乱。这次叛乱被太宗派出的人马很快平息。剿灭叛乱之后，长孙无忌、房玄龄等重臣奉太宗之命，负责审理此案。结果在审理案件中，太子所雇的刺客纥干承基与此案有牵连而被捕。因其承受不住刑罚之苦，供出了自己的罪行，并为了求得减刑，又供出了太子及其谋反计划。

"竖子岂敢翻天？"唐太宗闻言大怒。

太子要率兵冲进大内，诈病诱捕太宗，简直是大逆不道。于是太宗立即下令严惩参与者，首先把汉王元昌赐死。侯君集、李安俨、赵节、杜荷等人斩首示众。若不是通事舍人来济谏阻，太宗也免不了承乾的死罪。死罪虽饶，活罪难免。唐太宗李世民将太子承乾贬为庶人，幽禁监护半年之后，被流放黔州（今重庆市彭水苗族土家族自治县）。贞观十八年（644年）十二月，承乾病死于黔州。

且不说太子承乾与魏王李泰相争而承乾被废，太子之位尚缺之事。

再说武则天自打太宗设计欲杀她却因她的机智和娇态而未被杀之后，受到了很大启发。看来一切事情不努力争取就达不到目的，不施展自己的智谋就难以成功。世间万般事，唯有靠自己。

武则天一有空闲，就陷入深沉的思索之中：既然民间预言自己将在唐朝三世后为王，唐朝的三世皇帝不应是今日的太子吗？只有做了这三世皇帝的皇后，才有可能像过去尧、舜、禹那样，让三世皇帝把位子禅让给自己，到那时就由自己说了算，那不就实现自己的夙愿了吗？

按照武则天的打算，太宗偌大年纪了，没有必要打他的主意，于是他的第一步棋就是要紧紧抓住太子。可是太子现在已经被废，太子之位还空缺着，自己能不能像趋炎附势的朝臣那样提前物色个对象，以便经常接近他，逐步朝着完全驾驭他的目标前进，最后取而代之呢？

她开始暗中观察。根据迹象，下一步接替承乾太子之位的就是魏王李泰。

依照常规，也是很有可能，四皇子魏王李泰当立为太子。他也是长孙皇后所生，只比承乾小一岁，相貌俊美，聪明好学，近来太宗又十分宠爱他。太宗曾向臣下透露心迹，认为他有同自己一样的气质和风度，很适合继承将来的皇位，所以就给予他很多优待，处处树立他的威望，下诏在魏王府设立文学馆，还多次驾临他的府第。魏王李泰得到太宗如此厚爱，大有很快册立为太子之势，虽然有些恃宠骄横，狂言乱语，但立为太子也不是没有可能。不少妃嫔宫女已经争着去讨好他了，几个貌美放荡的，竟暗暗同魏王结下私情。她们心里也在盘算着他日魏王做了太子，继承皇位，必然有享不尽的荣华富贵。

唯有武则天不吃这一路饭，她一见魏王就敬而远之。可是魏王李泰却相反，他贪慕武才人的年轻貌美、温柔细腻，以及婀娜多姿的身段，尤其是他知道父皇对娇美的武才人特别宠爱，很想勾引她上手，好替自己在父皇面前多说几句好话，尽快册立自己为太子。所以，他便要尽各种手段，千方百计地去讨好她。

武则天发现，尽管太宗皇帝也曾讲过要立魏王李泰为太子，尽管太宗皇帝对魏王李泰宠爱有加，尽管魏王李泰有晋位太子的可能或日后成为皇上的可能，但她在皇宫中耳闻目睹的太子废立的风云变幻，认为又不大可能，说不定哪天魏王李泰又步承乾的后尘，终被废掉。根据她的观察，已经看透了李泰的处事浮躁、阴险无情，将来必成不了大器。假若他真的继承了帝位，也必然是个见异思迁、女人无法操纵的薄情郎君，对于实现自己的宏伟理想十分不利。她想：等，不行；靠，更不行，必须主动出击。于是，她竟萌发了选择王储的心机。这无疑是一些政治家挟天子以令诸侯的思想和谋略在这个女人身上的初步萌生和表现。

志超云外，相合天机。人的心理作用是相当强大的。你往哪方面想，那么就有行动的愿望，只要不悖于现实，只要自身也具备某种素质，只要行动的方法得当，任何大志大业必有成功的可能。只有想到，才能做到。

武则天有宏大的志向，自身的智力及秉性又相当具备，进入宫中已经实现第一步，她只要及时进取就没有问题。从哪方面讲，她都不是一个只满足于生儿育女，一天三饱，沉溺于色情的普通女人。她绝不会选择被动的人生。

承乾被废，太子空缺，不但唐太宗天天在考虑太子的人选问题，大臣们也在考虑立谁当太子更为合适。武则天更是夜不成寐，她把太宗的十四个皇子都逐个作了分析。她虽然是个女子，手无缚鸡之力，舞舞文尚可，弄弄武不行，不可能像太宗皇帝那样有朝一日发动武装政变，再说当皇后之后也没必要用武力篡位，只要物色个能继承皇位，又有情有义、忠厚老诚，能为自己所操纵的理想人物就行，以便将来同他共享皇权，进而逐步取代他而成为一代帝王。

经过一段时间的观察、盘算和设计，武则天终于选中平日不被太宗皇帝所注意，又常被其他兄弟所欺负的默默无闻的九皇子晋王李治。

晋王李治老成持重，说白了就是生性懦弱，比武则天小一岁，已娶祖母的女儿长安公主的孙女王氏为妃。王氏很娴静，不爱多事。因为他们两人都老实巴交，夫妇两人在宫中常常受妃嫔们的奚落或笑谈，因为妃嫔们从心里感到他们无用，没有发展前途，即使需要攀龙附凤也无须找他们。便是那些下人，也都认为在晋王府里没啥出息，混不出个名堂。

人善有人欺，马善被人骑。由于晋王夫妇的与世无争、性情软弱，包括那些执掌宫内财权的内仆局，也欺他们无用，该享有的供给也十分简陋。在他们的府第，本来用不着王子和妃子自己动手做事，可是晋王李治善良得连自己的仆人也不愿使唤，看到门窗地面不洁，便自己动手擦拭，虽有奶妈，王妃也常常自己动手补缀衣服。

完全出乎意料之外，谁也想不到唐太宗姬妾之一的美貌才人武则天竟会看上他们，亲近他们。

这真是人恶人怕天不怕，人善人欺天不欺；善恶到头终有报，只因来早与来迟。黄河尚有澄清日，岂可人无得运时？

武则天自从物色晋王李治为自己认定的王储以后，她下决心塑造他，帮助他占领太子的阵地。但是必须首先得博得他们夫妇的好感，进而才能联络感情，培植私情，达到无话不谈的地步，最后才能出谋划策，办成大事。

接触的时间长了，武则天自然同李治夫妇有了感情，更重要的是，她开始用物质拉拢他们。她每次到晋王府宅都要拿来些太宗皇帝所赐的金银玉帛之类贴补王妃，还通过掖庭官将自己宫内的两名宫女、两名内侍，拨到晋王府使唤。这种种好处，使晋王夫妇万分感激。

一天，晋王李治患病，上吐下泻，昏昏沉沉，一病两三个月起不了床。武则天有了进一步加强感情联络的机会。她天天同王妃一起尽心服侍，甚至亲手为李治调汤喂药。李治夫妇并不明白她的深意，也无法了解她内心的玄机。

身缠疾病的晋王李治，一有好转，便浮想联翩，感慨万千。尤其是他看到武则天如此美貌又这样善解人意地关心、怜惜他，便不知不觉地动了感情。于是又想入非非，觉得若有这样一位知冷知热的妃子陪伴终身，那将是一生中的最大幸福。他终于觉得时时刻刻也离不开她了。他觉得唯有她才是自己最亲最近的人，唯有她在自己身边才心情舒畅病体轻，唯有她送到面前的饭食吃起来才又甜又香，唯有她送到嘴边的汤药才能治病、减轻疼痛。

王妃是个心地宽厚之人。她对李治与武则天之间的频繁接触、融洽相处，也常常做个人情，顺水推舟。这样自个倒也落得轻松自在。

晋王李治的病一天天好了起来，夫妇俩也不知向武则天说了多少感恩戴德、恩重如山的话。武则天却总是乐呵呵的一句话："自家人，有甚见外的！"

王妃生性宽厚，不善妒忌他人，使晋王李治同武则天相处的机会自然也就多起来，并且不生疑心。她时时想着太宗皇帝身边的武才人的种种好处，还感到无以回报呢！他们两人接触，只要太宗不怪，那又怕什么呢？

女子无才便是德。王妃虽是大家闺秀，琴棋书画并不擅长，对做女活针织刺绣倒是十分内行。因此，对丈夫同武才人一起磋商书画她觉得十分正常。武则天便利用这种机会，暗中给李治出谋划策，进行指教，指使晋王密切接触父皇，多到父皇身边聆听教诲，多给父皇一些好印象，以讨得太宗的欢心。

这天，一个宫监来传谕晋王，圣上要他和诸王子到郊外学习骑射。恰好武则天正在晋王府同李治和一帮妃子们闲聊，便低声叮嘱晋王如此这般的处事，才能博得皇上的好感。晋王会意，马上随宫监来见父皇太宗。他表现得十分有礼貌，懂规矩，会说话，上前向父皇跪拜道："父皇，学习骑射固然是好事，但并非臣儿的所好，臣儿愿常居父皇膝下，侍奉至尊，聆听教诲。"

唐太宗听了，龙心大悦，便传谕二部在寝宫左侧再建一个别院，让晋王搬入居住。

晋王能受到和魏王李泰同等的优厚待遇，不由打心眼儿里暗暗佩服武则天的机智和胜人一筹的谋略，越来越觉得时时事事离不开她了，甚至萌动了想同她过一辈子的想法。于是，他不由得又想入非非，恨不能立即出面去直接向父皇讨要这个比自己还大一岁的女人。

但是，武则天是太宗后宫的一名才人，不但名分上是一大障碍，而且她正得宠于父皇，这是根本不可能的事。他不禁苦笑着摇摇头。但他又转念一想，妃嫔嘛，不过是皇帝的宠物、玩偶，一旦皇上驾崩，她们就失去了依附，下场十分可悲。媚娘既然对我这么好，我也应该为她找一个出路，父皇过世后，我把她接到府里。想到这儿，他暗自庆幸自己的聪明多智，以及对武才人后路考虑的周到。这也算是一个对她恩宠的报答吧！

恰在这时，宫中发生了一件涉及魏王李泰和晋王李治的大事。

魏王李泰正在得宠之时，晋王李治受武则天的暗中指使和策划，同太宗接触多了起来，并且又为他盖了一座府第。这引起了魏王李泰的注意，他认为太子地位的竞争对手出现了。他越想越觉得晋王李治是他接替太子的最大障碍，是眼中钉肉中刺。于是他由被动等待转入主动进攻。一面极力讨好太宗，让亲信岑文本、刘洎等大臣多次进谏立魏王李泰为太子，以坚定太宗的意志，防止中途生变；一面想方设法挟制软弱的对手李治。

岑文本、刘洎等大臣的努力和魏王李泰对太宗主动讨好起到了作用，太宗也下了要立魏王李泰为太子的决心。

一天，太宗把魏王李泰叫到身边，告诉了要立他为太子的消息。魏王李泰当即高兴地躺倒在太宗怀里，说："儿臣真正感受到了父皇的厚爱，儿臣一定不负父皇的期望。儿臣早就想了，父皇若让儿臣继承皇位，儿臣到了晚年一定杀了儿子，把皇位让给弟弟晋王。"

太宗听到这话，也没有仔细思量，单纯从兄弟谦让的角度感到魏王李泰心怀仁义之心，并感动得竟然掉下眼泪。他不知道是被什么迷住了心窍。

魏王李泰退出后，太宗把长孙无忌、褚遂良等大臣叫到太极宫商议了立储之事，把魏王李泰倒在他怀中所说的话讲了一遍。太宗本来打算感动一下无忌、遂良，让他们同意将魏王李泰立为太子。谁知，话音刚落，机敏的谏议大夫褚遂良看了看毫无表情的长孙无忌，反问太宗说："魏王的话，圣上可曾想过这就是他的仁慈吗？圣上身后魏王登基，怎么让他去杀爱子而传位于晋王呢？难道魏王老时，晋王还年轻吗？承乾当时又是怎样对待魏王？前事不远，后事之师，若圣上因为魏王这种仁慈，而执意要立魏王为太子的话，恳请陛下先给晋王一个处置，才能避免以后的兄弟相残，保持大唐江山长治久安。"

太宗听后，似有醒悟，又流着眼泪说："雉奴（晋王的乳名）无罪，朕也无法杀掉他呀！"说罢，站起身来，向后宫走去。

太宗和一帮重臣的简短对话，早有宫女报知魏王李泰。

武则天也匆匆去晋王府第。她边走边想，太子之位的争夺战恐怕又要开始了，怎样使晋王获胜，到了紧要关口。目前之计，还是要以静制动，以稳定为好。于是她加快了步伐，一进晋王府，便简明而严肃地暗示了两句话："近段时间您对宫中的一切事情，都要不闻不问，漠然置之才为有利！"

晋王马上反应道："什么事？"

这个懦弱憨厚的晋王李治近来在武才人的影响下，也变得有些机警，对宫内大事渐渐有了兴趣。

武则天说："请您别问了，一时也说不清。您还不如不知道为好。即使有人告诉了您，您也要装作不知道为好，不要多费口舌。"晋王李治天性不爱管闲事，便笑笑说："谢谢媚娘姐姐训示。"他叫了一声姐，武则天也嫣然一笑，连忙回后宫去了。

说来也巧，晋王李治第二天真的听到了一件大事，是太宗的第五个皇子齐王祐在齐州谋反败露而被赐死后，其生母阴氏被贬为庶人，打入冷宫。晋王过去曾同齐王要好，他得到这一消息后心中甚觉不快。但他遵照武则天的吩咐，不哼不哈，只装不知，静待事态发展。

自从皇上同长孙无忌和褚遂良等人商议立魏王为太子而发生变故后，魏王李泰一直坐卧不宁，心里想着宫女们的话，简直不能相信自己处心积虑即将到手的太子之位会被自己一直看不起的雉奴抢走。他想，不行，绝不能坐以待毙，先下手为强，趁早牵制一下为妙。正在这时齐王祐谋反败露被处置的消息传到宫中，他一拍巴掌，说道："有了！"原来他想利用过去齐王祐同晋王李治相好这一点，恐吓一下这个软弱无能的弟弟，他就会立刻恐惧得病倒在床，到真的立他为太子时，他定会哭叫着不敢当。父皇看他懦弱，就会坚定信心，把太子之位赐予我。

人若行霉运，头脑就不灵光。李泰想的办法不是注重一面、其他皆错，就是顾这头、忘那头，从而导致新的错误，以致遭到失败。

魏王李泰由于利欲熏心，已经在太宗面前说过一次错话，今天他却又想到了自以为妙的主意。这主意除了单纯臆想之外，更无异于轻举妄动。此时，他若采取以静制动的策略，也许会生出有利于他而不利于李治的变化。结果他做出了一个大胆举动。

这天一大早，魏王李泰起床后，没有先去问候父皇，就来找晋王李治。

来到晋王府，他远远看到弟弟李治在十多个宦官的陪伴下，在后花园中散步，便让随从退下，一个人走了进去。他老远挥手示意，让晋王李治一个人走到近前，附着李治的耳朵说："雉奴，同你要好的齐王祐谋反，已被父皇赐死齐州，你知道吗？"

"啊？"晋王李治不禁失声大叫，浑身哆嗦起来。可他又马上想起武则天的嘱咐，便说："不，不知道！"

魏王李泰说："唉，整天就你耳朵聋，还有人告你同谋呢！父皇正在发火，你怎么还不去交代清楚？"说罢，转身匆匆离去。

晋王听了这几句话，竟像木偶似的呆在了那里。虽有武则天为他出谋划策，但毕竟齐王谋反是大凶之事，齐王同自己有些旧交，不敢想象啊！顿时，他那苍白的脸上透出青紫色，宦官赶紧把他扶回宫内。宦官向太宗报告了这件事，太宗立即召见晋王。

晋王李治跪在太宗面前，无论怎么问只是沉默不语。大概他仍然机械地照搬武则天的计谋了。但在父皇面前，他又不能说不知道。太宗问得紧了，他竟从口中冒出："父皇饶命啊！"他以为真的有人告他同齐王有什么牵连，而父皇马上要将他推出斩首一样。

太宗看他喊出"饶命"二字，也以为他真的有什么隐情不报，图谋不轨，便追问不舍。晋王这才头上一句脚上一句地把魏王李泰对他讲的话全部说了出来。

太宗听罢，猛然清醒，发现自己险些铸成大错。原以为完美无瑕的美玉，竟是一块粗劣的顽石。他深悔自己不该说出要立魏王为太子的许诺。

太宗沉思一会儿，抬头安慰晋王说："谁作孽谁受罪嘛！没有你的事，怕它干啥？以后要清清白白做人，堂堂正正处事，好事敢张扬，坏事敢顶撞，才算男儿。"晋王李治听了父皇教诲，才诚惶诚恐地走开，心中一块石头也算落了地。

经过围绕太子废立所发生的几件事，太宗对魏王李泰转变了看法，他回忆起原太子承乾的谋反会不会与魏王李泰有关系，于是马上来到右领军府，亲自核查承乾的谋反事件。太宗把不少可疑之点弄清后，终于发现承乾的谋反是旨在对付魏王李泰对他的暗算而用兵的。此时，太宗顿觉眼亮目明，越发觉得魏王李泰品质的低劣，同时他也十分难受。

过了几天，太宗把长孙无忌、房玄龄、李世勣、褚遂良等几位重臣连同晋王李治一同召入宫中。刚刚入座，太宗皇帝竟然长叹一声，双眼落泪。半天，他才哽咽地说道："朕的三个儿子和朕的兄弟所做的事，你们都清楚。朕如此痛苦地活着，还不如死去的好！"说完就倒卧在龙榻上大哭起来。

长孙无忌等大臣连忙争先恐后上前将他扶起。太宗又突然拔出佩剑，朝自己心窝扎去。褚遂良又忙上前抓住太宗执剑的手，夺过剑交给站在身边的晋王李治。

晋王李治被眼前突然发生的事情惊呆了，拿着剑浑身颤抖起来。他也不知道向父皇说句安慰的话。

长孙无忌等四位重臣深知，自杀并非太宗的本意，只是埋藏在胸中的闷气已经到了无法发泄的地步才出此下策。承乾谋反未遂，齐王造反发难，已使太宗痛苦不已，现在连自己宠爱的魏王李泰也是不肖之徒，他如此阴险奸诈，哪堪统治大唐帝国的重任呀？这一幕幕使太宗无法忍受的事情，犹如一把把钢针扎在他的心窝。而做出这些发疯似的举动，正是太宗绝望的表现。

等太宗镇定下来，长孙无忌以冷静的口吻问太宗道："陛下到底想立谁为太子？"长孙无忌同晋王李治早已有心灵上的默契。

"就立雉奴吧！"太宗有气无力地说。看来也是最后的决定，他又似乎万念俱灰，立个什么人都可以，即使雉奴懦弱无能他也顾不了那么多了。

晋王李治的亲舅舅长孙无忌在心里暗暗说，正合臣意啊！于是他为了不让太宗反悔，立刻斩钉截铁地说："臣领旨，再有人提出异议，陛下一定不轻饶他。"

太宗把脸转向晋王李治，以疲惫不堪、有气无力的声调说："你舅父也承认你位登东宫了，还不快去谢恩！"太宗是想将来雉奴需要其舅父的辅佐，让他们近乎些吧！

这时，压根儿就不敢想当太子，后来在武则天的谋划下产生点朦胧想法的李治，此时听了太宗的话，竟像木偶似的慌忙跪倒在舅父长孙无忌的膝下说："多谢舅父！"

长孙无忌马上摆手示意，晋王李治随着他手指的方向，又赶忙跪拜在太宗面前说："谢父皇！"

太宗又说："你们都赞成了，还不知其他大臣意下如何？"唐太宗从来具有民主作风，他希望自己办的每一件大事都能受到朝野的拥护，他想让自己的英名永留后世。立李治为太子这一招棋是他不得已但又不得不为之的举动。只要多数朝臣赞成，他心中会减轻些痛苦。

大臣褚遂良回答道："陛下英明，晋王仁孝，天下人莫不向往。陛下不妨问问百官，若有人提出异议，臣当死罪。"

为了避免猜疑和不同意见，太宗真的把六品以上官员召集到太极殿，问道："承乾大逆不道，李泰心地凶险，这两人均不能为太子。朕想从其他皇子中另选，卿等认为何人最合适？"太宗不把立谁为太子的想法明说出来，看群臣的意向到底如何，同时也想证明一下李治的威信到底怎样？

太宗话语刚落，熟悉宫中内情的百官齐声高呼："晋王仁孝，当为太子！"

太宗看到群臣异口同声的赞语，微笑着点了点头，表示同意和会意。他终于可以放下一桩心事，并且也只能册立晋王为太子了。

但是，事情并没有结束，消息传到日夜想当太子的魏王李泰耳朵里，他的神志失去了常态，立即怒不可遏地率领百余骑兵，赶到永安门求见父皇，他似有兴兵问罪之势。于是消息立刻传到宫中，太宗迅即诏令门司，把兵马阻在永安门外，让魏王李泰单独一人进宫。

在这种情况下，显然魏王李泰孤注一掷，神昏志迷了。他只身一人走了进去。他没有料到，一进门槛，就被几个大汉拿下投入监牢，接着又被废为庶人，贬到湖北均县，其余随从和与他亲近的人一律流放岭南（今广东）。

贞观二十二年（648年）四月七日，太宗皇帝驾临太极宫，正式宣布册立晋王李治为皇太子，颁诏实行大赦以谢天下。

李治被册立为太子，他心里十分清楚，他反复回想着自己由一个默默无闻的不被人重视的王子竟然毫不费力地神奇地，甚至是戏剧般地发生天翻地覆变化的过程，真如做梦一般。他深深感到，自己能被册立为太子，位登东宫，除了皇舅长孙无忌和谏议大夫褚遂良等大臣的努力外，最使他感激的，也是他越来越亲密的意中人——武媚娘。这样一个女子，对他所有的指使，竟然步步正确，节节顺利，起到了意想不到的巨大作用。没有媚娘的周密谋划，就不可能有我李治的今天。晋王李治越想越觉得一刻也离不开武媚娘了，她仿佛就是自己的左右手，假若自己真的能够得到她，将来当了皇帝，她也必然能为自己执掌江山社稷出谋划策，成为自己处理朝政国事的智囊和臂膀。这一愿望何时才能如愿以偿，何时才能朝夕相处，形影不离呢？这些念头在太宗为他举行的册立大典上想，回到宫里想，甚至在这天的夜间还做了一个同媚娘交合的、缱绻的甜蜜美梦。

与此同时，武则天的心中同样产生出取得重大胜利的喜悦，但她不便欢呼雀跃，她真正认识到自己有能力做出更大的成就和实现更高的愿望。可她还是不能高兴得太早，当务之急是需要更密切地同太子来往，适当的时候，还得牺牲自己同太宗的感情，以此彻底征服太子，控制太子。

太子与武才人取得了首场成功，双方都进一步发展了感情，心灵更贴近了，志趣更投合了，但是这些情况仍然天知地知你知我知，外人很难窥出一点隐秘。

出于高兴，太宗在册立太子的当天夜晚，如释重负地举行了一个由长孙无忌、房玄龄、李世勣、褚遂良四位重臣参加的小型宴会。宴会地点设在甘露殿，新太子理所当然地要出席。

作为宫内妃嫔之列的才人武则天，也带着无比喜悦的心情，主动夹杂在使女丛中，忙上忙下，并时时盯视着太子的每一个举动，以便发现他的过失或不妥之处，做进一步的指导。武则天与其说是帮助、塑造这位太子，不如说是已经开始控制他了。

太子宠幸武媚娘

李治只管抓着武则天的手，她假意想挣脱，轻轻地推着李治的手柔声说："别，别这样，让人看见可了不得！"此时的李治，怎么也按捺不住冲动，眼中喷射出一股炽烈的欲火，毫不顾忌地说："父皇睡着了，别人不敢来！"一边说，一边就把武则天拉进了宫侧小轩僻静处。多情男女美事成。

太子李治性情孤僻，不善逢迎，可当了太子之后，常常同父皇亲近，成功地博得太宗喜爱，最后得以顺利继承皇位。那些很有作为，很有希望登上太子宝座的王子们却一败涂地。这是为什么呢？

自从武则天的第一套计划得以顺利实现后，她的野心真的膨胀起来，于是想出种种办法，以便不使她的这个胜利果实付诸东流。她想，男人的心难以捉摸，三宫六院，姬妾成群，再说太子李治也是个沉溺女色之辈，若不进一步接近他，恐怕他会移情别恋，难以控制。

　　幸好李治立为太子后，同皇上接近的时间多了，但是除早朝之外，他并不特别亲近太宗，也没有什么经常要向太宗禀告的事。武则天看出这点后，瞅准空子，主动接近太子，三言两语，如此这般。太子李治点头会意，两人匆匆分开，好像没事人似的。两人交流信息的方法也真够特殊的。

　　第二天早朝后，太子李治奏道："儿臣才疏学浅，生性怯懦，对父皇治国安邦之策十分钦敬，企盼能学到万一，故此愿经常侍奉在父皇身边。虽舍去东宫闲静安逸的生活，也觉得甚幸。"太宗眼前一亮，大加褒奖。其实太宗也早已看出来，治儿同他的几位兄弟比起来是怯懦一点，实应把他安置在自己身边，让他耳濡目染，尽早学好政务。太宗便下令在内宫附近为太子设一个寝宫。正是这一机会，使武则天和李治接触的机会更多了。

　　九月初的一天，是太宗皇帝将魏王李泰贬到湖北均县不满半年的时光。时值深秋，天气寒肃，百花凋零，太宗感叹时事的变迁、节令的更替是这样的迅速，自己的身心甚觉疲惫。此时的他，对太子李治的才干有了进一步的了解，也许因太子李治在处理政务时见解十分低劣，致使太宗心情沉重，有时候自然就勾起了他多年来对魏王李泰的思念之情，有时候更直接地表露出来："青雀乃世之英才，朕对他十分惋惜……"太宗对侍臣讲的这些话很快传到武则天的耳朵里，她马上为李治出了一个主意。

　　这天早朝，从来不多言语的太子李治在最后上奏道："儿臣听说承乾和泰流放下去时，带的衣服很少，在当地的饮食也十分单薄和粗劣，甚是可怜他们，乞求父皇敕有司在生活衣食上尽可能优待供给一些。"

　　太宗听后，深为雉奴温和、仁慈之心所感动，马上准奏，并在朝臣面前对太子李治的仁德大加赞扬。慢慢地，太宗淡漠了对魏王李泰的思念之情，对太子李治增强了一些好感和信任。

　　然而，由于长期操劳国事、处理政务的劳顿，使太宗刚过不惑之年便出现了老相，加上两个儿子长期流放在外，父子之情也终日煎熬着他。夜间便经常做梦，被噩梦吓醒。

　　一天夜里，太宗刚刚躺下，突然听到不远的地方有奇怪的声响。他下意识地

太宗被噩梦惊扰

仔细倾听，好像有什么人在抽泣，声音如蚊蝇一般。他觉得奇怪，便抬起头察看。借着淡淡的烛光，凝视四周，什么也没有发现，只听见室外树丛中嗖嗖的风声和苑内狐狸的叫声。

他刚想睡下，又从什么地方传来人的哭泣声。他干脆从床上坐起，透过床帐凝视桌上那淡红色的烛光，只见烛火不住地摇曳。继而，太宗觉得喉头干燥，呼吸困难，他想叫宦官拿安眠的汤药或水喝，可是难以发出声音。他挣扎着想动一动，可是全身却像被绳索紧紧地捆绑着，纹丝不动。这时，忽明忽暗，忽大忽小，又激烈摇曳的烛光呼啦一下熄灭了，但室内并不显得黑暗，他隐隐约约发现床对面的墙壁上出现了一道忽伸忽缩、张牙舞爪的人影。

"谁？"太宗想大声呼喊，但却发不出声音。他用双手扯开了胸前的睡衣，墙壁上的影像如乌云翻滚，恶浪狂涌，一会儿像人形，一会儿又不像人形，最后逐渐变得清晰起来。

"啊！"太宗从咽喉深处发出了喊声。

建成！元吉！一幅幅血肉模糊的形象，犹如深沉的白色眼睛含着怨恨，直瞪着太宗。太宗觉得那些黑色的手指到了自己的鼻尖上，他们的嘴大张着，扭曲着，发出像鬼嚎似的骂声。这细小而真切的声音，就在太宗耳边嘶嘶响着。

"世民，我们之间的冤仇还没有完！我等遭你暗算，我等幼子也惨遭毒手，血海深仇一定要清算。你等着吧！"

随着这似是而非的声音，乌云中又浮现出一群呜咽着的少年和幼儿的身影。

"好了，别哭了！"内中有一个年长的人影对其他身影说，"好不容易有一个'承'字辈的从兄弟来同我等为伍，其余女子，也将来咱们这个世界，其中还有一个可爱的女子。"话语十分神秘，也十分自信。

太宗正在惊疑，突然，这些声音又变成震耳欲聋的嘲笑声、怒骂声、恐吓声，最后又响起喊杀声，嘚嘚的马蹄声，马戟碰撞的当当声，被杀士兵一刹那间的惊叫声，仿佛千军万马蜂拥而至，包围了京城，闯进了宫殿，寝宫的门被冲开成为废墟……

太宗由于连日心绪难解，遇事烦躁，没有让后妃侍寝，在梦中频繁翻身。呜呜啦啦的惊叫，惊动了守夜的宦官，他们赶忙涌进内室，来到太宗的床前问安。

"圣上，圣上，没事吧？"

"圣上，你怎么啦？"

太宗如从深渊中挣脱出来，艰难地睁开了双眼。虽然是晚秋，又是夜半三更，但他的全身却冒出了冷汗。

宦官们有的持灯跪在太宗的床边，有的为太宗更衣，有的端来汤药，一时间寝宫内乱成一团。御医也慌忙进入，为太宗把脉诊病。御医细心诊视，得出结论："圣上是过度劳累和郁闷所致，没什么大碍，休息几天就好了。"

太宗听到御医的话，唇边现出几丝悲凉的苦笑："难道朕老了？"

其实，这年唐太宗李世民才是四十多岁的年龄，正值盛年时期。他感到衰老，不过是心理上的感觉。

难怪呀，他悉心开创出来的贞观盛世与他对后嗣的希望成了尖锐的矛盾。

现在，谁能继承他的这一宏伟大业？谁能把贞观之治的辉煌业绩延续下去，永葆大唐圣祚？太子承乾的大逆不道，齐王祐的叛乱，魏王李泰的奸诈，太子治的懦弱，使他心理受到巨大压力，他对未来前景十分悲观。刚刚出现在梦中的景象，更使他心中惊悸，坐卧不宁。

太宗反复回忆昨夜梦景：那个面目模糊的老人是谁，那句"承"字辈的人指谁，那"可爱的女子"又指谁？他不得不联系到自己子女身上。难道说真有因果报应？当年自己发动的玄武门之变，残害了兄弟建成、元吉。如今自己的这些儿子互相争斗，不成大器，是不是苍天对自己的惩罚？也是自己应得的报应？

太宗越想越觉得精神沮丧，越想越觉得胸口堵塞。这样一来，噩梦常常伴随着他的睡眠，搅扰着他的精力，加速着他的虚弱。有时一夜数次受惊，有时大呼小叫，醒来后心中如战鼓般跳荡不止。此后，他的心力越来越衰竭，神志越来越憔悴，似乎已是一个病入膏肓的垂暮之人了。

这天夜里，太宗十分疲乏，睡下之后，仿佛为某种氤氲的妖气所包围。不多一会儿，他好像听到一种幽怨的音乐声，还夹杂着胡笛羌箫的哀切声调。霎时，半睡半醒的太宗脑子里闪过警觉的念头：莫非又是幻影？他竭力睁大眼睛注视着室内，想壮起自己的胆子，抵御它的出现。

但是这一次同上次的梦境完全相反，没有惊心动魄的场面，没有已死的人索命般的威吓，床前却站着一个年轻窈窕的淑女，高高的发髻上戴着灿烂的金凤冠，碧玉、珍珠装饰着她长长的耳垂，身着青色深衣，足蹬金银云头鞋。太宗对这种场面并不害怕，也不陌生，如往常妃嫔侍寝一样。太宗正要起身拉那女子到身边躺下以成好事，不料，美女自己却顺势倒在他的身边……恍惚之中，太宗抬头看了一下那美女的面容，他想仔细看一看她是哪宫哪院的妃嫔，将来得个皇子，也好晋封她的地位和品阶。谁知一看，他禁不住叫了一声，这个娇艳的美女脸颊上浮起的不是媚笑，而是冷笑，随即在一瞬间又消失了。白色的浓雾升腾，一切烟消云散了。

醒来后，太宗还回味着刚才的梦境，心口怦怦直跳，口里喘着粗气，一摸胸口，觉得冷汗淋漓，两股之间有黏湿的感觉。他赶忙叫人。听到皇上呼叫，值夜的近侍、御医飞快进屋，为太宗捧药、送汤、诊脉，并重新换上睡衣。

此时正值夜半，他挥手让近侍和御医退去，又一次睡下。夜色静谧，连自己的呼吸也能听见，刚才的梦境如在眼前，他竭力回忆那美女的容貌。谁知，使他惊叫不已的那张脸，正与他摆"鸿门宴"的武才人的面部表情一模一样。那次太宗要杀武才人，武才人以机智先发制人，倒把太宗的计划打乱，反而怜悯起她来了。此后虽也让她侍寝，但渐渐因身体不支对她有些淡漠。武才人并不计较，在宫中默默无闻、孤独地生活着。今天不知为何做了这个梦，虽说不算奇怪，但从做梦与女人相交这一条上讲是不吉利的。《周公解梦》中曾记有一条叫"与女人交有邪祟"的说法。太宗心想，为了身体，最近本不想近女色，谁知偏偏夜间做梦怎么也摆脱不掉。刚才的一场大梦真有将自己灵魂都摄去的感觉，难道这个武媚娘真是一个妖魔鬼怪，真要对大唐作出不利之举？他又反过来想，这不过是个梦而已。想着想着，他又苦笑一下：朕已经许下永远不杀她的誓言，现在还乱想什么。自从"鸿门宴"之后，武才人对自己毕恭毕敬，小心侍候，没有发现她有出格的迹象呀！

其实，太子李治位晋东宫，魏王李泰流放外地，太子同武则天的默契与感情，早已在各自心中翻腾起波涛。但表面上却显不出任何迹象，风平浪静，严密地瞒过了太宗。英明一世的太宗在这方面却显得有些迟钝。

第二天，太宗似从梦中走出，特意向侍女群中眺望武媚娘，想发现一点异样的地方。然而，武才人同往常一样，没有什么特殊的变化，淡淡的妆容，朴素的衣裳，低垂着谨慎的眼神，平静得如同大多数普通宫女一样，侍立在那儿。

太宗的身体越来越差，群臣进谏，劝太宗安心休养，太宗同意了。他起驾往终南山翠微宫休养之前，留太子李治和大司徒长孙无忌在京监国。

本来想静心休养几日的太宗，谁知一到翠微宫就病倒了，连白天支撑着看风景的气力都没有了。

太宗病倒翠微宫，彻夜噩梦不断，比在皇宫中尤甚，不是梦见建成、元吉向他索命，就是梦见承乾、李泰说他处事不公，以至于长夜难眠。随驾的尉迟敬德目睹太宗被折腾得疲惫已极，心中不忍，自告奋勇地来替换守卫的近侍，想让太宗休息好。

尉迟敬德是凌烟阁二十四功臣之一。以威猛闻名天下的他，曾在玄武门之变最危急的时刻杀死了齐王李元吉，救下太宗。现在，他手执钢鞭，站在太宗的寝宫门口守卫太宗的安全。他那威风凛凛的气势，使任何妖魔鬼怪都退避三舍，不敢靠近。说也奇怪，太宗皇帝这天晚上睡得十分踏实。

随驾的人员中还有一员猛将秦琼，手拿一双金铜，也是十分威武，第二天晚上由他接替尉迟敬德值夜。这夜太宗也睡得很安稳。

自此，这两位将军就夜夜轮流守在太宗身边，太宗也夜夜都能安然入睡。

太宗感念尉迟敬德和秦琼的辛劳，心中十分不忍，就让画工们画出他们的形象，贴在寝宫的两扇门上。说也奇怪，从此以后，太宗再也不受噩梦的惊扰了。

太宗皇帝的身体刚有好转，便又操劳起国事来。这天他在翠微宫安排高丽的事，突然又腹部剧痛，患起痢疾来。太医沈从宽一连为他开了几剂药都不见好转，不几天他就变得面色发黄，十分虚弱了。他觉得这次同其他时候不同，心想恐怕难以再好了，万一支持不了，身后事还没有安排，如何是好呢？于是他开始着手安排身后有关事宜。

太宗对太子李治的性情十分了解，虽具仁慈之心，但太软弱，缺乏主见。为政之事却不是那么简单，治乱的风云从来都是变幻莫测，君权的争夺历来残酷凶狠，皇帝的宝座并不那么好坐。如今，又不能再更换太子，况且也再没有合适的人选了，身后之事只有交付于他，只要自己临去前把事情安排妥当，料想也不会有多大问题。

于是，太宗把李治从京都召来，屏退左右，认真地说："我放心不下的就是一个李世勣。这人勇猛过人，虽说是一员难得的虎将，却不好驾驭，你对他又没有任何恩德，怕将来不服于你，甚或生出乱子。现在父皇故意贬他的职，看他有什么反应。他如果立刻赴任，我死之后你登了基，就把他再调回来任仆射，他必然对你感恩图报。万一他不肯赴任，为了你今后安全之计，父皇就马上把他杀掉。"太宗为了太子，真是用心良苦啊！

可是太子李治对父皇的这些话十分后怕，脸色变得煞白，心想，难道当天子

敬德、秦琼画像贴在门上镇邪

就必须无比的残忍和无情吗？可是他也只得诺诺应声，表示对太宗的话已经心领神会。

没过几天，李世勣，这位凌烟阁二十四功臣之一的宰相英国公，突然无缘无故地被贬到遥远的叠州任都督。文武百官对太宗皇帝的这一举动大为惊愕。谁知，李世勣深解此意，他连家也没回，就从太宗养病的翠微宫，辞别圣驾赴任了。

太宗的这一招，实难瞒过明眼人李世勣，其实一代皇帝身临重病，对后事必然要做出种种安排。他召来太子李治进行密谈，李世勣能不知晓？稍微动点脑筋，就知道这是太宗为懦弱的继承人在培植忠贞的大臣。

这时，太宗皇帝还想让太子赶紧回京师监国，但是太子李治看到父皇有病，执意在身边侍奉。他也知道，这时武才人也在翠微宫中，他名义上想尽孝心，但实际上在恋着意中之人。他认为父皇的病情恐怕难以痊愈了，此时与媚娘姐可以更大胆地接触了。

正是在这个时候，太宗又患起了恶性痢疾，病情急转直下。太子日夜侍奉在病床前，没几天时间，太宗就瘦得像换了一个人似的，面容憔悴，平添了几许白发。

太宗皇帝的病情越来越重，这个时候，大臣和宫女们都各有各的想法，至少对太宗已经表现出冷淡。太宗几乎吃不下任何东西了，但是由于太子亲手端来的汤药，他还是强打起精神勉强喝下去。这些汤药是由御医在外间调制，由武才人端来交给太子的。别的宫女早已在为太宗死后自己的处境而心慌意乱起来，她们私下里猜测，是被殉葬？还是有别的处置？哪里还有心思去侍奉太宗。这也给武则天创造了条件，好更加积极主动地在太子面前表现自己。此时的她，不是没有一点思想斗争，万一因过去的《秘记》和谣传使太宗在临驾崩前留下杀掉自己的遗言，那可不得了。为今之计，赶紧多接触太子。于是，她仍然不动声色按部就班地把别人搁下的事情办好。她要瞅准机会或空子，让太子李治对自己明确地表示一下态度。她有这个想法，就处处有条件可以创造，有办法可以施展，有空子可以去钻。目前太宗不能理事，其他妃嫔和宫女慌乱一片，翠微宫的冷落或混乱，恰好给武则天创造了同李治接触的极好机会。

太子李治见父皇病体日益沉重，心中非常愁苦，他不知怎样去尽孝心，有时候束手无策，无端叹息，并没有像别人做太子那样见父皇日渐垂暮而暗自高兴。

他见武则天精神饱满，尽心尽力，表现忠诚，也为之感动。然而，武则天也并非闷着头下死力，而是每次同太子相遇时，总是含情脉脉地投去同情、温柔、体贴的眼光，这使年轻的太子李治感到一种安慰和鼓舞，好像有了不少的依靠。虽然父皇将要辞世，父皇辞世后他将要担当起治理大唐江山的重任，可他一想到媚娘姐那充满活力的眼神，心中就安稳了许多。

这天晚上，太宗服药后睡得安稳踏实。坐在太宗病床边上的太子李治正在发呆，突然听到身后传来轻细甜润的声音："殿下，赶快趁圣上安睡，你也歇息一会儿吧！"这是媚娘的声音，太子听到就像打了一针兴奋剂，很快浑身热血沸腾起来，转身就一把抓住武则天的手，激动地说："媚娘姐，走，咱们出去一会儿吧！"说着，他俩下意识地往太宗那安静熟睡的脸上偷看一眼。

李治只管抓着武媚娘，她假意想挣脱开，轻轻地推着李治的手柔声说："别，别这样，让人看见可了不得！"

此时的李治，怎么也按捺不住自己的感情，眼中喷射出一股炽烈的欲火，毫不顾忌地说："父皇睡着了，别人不敢来！"一边说，一边就把武媚娘拉进了宫侧小轩僻静处。

武则天红着脸说："圣上若是知道了，如何了得？"

这时的太子李治什么也不想了，什么媚娘是父皇的人，什么乱伦，什么仁孝，统统抛到九霄云外去了。

其实，皇宫中的乱伦之事并不鲜见，太宗杀了弟弟元吉后，把元吉的妃子杨氏纳为自己的妃子，这个事就在眼前，或者说给他们作出了榜样，或者说是对病榻上奄奄一息的太宗皇帝的因果报应。

太子李治迫不及待地要同武则天翻云覆雨，到了这个时候什么话也说不出来了。只要能让他发泄性欲之爱，还管他别人怎样看呢？

片刻之欢过后，武则天坐起身，整好装束，把李治搂在怀里假意哭泣道："殿下刚才说过，一辈子也不愿意让我离开你，从今日起妾已成了殿下的人，也就一辈子不愿离开殿下了。你先说说，日后登基，可把妾放在何处？"

"放心吧！"太子李治赶忙一字一句地发誓说，"日后我登了基，一定立你为皇后，永远不分离。如若做不到，天绝我李治后代！"

听到这话，武则天连忙松开手，跪倒在太子李治的膝下谢恩。李治连忙用手搀扶她起来。

她又担心地问："若今天的事，圣上知道了，加我的罪怎么办？"

"父皇不会知道。"李治摇摇头道，"他若真的知道了，你就推到我身上，我自有办法！"从来没有什么主意的李治，这一次却显得很有计谋，也很自信。口说无凭，李治为了表达心意，从身上解下九龙羊脂玉镯，递给武则天说："你尽管放心，就以此为证好了。"

武则天接过玉镯，深情地说："其实，我要的是你的一颗心，那就权且作为今后的信物吧！"

接着，李治和武则天就又你搂我抱，脸贴着脸，耳语了一阵今后的打算。当听到太宗皇帝又发出哼哼唧唧之声时，武则天连忙推开李治跑了过去。

恰好太宗醒来，连声喊叫："媚娘，媚娘！"武则天也应声到了太宗的身边。

刚才太子李治和武才人海誓山盟的当口儿，太宗也正巧在睡梦中做了一个梦，梦见一位神人又向他讲，唐三世后女主武王当有天下之事，大唐江山将会变色，李氏子孙将被杀戮。梦是长期思虑或是对重大问题萦绕于心的结果。在整个太宗病重期间，他并没有忘记这个疑虑，他的心里十分矛盾，他认为他所怀疑的女王是一个有情有义，又忠心耿耿、才智过人的弱女子，自己已许下永不杀她的诺言。但他又翻来覆去地斟酌，自己为二世，三世显然就是当今的太子李治了。他生性懦弱，身体不壮，才干欠缺，恐怕被什么人操纵。但只要没有武才人在宫中，这个可能性就小了，因此要把身后之事安排妥当，以免发生不测。他暗下决心，必须在自己临归天之前对她作个处置和了断。他又想听听她本人的打算再说，于是就有气无力地呼喊起媚娘来了。

武则天匆匆来到太宗皇帝的病榻前，俯下身子柔声细语地说："圣上醒来了，身体可好些？想吃点什么呢？"

太宗皇帝上气不接下气地说："媚娘，朕自患痢疾以来，一直服药无效，看来是难以好转了。念你侍候朕有年，实在不想撇下你，可又由不得人。你想过没有，朕死后，你有什么打算？"

武则天慌忙跪下答道："臣妾蒙圣上隆恩，本该一死报德，但是圣上病体会痊愈，妾还要忠心侍君。若圣上怜爱，臣妾情愿削发为尼，吃斋念佛，为圣上拜祝长生，以报恩宠！"

武则天没有想到陪葬，她绝不这样想。她没有想过在太宗死后不嫁他人。她清楚太宗的心情，是对她有忌讳，她也竭力迎合太宗，顺着太宗，主动地贬谪

李治把玉镯送给武媚娘

自己。但到什么地方呢？她早已有了韬光养晦的策略，削发为尼，保存自己的性命，再图谋太子登基后迎她回宫。在这个新旧交替的时刻，她急流勇退不能不说是个万全之策。

她满有把握地静静等待太宗的回话。

"好，好！"太宗听到这话，也未加深思便连忙表示同意，"你既然有如此真情，可出宫，也省得朕为你劳心。"

太宗觉得，只要她一入空门，就万事大吉，去掉了心病。但他哪里会知道，他选定的三世接班人，早已同这个未来的女王结下生死同盟。只要武则天不死，她就有可能死灰复燃；只要李治存在，她就有可能蓄发还俗。

新旧交替之间滋生着新的生机，孕育着谁也预料不到的事态。

太宗李世民驾崩

太宗皇帝将长孙无忌和褚遂良召到病床边，呼吸急促地说道："现在，朕就将一切后事托付于二位了。你们都知道太子治儿仁孝，但缺乏能力，多辅弼他吧！"

一代明君在身体极度虚弱的情况下，意志力也变得异常薄弱，他握着太子李治的手，有气无力地说道："在朕病重期间，吾儿有如此孝心，真是死而无憾了！"

任何宫人们都知道，太宗皇帝的症状已经没有救了。

贞观二十三年（649 年）五月二十四日，太宗终于进入弥留状态。

他一面等待着死神的降临，一面召来长孙无忌嘱托后事。当长孙无忌到达他身边时，他举起软弱无力的手，摸着他的下颚，感慨无限，就是一句话也说不出。

五月二十六日，太宗皇帝又将长孙无忌和褚遂良召到病床边，呼吸急促地说道："现在，朕就将一切后事托付于二位了。你们都知道太子治儿仁孝，但缺乏能力，多辅弼他吧！"

二位重臣跪拜于龙床前，双眼红肿，连连点头称是。

接着太宗又对李治说："只要有无忌和遂良在，你不必担心大唐江山不稳。他们二人，一个是你的舅父，一个跟随我走南闯北打天下。你一定要听他们的话，保住江山呀！"太宗说完，疲倦地闭上眼睛。过了一会儿，他又深深地叹一口气，"朕终于到了见天帝的时候了。"

戎马一生、英明一世的太宗，这时大概想笑，嘴角稍微扭曲而颤抖。

在翠微宫的上空，这几天不论早晚总有漫天的乌鸦飞舞，终日聒噪不休。宦官们想抛石头赶走它们，然而这群黑乌鸦嘲笑般的声音却愈来愈鸣叫得凶狠，嘈杂声不断，并依然卧在宫殿高大的房顶上久久不肯离去。

如果在平时，侍女和妃子们会以讥讽的口气嘲弄道："乌鸦赶乌鸦！"可是，看到今天漫天乱飞的乌鸦，她们再也没了兴致。

在意识快要涣散的时候，太宗使出最后的一点力气，语若游丝，要褚遂良提笔起草遗嘱。完毕之后，太宗立刻陷入昏迷状态，不一会儿，就咽了最后一口气。

太宗皇帝李世民于贞观二十三年（649年）五月二十六病逝，享年五十岁。太宗仰卧在龙床上，面容依然坚毅、镇定。

在一旁默然守候的太子李治，听到御医们匍匐在地上说道："皇上驾崩！"

听到父皇驾崩，李治仿佛从梦中醒来，抬头向龙床上望去。父皇如在睡梦中一般，安详而坚毅。李治觉得眼前一黑，突然放声大哭起来。

长孙无忌虽然也老泪纵横，但看到他的外甥李治难受的样子，立刻恢复镇静，以袖子擦干泪水后，恳求太子处理诸项事务，以安内外。

李治仍旧大哭不止。

长孙无忌不得不呵斥道："皇上是将江山社稷交付于太子，不是让太子长哭不止。现在还不是哀号的时候！"

这天夜里，太宗的遗体被宦官洗净后又和先前一样地放在龙床上。在昏暗的宫殿内，银烛摇曳，安息香的轻烟袅袅升入夜空。太子李治和长孙无忌浑身素衣，守候在太宗的身旁。

几位大臣商议后认为，现在应暂时保密，不宜向外界宣布太宗去世的消息。同时，长孙无忌与褚遂良要太子李治跪在太宗的尸体前，宣誓继承皇位。

翠微宫，也在哀愁中平添了几分紧张和慌乱气氛。

第二天，二十七日，应长孙无忌等众朝臣的请求，太子李治决定先行回长安，并由飞骑、侍卫及旧将们护卫太子。

皇帝李世民的遗体安置在马车上，跟随在太子的队伍之后，运往长安。

二十八日，太子到达长安。紧接着太宗的遗体也运达长安，安置在两仪殿。

二十九日，以正殿太极殿为殡宫，将皇帝入殓，尔后向天下宣布国丧。

驻于各地方的亲王及全国各州府的都督、刺史，皆以快马赶到京城长安。唯有濮王泰未获准进京。泰于贞观十七年（643 年）贬为东莱郡王后，又于同年迁为顺阳王，二十一年（647 年）徙为濮王。

朝廷重大事务不容稍废。六月一日，太子李治即在太极宫宣布遗嘱，并在先王灵柩前正式即位，是为高宗。

服国丧的长安城，尽管已是盛夏季节，阳光高照，人们依然觉得暗云四垂，心绪不安。所有的官员们似乎都在思索同样一个问题：随着太宗时代的结束，将来又会是个怎样的时代呢？

六月十一日，在隆重的仪式和哀乐声中，举行先帝大葬之典。一生创立了丰功伟绩，又杀兄逼父禅位的大唐第二任皇帝太宗李世民，走完了他一生的最后历程，和于贞观十年（636 年）十一月去世的长孙皇后同葬于昭陵。

▌三、二次进宫▐

感业寺恋俗

武则天和小宝几句话过后，再无闲语，早有两片热唇趁势贴了上去。二人的一番情意甚至比往昔更浓了几倍。何况这是靓男俊女十多年后撕心裂肺的重逢呢！

武则天在尼庵中同过去恋人的故事，历来流传于民间与野史。

自从武则天听说太子李治登基帝位，成了高宗皇帝，天天盼望着他降诏接自己重返皇宫。但是，等了又等，盼了又盼，仍不见那个曾占有了自己身子的高宗皇帝的任何音讯。她想，难道李治是个负心郎，难道自己就真的要老死在感业寺？

武则天是过来人，正当青春年华，和老皇帝太宗又有过多次男欢女爱，和李治也有过一夜情，于是情欲之火无时不在炙烤着她那受伤的心灵。但是她也毫无办法，渐渐地也就生起病来，面容显得十分憔悴和枯槁。

守在武则天身边的小翠也发愁得茶饭不香，总想为武则天解闷排忧，有时她出去买药，为她精心煎熬。武则天对她的一片忠心铭记不忘，常常挂在嘴边。经过小翠的精心照料，不几天她的神情逐渐好起来。

这日，阳光明媚，天高气爽，武则天和小翠来到寺庙后院散心。这里是一片古木参天的老树林，遮天蔽日，阴暗清凉，地下野草丛生，苔藓斑斑，一进去总觉得有点恐怖瘆人。但这里却也有个独到的好处，就是鸟雀很多，到处追逐嬉闹。蚱蜢、蝈蝈、蛐蛐、螳螂，也偶尔跳蹦啼鸣几声。在这里散心游玩倒也十分地充满情趣，如看鸟儿交喙相亲，虫儿背负相爱，以慰自己的情思。

不过，游玩的心情总是短暂的，而寂寞和孤独则长久地折磨着人。

人在孤独和寂寞的时候，总是很容易地回想过去，想着过去美好的时光。尤其是女人，在寂寞时，总是很容易地想起过去所爱过的男人。武则天这时就想起了儿时的伙伴小宝，想起了李世民和李治。她想李世民，是因为李世民改变了她一生的命运，她想李治，是因为李治关系着她以后的前途。但她爱他们吗？她觉得她不爱，有时候她甚至觉得恨，觉得憎恶他们父子。他们父子二人都说爱他，无非是因为她年轻貌美，把她当作一种快乐的宣泄工具。她又不得不屈从他们，因为她无法抗拒他们的权势，又因为她要从这权势中间寻找一条道路。女人的最大优势是什么？是美丽的姿色，是香艳的肉体，如果再加上有男人一样的狡诈，就能够征服一切。作为一个女人，如果说爱，她爱的只有冯小宝，只有想起他，她才感到人世间还有甜蜜和幸福，有令人回味的温馨爱情。

可是，小宝音讯杳无，李治也不来接她回宫。好难挨的日子，好难挨的夜晚啊！

李治总是不来。一年多过去了，他还是不来感业寺接武则天。她想，他也许早就将她忘记，他不过是在利用她，欺骗她，玩弄她。

她绝望了。

这天，她又独自一人在寺院后面的树林里散步，望着那老树横伸的枝丫，不知怎的，她忽然想到了自杀。她想变为厉鬼，寻李治父子讨债。是他们玩够了她，让她来尼姑庵忍受感情和肉体的折磨，是他们使她丧失了她应该享有的天伦之乐……正在思绪哀怨间，她忽然发觉寺院的高大砖墙上有动静。起初她以为是只什么鸟在嬉戏，扭头一看，只见一颗圆滚滚的脑袋从墙外伸了出来。她想，大概是当地的地痞无赖无事来寻便宜吧！于是，她从地上捡起一片破瓦块，使劲地朝那颗脑袋砸去。瓦片摔落在墙头上，那颗滚圆的脑袋也顺着墙头滑落下去，不见了踪影。

寺院的墙外好一会儿没有动静。

正当武则天扭转身往回走的时候，忽听歌声响起。

武则天、小翠在后院散心

歌声好美哟！好像唱出了她的心事。她叹了一口气，忘却了自杀的念头，低着头，回房去了。

在寝室，她呆呆地闷坐着，思前想后，止不住泪水浸湿胸前衫。

小翠见她泪眼汪汪，忙问："好好的，怎么又伤起心来？"

武媚娘忙拭了拭眼泪说："好姐姐，你不知道……"

小翠忙问："是想皇上了吧！"

"想他作甚，他早把咱们忘了。"武则天说。

"那你有什么心事，不能给我说说。"小翠关切地说，"说不定我能给你宽宽心哩！"

武媚娘道："我这心事，真无法跟姐姐说，还是沤烂到肚里吧！"

小翠越听越觉得神秘，便急不可耐地说："咱们俩亲如姐妹，无话不谈，今天是什么人把你的魂儿勾走了？"小翠拉着媚娘的手，一定要让她讲出来。

武媚娘想了半天，觉得小翠不是外人，况且也是女人，说了又何妨？于是就慢慢地把自己的心事和盘端了出来。她说："我虽说身在寺院，每日习经文、化香表，日子久了也并未净掉七情六欲的根，况且也是过来人。哟，小翠，你还不懂男女之间的事，给你说了你也不明白。"

小翠说："私下里说说，倒也无妨。"

武媚娘说："我就是说了，你也想不来！"

小翠说："你说嘛！"

武媚娘见小翠情急的样儿，忍不住笑着说："那我可说了，你一定要为我保密，让皇上知道可不得了。我是想另一个男人，想夜里床上的事！"

小翠一听，不禁捂着通红的脸，学着多日来在尼庵养成的习惯，嘴里喃喃道："罪过罪过，阿弥陀佛！"

武媚娘笑道："这不是罪过，是正正经经的事儿。你看老天爷给这世上造人，不就做了个男人，做了个女人，让男人跟女人一块过日子吗？男人要不想女人，女人要不想男人，那才是怪事儿，是罪过呢！我十四岁进宫前就已经有过相好的。"

小翠忙用手捂住耳朵，眼睛却傻傻地瞅着武则天，满面含羞。

武则天知道，小翠虽是宫女，但男女之间的事她还从未尝试过，不知道是啥滋味，便说："小翠姐，要是咱们俩回了宫，我把你送到皇上被窝里，要不然给你找个男人，过上夫妻生活……"

话音未落，小翠就双手捶起武媚娘来，继而又用胳膊搂住媚娘的脖颈，磨蹭了半天，嘻嘻地笑着走开了。

不知又过了多久，武则天独自一人到寺庙后院转悠，只见树枝上两只画眉鸟啾啾鸣个不停，不一会儿又相互追逐，玩得好不热闹。她看得入了迷，心想，人哪，有时候还不如个鸟雀儿自在。正在这时，"咚"的一声，一块小石子儿落在她的脚边。她冷不防吓了一大跳，心想，这是哪个淘气鬼干的好事呀？她刚一扭头，只见那天曾探出个脑袋的墙角处，有人用手轻轻拍击。她想，一定是哪个无赖，来纠缠挑逗尼庵里的年轻尼姑们，想趁机占个小便宜。她看也不看，捡起那块扔进来的石子，就朝墙头砸去。谁知这无意间的一掷，竟是那样的准，一下子打中那人的额头。那人叫也没叫一声，就滚落墙外。然而，就在攀在墙上的那只手滑脱墙头的瞬间，一张折成燕子形的白纸飘落下来。

武媚娘心里一动，连忙走过去捡了起来。打开一看，好熟悉的笔迹，上面题有一首诗。

这首诗，是她在十三岁幽会时，冯小宝在书房里悄悄塞在她手心里的纸条上写的："女儿羞，看见男人儿就低头；女儿乐，一个鸡巴往里戳。"

冯小宝的诗文确实写得不怎么样，但这首诗还蛮有意思，媚娘把它装在身上好多天，后来怕人知道了也不忍撕掉。但这首诗，她却深深地埋藏在了心里。睹物思人，她原来以为冯小宝早已经被打死，即使不死，也再难见到。谁知道，他却像天上掉下来似的，突然又出现了。武媚娘心里充满了希望和幸福，内心的骚动更是无法形容。

"小宝哥！小宝哥！"她稍稍提高嗓门，朝墙外焦急地呼喊着。

寺院外，一片静悄悄，除了风声，再没有任何响动。

武则天热烈的感情又变成失望，她禁不住哭泣起来。她想，小宝既然知道了她在这里，就一定还会再来的。只要他活着就会有重逢的机会。于是，一种期待的活力又从她的心底升腾起来。她把这首定情诗念了又念，擦干眼泪，匆匆走了回去。

她坐立不安，在房间里踱来踱去，不知道该怎样才好。她和他头一回在她家欢快幽会的情景，选美时的生离死别，都重新回到她的眼前。

一天又一天过去了，过一天就像过一年，心儿像油煎熬，可就是再也见不到亲爱的小宝哥哥的踪影。莫非是在梦里相见？她想，可是一摸身子，小宝写的那首诗分明还在。

这天上午，她歪在床上正想着自己的心事，只见小翠笑嘻嘻地走了进来，说道："你可得请请我。"

武则天懒散地看她一眼，问道："请你做什么？"

小翠笑道："你想男人，就来个男人找你。你说该不该？"

听到此话，武媚娘一骨碌爬了起来，一把拉住小翠的手说："请，请！你说什么？"

小翠道："哟，看把你急的！我是说，有个男人来找你！"

"谁？"武则天忙问。

"一个姓冯的男人。"小翠答。

"啊？"她情不自禁地喊出了声，拔腿就往外跑。刚出门，又站住了，说："你说，他姓冯吗？"

"是姓冯，叫冯什么宝，说是你的表哥。"

"你去，叫他进来。"

小翠迟疑不决地说："师父说，叫你出去。"

"你给师父说，我要他进来。"

小翠无奈，只得转身出去了。

尼庵一般不允许青年男子随便出入，特别是不能进入青年尼姑的住房，有伤风化。但武则天的身份特殊，加之她来尼庵时皇宫给了许多捐助，她又不时拿出些金银首饰给老尼姑。于是，那妙玄老尼虽然不乐意，可也不愿违拗，只好答应把他带进来。

媚娘一看果然是冯小宝，喜得心花怒放，禁不住叫一声："哥！"忙又打住话，朝小翠说："沏茶！"

小翠前脚出门，武则天随后就掩上房门，一把抱住冯小宝，撒娇道："亲亲，我可想死你了。"

冯小宝也紧紧搂着她，喘着粗气，连声说："我也是，我也是呀！"

几句话过后，再无闲语，早有两片热唇趁势贴了上去。

二人的一番情意甚至比往昔更浓了几倍，何况这是靓男俊女久别后的重逢呢！

武媚娘喜见冯小宝

刚整好衣裳，只见小翠脸红红的像涂抹了厚厚一层脂粉，推门走了进来，低着头睨了冯小宝一眼，说："煎的茶都放凉了。"

"好姐姐，劳烦你了，媚娘会好好谢你的。"一看小翠这副神情，武则天知道方才两人的好事让她瞧见了，她便瞅着她的眼睛说。

武则天和冯小宝慢慢地喝着茶，这才说起别后的情况来。原来，冯小宝在选美那天被乱棒打得浑身是血，那些军士们以为他被打死了，就丢下他走了。冯小宝的老爹哭得泪人儿似的，把尸首抬了回去，准备埋葬。不料，他竟又缓过气儿，活了过来。小宝爹不敢声张，把小宝藏起来养伤，将一具空棺材抬出去草草埋掉，以掩人耳目。冯小宝知道他是犯了大罪，伤愈后不敢逗留，逃到外地流浪去了。唐太宗驾崩后，高宗李治大赦天下，他才又回到家乡。他听说凡跟过太宗的女人，都被迫出家为尼了。他知道媚娘的母亲不喜欢他，也不敢去打听，便在长安城的尼庵寺庙到处打听寻觅。那天，他跑到感业寺，趴在墙外，发现树林边站的人很像媚娘，却不料被她一瓦片惊跑，他只好唱起歌儿，希望她能听见他的声音。谁知她竟浑然不知，一扭头跑了。第二次他写了那首诗，则是希望媚娘见诗后能知道是他来寻找她，可是又被瓦片打破额头，血流如注，近日来寺院探问，果然是他日思夜念的武媚娘。

武则天也叙说了她的遭遇。二人又哭又笑，说不尽的离别之情，相思之苦。

武媚娘问："你成家没有？"

冯小宝答："我逃命在外，衣食艰难，如何成家！大赦以后，想着见你又有了希望，便到处寻你。我的心里只有你，根本没想再找别的女人。"

武则天感动地说："真是难为你了！不过，你也太傻，衣食男女，人生不可少。你也该找个女人成家才是。"

冯小宝正色说道："你还不知道我吗？我的心中只有你！这颗心，永远也不会变。"

武媚娘说道："你可不要为我耽误了你自己，咱们怕是没有长久的缘分。"

冯小宝道："怎么，你变心了？"

武媚娘哀怨地说："我是不会变心的，只是我身不由己。"说着，一把脱去帽子，露出一头秀发："是当今的圣上叫我带发修行，说不定哪天又来接我。"

冯小宝一把抓住她的手说："那咱们一块逃吧，逃得远远的……"

武媚娘叹口气说道："如今又不是乱世，能逃到哪里？普天之下，莫非王土。

再说……"

冯小宝落着泪说："要是没你，我只好当和尚去了。"

武媚娘道："别急呀，看看情况再说。现在，咱们不是还能相聚一时嘛！"

"我可不敢骚扰你的尼庵。"冯小宝有些惧怕地说，"长安城里，可不是闹着玩的。"

武媚娘道："不要紧，我这院里，是没有闲人敢来的。你明儿夜里多买些吃食来，从墙外翻过来，在后院的林子里等我。不要忘记，嗯！"

她让小翠把冯小宝送走后，心想，如果想在这儿与冯小宝悄悄团聚作乐，首先得把妙珠、妙玉这两个小丫头勾引过来，不然，好事难成。的确，武则天平时就待她们不错，这天晚上，就备了些果品素酒，把小院的门一关，四人边吃边谈。吃酒中间，她拿出两副翡翠耳坠，一人送了一副，说："拿着，这一副，要值几十两银子呢！你们两家都比较困难，给你们吧！现在，我实话告诉你们，今天来的并不是我表哥，而是我的心上人，是皇上选美才把我们拆散的。我想在这儿跟他相会，恳请二位妹妹包涵一点儿。"

妙珠、妙玉吃了一惊，羞红着脸说："任凭姐姐，我们装作没看见就是了，你尽管放心。"

武媚娘笑着拉了拉她们的手，说："好妹妹呀，难得你们的好心。他来了，怕也有你们的好处呢！"

二次进宫

萧淑妃一看皇上明显支持自己，更加趾高气扬起来，像只昂首的骆驼，抖翎的公鸡。王皇后无计可施，更加气恼。愤怒之中，她猛然想起武则天。她想，武则天在立太子问题上，是暗地里立了大功的。当初皇上想她，曾害了一场大病。论容貌，论见识，萧淑妃给她提鞋都不配，只要武才人能回宫，不愁萧淑妃不败下阵来。

武则天有着强烈的回宫愿望，结果就有人为她创造回宫的机会和条件。

原来有天早晨，李治下朝回后宫，到御花园转悠，看看花儿，瞅瞅鱼儿，逗逗鹦鹉，惹惹画眉，绕过一座假山，忽见一个十四五岁的女孩儿在荡秋千。那秋千荡得正高，女孩儿见皇上突然出现，吓得在秋千上惊叫，可就是无法下来跪拜接驾。李治生怕她掉下来，忙说："别怕，别怕！"

秋千逐渐慢了下来，高宗皇帝李治上前一把抓住秋千的绳子。那女孩子从秋千上跳下来，就地跪拜。李治急忙拉住了她，一看，只见女孩儿面如满月，色似芙蓉，还带着孩子似的天真无邪之气。

李治这一抓，却将她吓得气喘吁吁，满脸淌汗。

李治觉得她蛮可怜，又蛮可爱，就替她擦去粉红脸蛋上的汗珠，问道："你几岁了？"

"快十五了。"女孩子一看皇上不怪罪，反倒更体贴她，浑身都舒展起来。

"叫什么名儿？"

"萧良娣！"

"你做什么？"

"替陛下打扫御花园。"

李治笑道："你倒挺聪明啊！"

萧良娣也笑起来："奴婢很笨，所以只配打扫御花园。"

李治道："谁说你笨？我看你秋千荡得蛮好的嘛！你跟朕荡个双手儿，如何？"

"奴婢不敢！"

"来嘛来嘛！"

就这样，两人便荡了起来。因为离得太近，身体不由得贴在了一起。秋千越荡越高，一任秋千自由地游荡。

迎着初秋的寒风，荡漾在秋千上，盯着含羞带怯的萧良娣，李治不由自主地问道："你这是怎么了？"

萧良娣低声说："陛下挨我挨得太紧了！"

"那怕什么？"

"这，让人看见不好。"

"朕还想把你搂在怀里呢！"

萧良娣道："只怕奴婢没这个福气！"

"朕说有就有，只是你愿意吗？"

皇上与萧良娣一起荡秋千

"奴婢不敢说愿意。"

"为什么？"

"奴婢长得丑陋，怕不中陛下的意。"

"嘻嘻，那朕要是不嫌你丑呢？"

"嘻嘻，我不知道了！"

秋千停住，两人也粘在了一块儿。

当夜，李治就留下萧良娣陪寝。

这女孩儿年龄虽小，却会撒娇耍痴，把李治服侍得一夜心花怒放，再也离不开她了。时间一久，就把什么人都丢在了脑后。萧良娣又是个多才多艺的才女，会下棋、跳舞、作画，最拿手的还是弹琴，把李治缠得眼花缭乱。不到三个月，她竟怀了身孕，有了李治的种。这样一来，他更是乐不可支，男欢女爱，不舍昼夜，随即便把萧良娣封为淑妃。

萧良娣一得到宠爱，加之身怀有孕，便以为自己有天大的功劳，心也大了，竟想谋皇后的座位。王皇后本来就受到冷落，心有不满，但皇上高兴，她又不敢发作，加之她生性善良，一直隐忍不语。谁知这萧淑妃竟心怀叵测，更加肆无忌惮，王皇后不由得勃然大怒了。一日，趁着李治上朝，她带领宫人进入淑妃院，教侍从掌了她三十个耳光，打得她杀猪一样叫喊，鼻青脸肿，由一个天仙儿变成了猪八戒。

李治回到后宫，一见心肝宝贝被打成这般模样，也不由得怒火中烧，冲着王皇后发怒道："你简直是无法无天！"

李治同王皇后吵了一架，不欢而散。

李治赌气，住在萧良娣那儿再不回去。

王皇后愈加生气，可也没办法。再说，她有个短处，就是从大婚直到现在，还不曾受孕。女人一旦有了这样的毛病，便自觉个儿矮，气也短。萧淑妃一看皇上明显支持自己，更加趾高气扬起来，像只昂首的骆驼，抖翎的公鸡。王皇后无计可施，更加气恼。愤怒之中，她猛然想起武则天。她想，武则天在立太子问题上，是暗地里立了大功的。当初皇上想她，曾害了一场大病。论容貌，论见识，萧淑妃给她提鞋都不配，只要武才人能回宫，不信萧淑妃不败下阵来。再说，武才人去感业寺的时候，皇上曾答应少则三月，多则半年，便接她回来，如今快两年了，他怎么闭口不提。想到这儿，便赶过来寻找李治。

萧淑妃坐了月子，刚生个女娃子，李治头自然欢喜，但他跟女人玩惯了，萧淑妃忽然不能跟他温柔相依，就像鱼儿没水一样，苦不堪言。若再寻一个，又觉粗俗，根本没有萧淑妃那种情味儿。正在愁闷，忽见王皇后走了进来。

"皇上，我给你贺喜来了。"既是贺喜，李治自然对王皇后以礼相待，请她坐下。

"人逢喜事精神爽，"王皇后道，"皇上是不是也该想一想另一桩喜事？"

"什么喜事？"李治急切地问。

王皇后道："当初，你想立太子，是谁……"

李治这才惊喜地说："媚娘！"他用手一拍脑袋，"你不提，我倒忘了，啊呀，差点委屈了媚娘！"

王皇后道："君无戏言。你许诺半年就接人家回宫，如今多长时间了？"

李治道："别说了，你去替朕接她回来吧！"

王皇后道："我不去，你自个儿去吧！"

李治道："这件事，可不敢弄出太大的风声，还是劳驾你借进香的名义去一趟，悄悄带她回宫。"王皇后故意不允，李治只好央求。最后，王皇后才答应下来。

在尼庵中，王皇后劝武媚娘跟她一同回去。

武媚娘哭着，只是不答应，并说："他既然忘掉我，成了无情无义之人，我还回去做甚？难道女人真是一把扇子，热了拿起来扇几下，凉了就扔在墙角？他当他的皇上，我当我的尼姑，大不了一条白绫往后院的树上一吊……"

王皇后无计可施，只好说："我奏明皇上，让他亲自来吧！"

没过几天，高宗皇帝便派人来接武则天了。

轿子走进后宫宫门的时候，早已等候在那里的高宗皇帝和王皇后一起便装出迎。王皇后亲手将武则天扶出轿门。

武则天向皇上、皇后下拜后，皇上特设御宴为武则天接风。

宴会上，高宗仔细看着武媚娘，只见她发髻若云，翠环高拥，装点着她那柳眉桃腮和丰腴婀娜的躯体，显得格外容光焕发，妩媚动人，好似一朵出水芙蓉，比出宫前更加艳丽十分。高宗晋封武则天为昭仪，武则天当即向皇上、皇后跪下谢恩。

整个下午，后宫中好像欢度节日一样喜庆。酒宴之后，夜幕降临，知趣的王皇后便起身告辞，单留圣驾陪伴武昭仪游览久别的殿堂。旧地重游，武昭仪百感交集，对任何事物都感到新鲜。当走到太宗宫殿的小轩处，武昭仪停住脚步问道："这是什么地方？"

"小轩！"高宗说。

"啊，我倒把它忘了！"武昭仪故意撒娇地说。

高宗听到这话，连忙回答："对于小轩，朕则始终未曾忘怀！"

武昭仪又问："今晚圣上要把臣妾打发在哪里？"

高宗毫不迟疑地说："朕的寝宫！"

武昭仪把远远跟在后头的小翠招呼过来，说："小翠，你先去收拾一下，可别忘了，一切照旧。"

武昭仪则和高宗皇帝进了小轩，那是高宗位登东宫时，太宗为他设宴的那天晚上同武才人幽会之处。这会儿，他们对这个地方特别有感情。高宗把小轩中的宫女打发出去，就手拉手地谈起了离别之情。两人从晋王宫初识一直谈到终南山翠微宫殿的偷情，越谈高宗越佩服武昭仪的机智过人，越为自己终于得到这个智囊和臂膀而庆幸。

不几天，武媚娘回宫的消息就像一阵风似的很快吹遍了宫内宫外，吹遍了长安城。人们议论纷纷，其言不一。这种种的说法，皆是因她的特殊身份、特殊的经历让人们感到新奇、吃惊，甚至大惑不解。有的人把这件事当作故事传播，并且添枝加叶；有的人把它当作茶余饭后的笑料；占卜星相家们则噤若寒蝉，心想，恐怕民间所传《秘记》中讲的"武王当有天下"就要应验了。当然，民间的不少有识之士对朝廷持静观态度。关心朝廷命运的贞观大臣，尤其是长孙无忌听到武则天回宫的消息后如坐针毡。

杀鸡儆猴

武则天谋划了第一个妙计，杀鸡给猴看，然后一步步、一口口吃掉更多的反对者和对手。她选中的第一个目标就是"炮筒子"萧淑妃。萧淑妃心直口快，口无遮拦，也容易抓到把柄。

自从高宗接武则天回宫后，别的风波没起，却被皇舅长孙无忌训斥得无言以对，十分难堪。他心中暗想，这件事果然不出武昭仪所料。怎么办呢？武昭仪的话又回响在耳边："对于臣妾回宫，只有硬着脖颈顶着，才能解决问题。"想到这里，他便硬着头皮对长孙无忌说："这件事只要皇舅不耻笑，别的朝臣谁还敢耻笑。在接武昭仪回宫前，朕也曾征求过其他重臣的意见啊！"

"征求过谁？"长孙无忌马上追问。

高宗说："仆射，英国公。"

"他怎么回答？"长孙无忌又问。

"他说这是朕的私事，"高宗说，"无须再问别人，所以也就没有对皇舅提及此事。"

长孙无忌历来以为高宗仁善淳厚，尊老听谏，想不到这件事竟有李世勣支持，看来，实难挽回了！他暗想，李世勣这个狡猾的老狐狸，为了保身，从不直言，真是可恶至极。事已至此，也就只好对这个外甥谆谆教诲一番，于是便说道："既然陛下要武氏，也就算了。只是，以后不能过分宠信，疏远三宫，只能平淡相处，以免垂笑后宫。"他这句话是给自己找个台阶下，也是无奈的表示。

此时的高宗，心中一阵窃喜。他看到当朝一品重臣、自己的亲舅父已经妥协，他再一次感到，这一切好似都在按着武昭仪的安排去办。皇舅也真像武昭仪讲的，他这个人像一头毛驴，驮重不驮轻，拿起鞭子抽他，他就服输了。由于看到舅父第一次在自己面前认输，心里有说不出来的高兴，几乎想笑出声来，忙说："皇舅吩咐，朕定牢记在心。"

满肚子不高兴的长孙无忌面对生米已煮成熟饭的外甥，除了劝说，别无他法。他只好苦涩地咽下这口气，惆怅地出宫去了。

高宗去文华殿接见大臣后，武则天一直在想今后的事。她觉得对长孙无忌千万不能掉以轻心，否则迟早要遭其祸害，被他灭掉。最后她咬着嘴唇发狠地说："长孙无忌，你不要以为你是天子的舅父！你若和我武则天过不去，我也不是好惹的。到底谁输谁赢，咱就走着瞧吧！"

朝中对于武则天重返后宫确实有不少非议，也有人在嘀咕这位前宫人究竟为什么会博得当今皇上的青睐？难道三千后宫谁也不如这个尼姑？后宫的宦官、宫女们议论纷纷，有人发泄着怨恨，有人在添油加醋，更有离奇者传说武则天在尼姑庵中"小杂种都养过一双……"此时的武则天已琢磨到时局对她不利的一面。

她在沉思：如何在敌手如林的后宫中站稳脚跟呢？她深知后宫中强则存、弱则亡的道理，加之坎坷的宫廷生活和一年多的黄卷青灯，使她变得惊人的刚强。她鄙视一切的犹豫和怯懦，她要以高傲的姿态迎风而上，去对付一切不怀好意的目光和言行，下决心要同他们进行一番殊死的搏斗。

武则天谋划了第一个妙计：杀鸡给猴看；然后一步步、一口口吃掉更多的反对者和对手。

她选中的第一个打击目标就是"炮筒子"萧淑妃。这不仅是因为她对自己诽谤得最凶狠，更重要的是她容貌艳丽，举止可人，很受高宗的恩宠。她的存在，时刻都会使她好不容易得来的一切化为乌有。武则天恨不得立刻剪掉她那一头浓密撩人的发髻，撕破她那像美玉般的面庞。水火怎能相容，冰炭岂可同器？想在宫中立脚，必先搬开这块绊脚石。萧淑妃心直口快，口无遮拦，也容易抓到把柄。

这时，狡诈过人、心狠手辣的武则天很快又洞悉王皇后同萧淑妃之间的微妙关系，也知道了王皇后让她重返皇宫的奥妙所在。她毫不犹豫地同王皇后结成暂时同盟，用王皇后这块招牌作为向萧淑妃进攻的法宝。同时，她对王皇后躬身侍奉，言语谦恭，投其所好，殷勤的劲头儿不亚于左右宫娥。

表面上，王皇后也把武则天视为知音，当作手足，一有机会就在皇上面前夸她天姿神韵，谦逊让人，品格高尚，节操贞洁，可以垂范后宫。她在赞赏武昭仪之余，还要顺便提一下萧淑妃的种种劣迹，作为反面陪衬。武则天也不忘王皇后的知遇之恩，日日到正宫朝见，每隔几天就要亲自把皇帝送进正宫歇宿，并假意劝说圣驾不可失了患难夫妇之情。她也同王皇后一样，常说萧淑妃淫贱，不顾后妃大礼，规劝皇上少亲近她。

王皇后如愿以偿。她十分感激武昭仪的帮助，庆幸自己手段高明。但是事态的发展使她很快发现她施用的一箭双雕妙计并不妙，她的良苦用心最终招来了比萧淑妃更凶、更强、更难以对付的新对手。经过她的惨淡经营，很快又出现了一种新的不利形势，眼看又要她吞下由她自己培育的苦果。

就在王皇后发觉大事不妙而悔之不迭之时，武昭仪却沉浸在按捺不住的胜利喜悦之中。因为高宗皇帝对这个久已盼望的智囊和左右手开始起用了，甚至对她言听计从，每天都要把朝廷的大事讲来和她商议，就连各路诸侯的奏章也常拿来让她阅读。武昭仪的见解，高宗大都认可，甚至觉得高明。后来他又让武昭仪批阅起奏章来。别小看宫女出身的武昭仪，经她批阅的奏本，高宗过目后无不觉得恰当得体，处置适度，朝野臣子也毫无异议。后来，高宗索性把一切奏章都交予武昭仪批复，自己也乐得安享清闲。时间久了，高宗对武昭仪帮他处理朝政事务越来越放心。

在回宫不长的时间里，一个情意缠绵的夜晚，武昭仪用她媚人的微笑悄悄告诉高宗她怀孕了。这个消息使高宗欣喜若狂，天底下哪有比皇帝更关心子嗣和继承人问题的呢？这是帝祚的保障，李唐王朝的希望。尽管高宗已有四位皇子，但是这个未出世的皇子却在他心中占有极为重要的位置。武昭仪既然将生贵子，便是有功于大唐，她的地位此后自然不容动摇了。

这个消息也很快传到王皇后耳朵里。对于没有生育能力的王皇后来说，心中十分不快，可也无计可施，只好听之任之。

一天，皇后的舅父中书令柳奭心急如焚地来找外甥女。一见皇后，他便开门见山地说："武昭仪已有身孕，你难道不焦急吗？"

"怎么不焦急，眼前圣上眼中只有武昭仪。她若是生下皇子，那就更容不得人了。"王皇后说。

柳奭叹道："事情严重啊！现在关键问题就是赶在武昭仪生子之前劝说圣上尽快立个太子，这样，她以后就是生下真龙天子也无可奈何了。"

但是，王皇后也有想法，因而不同意舅父的意见。她觉得自己还年轻，并非不能生育，还是等等再说。柳奭则认为事情不能这样拖下去，拖则有变，等到武昭仪生下皇子，立为太子时，王皇后的地位也难保了。想来想去，他觉得还是要马上劝说高宗皇帝立长子燕王李忠为太子，以保万全。

商量妥当后，柳奭就来找长孙无忌、褚遂良、韩瑗、于志宁等大臣陈述利害关系。长孙无忌十分赞成，并为自己及诸大臣的后路考虑，决定还是要立即劝皇上立太子为好。

第二天早朝之后，四个大臣便一齐来到高宗寝宫，由长孙无忌做主要陈述，其他四人分别补充，把立燕王为太子的重要性向高宗作了反复耐心的劝说。

听了几位大臣的陈述，高宗也觉得有道理。自己登基已三个年头，东宫皇储之位还空缺着，不利于治理国家。无嫡立庶，以长为尊，既合古法，又循今礼。燕王忠少小聪颖，可当大任。王皇后赞主立庶，贤惠可嘉。立燕王忠为太子，可说是安皇室、固根本、利国利民的大好事，何乐而不为呢？高宗皇帝当场表示赞同几位大臣的意见。但是他心里也有考虑，武昭仪已告诉他怀孕的喜讯，若生子，便可立为太子，此事得先和她商量后再做定夺。

高宗回到昭仪宫，怯怯地向武则天汇报了大臣们的谏主立储之事。他恐怕武昭仪提出反对意见。谁知，武昭仪十分乐意立燕王忠为太子，并极力说忠的好话。其实，她心中有数，太子的废立是常有之事，目前既然自己尚未站稳，皇子又未出世，立什么人为太子又有什么关系呢？到头来还不是自己掌权，还不是把他们一个一个废掉。为今之计，同意立燕王为太子，也不失为缓兵之计。

高宗看到武昭仪同意立别的妃子之子为太子，也对她能从大局着想而感到高兴。

永徽三年（652 年）三月十二日，刚满十岁的燕王李忠入主东宫，登上皇太子的宝座，其母刘氏晋封为贵妃。册立仪式过后，高宗皇帝颁诏大赦天下。就在此时，发兵庭州迎战西突厥的梁建方，大破敌军于牢山，生擒孤注可汗，斩首九千级。这一捷报，也为册立皇太子增添了无限热烈的气氛。

皇太子册立了，高宗还庆幸着顺利了却了一桩心愿而感到轻松愉快。

长孙无忌和柳奭等大臣也觉得计谋得以实施和圆满实现而弹冠相庆。

▌四、蜇计暗施▐

滴血验亲

第二天，高宗以着人看相为名，让太监把代王弘抱到太医轩，请太医把他们父子的手指都刺破，把血滴在金碗中。高宗低头一看，两人的血在水中很快溶到一起，顿时高兴起来，说："怎么会有假，这孩子就是我的啊！"

毒蜂叮人，毒蝎蜇人，毒蛇咬人，都具有暗施性、突发性和残酷性，人类不应效法。但权力、欲望、占有，使这些恶症不可避免地要发生，许多利欲熏心的人为了一己之利而变得比毒蜂、毒蝎与毒蛇还凶狠，使许多善良的、缺乏戒备心理的人不断遭到残害。

有人说，武则天就是这样一个比毒蜂、毒蝎、毒蛇还毒的女人。

确实，武则天对王皇后和萧淑妃所下的毒手，亘古未有，毒上还要加毒。

燕王李忠顺利地册立为太子后，武则天虽然口头上赞同，但她深知那些贞观大臣们的用意，他们在背后做的事情很快就办成了，还不知以后要干些什么呢？她感到必须尽快扩大耳目，了解立储内幕。她要以自己的韬略，对王皇后、萧淑妃、长孙无忌、褚遂良、柳奭等以及他们身边的人一个个摸清底细，看哪些人是他们的亲信，哪些人受他们的冷遇，以便最大限度地争取过来。她又把身边一切可以拿出的珍品细软清理一番，以作为扩大实力的费用。通过小翠的往来走动，她很快发现王皇后的母亲魏国夫人柳氏和舅父柳奭举止傲慢，在家人中大失人心，更有不少家奴对他们怨恨以致仇视。

武则天像发现稀世珍宝一样，马上对这些人拉拢，让小翠给他们馈赠一些金银珠宝，表示武昭仪对他们的关怀和同情。时隔不久，柳氏母女和柳奭的侍从半数以上都暗中倒向武则天一边。他们表面上仍对主子恭恭敬敬，背后却受武则天的指使，时刻观察着主子的一言一行，并通过仆人的走动把消息、内情及时传达到武则天的耳中。在长孙无忌、萧淑妃身边，很快也安插了不少内线和耳目。这样，武则天对王皇后、萧淑妃、长孙无忌等人，以致高宗皇帝的一言一行都了如指掌，完全处于控制之中了。

不久，武则天终于了解到，册立燕王李忠为太子是柳奭、长孙无忌等人精心策划的一出专门针对她的戏。她的对手不只是王皇后、萧淑妃，还有结成同盟的一班朝中重臣。这是一支足以左右朝廷大局的权势人物呀！在这支强大的政敌队伍面前，自己一介弱女子简直不堪一击。但是，她也感到自己并非完全处于劣势，她可以利用和高宗皇帝朝夕相处、同眠一室、肌肤相亲的有利条件，把握住皇帝，让他完全站在自己一边。武则天想，在这种众寡悬殊的特殊时期，气馁就等于自杀。当务之急就是尽力壮大自己的实力，不惜代价，将对手一个个压服，然后斩杀殆尽。这时的武则天已似身经百战的将领，她要拿出全部计谋和手段，指挥一场殊死的战斗。

永徽三年（652年）七月，武昭仪临产，生下一个白白胖胖的大小子。这对武则天来说，为皇上生子是莫大的荣耀，也关系着她的前程。李治更是兴奋至极，亲自为其取名弘，并封为代王。接着，李治又晋封武则天为宸妃，封宸妃之已故先父武士彟为司徒，名列功臣榜，封宸妃之母杨氏为荣国夫人，封其兄武元庆为宗正少卿，武元爽为少府少监，对宸妃的姐妹侄儿也均有封赏，真可说是一门富贵内外显赫。此外，高宗兴头一来，竟又下旨让宸妃的起居服用和车马仪仗等均和皇后仅差一级。

这一来，武则天身价百倍。

武则天身份高贵后，首先气坏了生下许王素节的萧淑妃，她独自在宫中骂道："阿武这个烂尼姑，听说她在感业寺时同一个男人鬼混，这回宫才几天就生下个小杂种，竟敢来冒充皇子，同老娘平起平坐。"骂完骂够，私愤泄够后，她便掰着指头算起来：从武则天回宫到代王弘降生，九个月还差一天。她好像抓到了足以置武则天于死地的法宝，高兴得直想跳起来。她在心里想，是该兴师问罪了。但是，高兴之余她又意识到，这个武宸妃如今是皇上面前的红人，若没有他人配合和挑拨，恐怕自己也难稳操胜券。那么，请谁相助呢？她不由想到了王皇后。她知道，武则天回宫后不久，王皇后和她就产生不小的裂隙，矛盾越来越大。

然而，她同王皇后早有冤仇，要同她和解，萧淑妃自己也觉得脸红。王皇后曾带着一帮宫人打她几十个耳光的那一幕又重现眼前。仇未报，恨未消，现在又要找她相助，真是难以开口。可是，同王皇后比起来，更大的敌人是武宸妃，为今之计也必须同王皇后联手，去斗一斗武宸妃。只有低声下气地去巴结王皇后，捐弃前嫌，才能扩大自己的阵营，斗倒武则天。经过一番盘算，萧淑妃开始足登正宫之门了。

当萧淑妃再次见到王皇后时，尽管王皇后仍怒目而视，甚至对她不屑一顾，但她还是厚着脸皮恭恭敬敬行了君臣大礼，并对以往的礼貌不周赔了不是。接着，她又像婢女般的尽心侍候，百般奉承，以消除王皇后和她之间的隔阂。此后，她便不时地找王皇后，同她套近乎，以亲姐妹相称。反正自己在宫中每日无事可做，闲着也是闲着。王皇后终于软下来，也是出于对付武则天的需要。

萧淑妃趁着王皇后说武宸妃恃宠骄横、目无重臣时，觉得有了机会，便趁机插嘴说："姐，这烂尼姑还有一件丑事，你得给圣上说说。"

"啥事？"王皇后连忙问。

萧淑妃挤眉弄眼、神秘兮兮地说："她不知从谁身上带肚回来生个小杂种，圣上还把他封为代王，又晋封她为宸妃。这还不把宫内外的人大牙都笑掉了！"

"你怎么知道的？"王皇后惊异地问。

"谁不知道十月怀胎，我生素节就是整整十个月，一天也不少。你算算武才人那个小尼姑从进宫到生下小杂种九个月也不够，还能是圣上的龙种？"萧淑妃掰着指头说。

王皇后信以为真，便真的对高宗说了这件事。高宗也禁不住起了疑心，于是召来太医一问。太医说，生孩子提前或错后因时、因人而异，七个月生下的孩子照样长大成人，高宗这才放下心来。

一天晚上，高宗恰好留宿萧淑妃宫，萧淑妃又讲起这件事。高宗皇帝把太医的话对她讲后，她说："就是看样儿也不是皇上的种！陛下鼻子又高又正，这孩子简直扁平得像没有，一点都不像陛下的儿子！"

高宗真的起了疑心，忙问："怎样才能辨出真假？"

"这还不容易，滴血嘛！父子的血都滴在水碗中，是亲生的血珠联结，不是就各在一处，真假自明。"萧淑妃说。

第二天，高宗以着人看相为名，让太监把代王弘抱到太医轩，让太医把他们父子的手指都扎破，把血滴在金碗中。高宗低头一看，两人的血在水中很快溶到一起，顿时高兴起来，说："怎么会有假，这孩子就是我的啊！"

高宗让太监抱着正在哭泣的代王弘，一道回到宸妃宫。他一见武宸妃，就高兴地说："这孩子真是我亲生的，可以放心啦！"

武则天笑着说："不是陛下的，还会是别人的种？难道陛下对臣妾的为人还不相信吗？"

"相信，相信。只是……"高宗吞吞吐吐地说出他疑心代王弘不是亲生子的原因。

武则天听着听着，眼圈就红起来。

高宗解释道："难受什么？这下不怕别人说丑话，朕也放下一块心病，不是件大好事吗？"

高宗说罢兴冲冲出宫去了，武则天却对王皇后和萧淑妃的恨又进一层，仇又加一级，觉得她俩的这一招杀人不用刀，实在是心狠手辣。既然她们如此凶残地嚼舌头根儿，自己也不能甘愿受宰割。看来，该是出击迎战的时候了。

当天晚上，高宗回到宸妃宫歇息。时过三更，武则天对李治哭诉道："今天的事陛下看得很清楚，是皇后、萧淑妃想合谋结伙用陛下的刀来杀害臣妾呀！"

高宗一听火冒三丈，说道："她敢，朕就废了她！"

"她们今天已经做了，怎么还不敢呢？"武则天接着说，"陛下也别说废皇后的事，臣妾也不求你这样做。可是，在小轩中圣上亲口明示许我为皇后，可还记得吗？"

高宗说："当然记得！"

"既然记得，何时册立？"武则天又步步紧逼。

"如今虽未册立，可是，她是明的，你是暗的；她是虚的，你是实的。朝廷大事我都同你商量，却从来没向她讲过，不就行了吗？"高宗说。

"陛下的话，只是对臣妾的搪塞。世上的名分，一是一，二是二，哪有什么明暗虚实？名不正则言不顺，言不顺则事不成。这个道理三岁孩子都懂。像现在朝政大权由皇舅掌着，我这个宸妃在后宫有什么地位，能降得住谁？皇后哪天要制服我，大臣哪天要说我坏话，我还不得乖乖地任由他们摆布？"武则天说。

"朕把心底话透给你：皇后古板耿直，文化不高，更不会为朕操劳政事，朕也早想废了她，把你扶正。但是，有些事也由不得朕。她当皇后是父皇做的主，父皇临终又把我和她喊到床前托与群臣。再说，我俩又是表兄妹，亲戚关系，盘根错节，更何况也抓不到她的什么错处，怎么能废呢？"高宗难为情地说。

武则天听罢高宗的一番表白，似有所悟，低头自语道："说到底，不是陛下不废她，而是不敢废她，连皇舅这关你都过不了。不是她没有错处，是有错你也看不见，难道她今天说代王弘不是陛下亲生，就不是明显大错……"

看到武则天忧郁的神情，高宗怜悯地说："对对，你说得不错，可你也得容朕想想，等待时机再说呀！"

既然高宗把话说到这个份儿上，又是这样耐心，有情又有理，武则天也觉得不好再说什么。

对高宗刚才的一番分析，最关键的一句使武则天获得灵感，就是那句"何况也抓不到她的什么错处"。于是，她在心里暗暗发狠地说："我一定想办法抓到这两个贱人的把柄，要整就把她们整死。"

谁说虎毒不食子

王皇后出于慈爱心肠，上前用一只手轻轻地抚摸着小公主，又怕触醒她，便亲昵地弯下腰，用嘴唇在小公主红扑扑的脸蛋儿上吻了吻，然后才蹑手蹑脚地走出来……武则天顿时一股恶念涌上心头，一双魔爪从广袖中伸了出来，猛然扼住小公主的脖颈……

王皇后和萧淑妃结成联盟对武则天发起的进攻，使武则天被迫考虑如何反戈一击。要实施反击，就必须有权，手中有权说话自然管用，整人就有效。要抓住这个权，就必须当皇后。想当皇后，现在每一件事都要操心、过问，把握住大局，要让高宗觉得时时处处离不开自己。

自此之后，每当高宗朝罢回宫，武则天便把当天的大事问个仔细。有时觉得调理欠周，还要对高宗表示些善意的责备。高宗听后，不但不恼，反而夸她为皇宫参谋，女中豪杰。

对武宸妃参与朝政之事，王皇后实在不满，便趁高宗来到正宫时，以当年长孙皇后"母鸡不可司晨"的话向高宗进谏。高宗虽未听从王皇后的意见而改变主意，让武宸妃退出，但是王皇后的话还是通过那些叛亲背主的仆人之口传到武则天的耳中。武则天暗暗骂道："好啊，你这个贱人，老娘还没顾上找你的麻烦，你却找到老娘的头上来了！既然是你自己找上门，那就别怪老娘日后心狠。我武则天今日既能参与朝政，已是皇后所能享受的规格了！你想司晨，还司不了呢！我若是扳不倒你这个贱人，誓不为人。"

其实，王皇后并无多大歹意。按她的想法，一来遵循古训，二来为了朝廷，三来也是为个人的既定之位。只要高宗能听从自己的谏言，也就心满意足了。若真不听劝告，谁也拿他没办法！但是权力熏心的武则天却恨之入骨，要对王皇后下手了。看来，权力欲是万恶之源，权势也是万恶之源。

永徽五年（654 年），代王弘两岁的那个春天，武宸妃又生下一个小公主。这样，武则天同高宗的感情因儿女的关系就又加深一步。

这天，也就是武宸妃生下小公主刚满月的那个早晨，王皇后突然独自一人悄悄来到宸妃宫。她天真、单纯地想，借武宸妃生下女儿之际，低声下气地多跑上几趟，以便和她重归于好。但是，另一方面她还想同萧淑妃保持关系，以便互不得罪，左右逢源，做个名誉上的皇后也就心满意足了。然而，她这样子下贱地来看武宸妃，又怕在自己身边的侍女面前失去尊严，所以就独自一人来到宸妃宫。

她来到宸妃宫，武宸妃却外出散步去了。那几位奶妈、侍女一看皇后驾到，连忙迎上去。王皇后几句问话之后，便轻轻摆摆手，柔声道："没有别的事儿，我只想看看小公主。"问过了小公主的住房，又害怕进人太多惊吓了她，便又挥挥手止住要随在她身后跟进去的侍女，用手小心翼翼地推开房门，轻轻走了进去。房间内静得听不到一丝声响，只有婴儿身上那种特有的奶香味。此时，小公主在凤榻上静静地安睡，十分稚气和安详。王皇后出于慈爱心肠，上前用一只手轻轻地抚摸着小公主，又怕触醒她，便亲昵地弯下腰来，用嘴唇在小公主红扑扑的脸蛋儿上吻了吻，然后蹑手蹑脚地走出来。

到了外间，王皇后对迎上来的侍女们说："没有别的事，武宸妃不在，我就先走了。"王皇后出门走后，侍女、奶妈们便齐齐随后相送老远，边走边说些家常闲话。

这时，武则天见王皇后走出她的寝宫，便从后角门悄悄地转出来。她望着王皇后远去的背影，咬牙切齿地骂道："好呀，你这贱人终于登上老娘的门槛啦！既然要来，为什么不先告诉老娘一声，这不是在小看老娘吗？那可别怨老娘找你的岔子。"她又发觉王皇后是独自前来，孑然而去，便下意识地想："王贱人来干什么？看我的小公主，讨好我？我不稀罕。嗯，对了，她独身一人来，我何不趁机找个岔子呢！"想到这里，她陡然想起一句话：量小非君子，无毒不丈夫。要推倒这个贱人，我的亲生骨肉也不得不舍弃了，舍不得孩子套不了狼。只有这样，才能让高宗下决心除掉她，废了她，踢开老娘前进路上的绊脚石，取代你这个皇后。为了这一目的，必须不惜一切代价，甚至是牺牲自己的亲骨肉。

想到这里，武则天顿时一股恶念涌上心头，脸色也陡然变得青紫，牙齿咬得咯咯响。突然，她猛地一转身径直回到寝宫，推开小公主的房间，回身拴上门闩，走到小公主的床前，弯下腰在小公主的脸蛋儿上吻了一下，声嘶力竭地说："女儿，不是为娘的心狠！娘生下你这个小生命，你救救娘吧！"

半空中，一双魔爪从广袖中伸了出来，猛然扼住小公主的脖颈……

一个可怜的小生命，没有哭声，没有叫喊，小腿和小手舞动几下，便很快停止了呼吸。她的眼睛瞪得大大的，小嘴也张得大大的，好像她要呼喊救命，要记住她那个凶残狠毒的母亲。

武则天双腮冒汗，两腿发软，半天回不过神儿。

过了一会儿，她镇静下来，重又盖好小公主的被子，转过阴森森的脸，拖着颤抖又有些木呆的身躯，打开房门走了出去。这时，正巧宫院中寂静无人，送皇后的仆人尚未归来。这短暂的时间，那些走出几百米远的仆人是不会立即回来的。武则天依然把房门半掩着，又悄悄从后偏门出宫去了。

她一边走，一边抚摸着剧烈跳动的心口，长长地吐出一口气。然后，又开始在心中暗暗地诅咒："王皇后，我看你今天怎么逃脱老娘的手掌心！"

她停下脚步，下意识地缓缓气，定定神，平平心。强作镇静之后，她又若无其事地来到御花园，装作悠闲地采起花草来。

说来也巧，不知何时，高宗皇帝驾临御花园。他笑着对武则天说："美人爱花，花如美人！"

武则天此时的心情并不在采摘花草上，甚至有点儿六神无主。她猛听有人在背后说话，吓了一跳。当她听出是皇帝的声音后，马上又恢复了平静，装作十分悠闲和坦然的样子，故意撒娇般地瞥了高宗一眼，含笑说："圣上这样对臣妾品评，让臣妾也觉得无地自容。不过，爱花是臣妾自幼的嗜好，采花也正是为恭候圣驾到来哟！"

此时的武则天，竭力克制着复杂到了极点的心绪，强装出一副怡然自得的神情，无话找话，不着边际地同高宗闲扯。她是在等待事情的公开化，等待着现场被宫女发现后报丧。此时正好有高宗皇帝作证，更深信她是个清白无辜之人，而凶手一定是王皇后，只有她在现场出现过。

正当他们两人好似无拘无束谈笑之时，一个宫女远远地跑来。她看到武宸妃正陪着皇上赏花，神情是那样的安详，红嘴唇上带着动人的微笑，便不敢上前打扰他们的雅兴。

武则天瞟见了她，便显出特别轻松的样子，故意大声地问道："小公主还在睡吗？"

那宫女点点头，又"嗯"地应了一声。

听宫女说小公主还在睡觉，高宗就想去看看。于是两人手里拿着几朵花，有说有笑地走回宫中。

一进门，武则天就径直朝小公主卧房走去，高宗也前后脚地跟了进去。

武则天一走到床边，就"唉呀"地尖叫一声，全身战栗，摇摇欲跌。高宗连忙上前扶住她，大声喊道："你怎么啦！"

此时的武则天哭天喊地叫起来。接着，她又猛地站起身，上前翻弄了几下死去的小公主，嘶哑着嗓子喊叫道："是谁掐死了我的心肝宝贝？看，是活活掐死的！"说着，又撕心裂肺地大哭起来。

宸妃宫顿时乱成一团。宫奴们都进来了，个个吓得脸色苍白，一句话也说不出来。

高宗也怒目圆睁，跺着脚厉声说道："谁下的毒手，快说！不说，全部推出去斩首！"

"皇上，冤枉啊！"宫奴们都忙跪下喊冤。

武则天号啕了半天，才慢慢静下来。她擦了擦眼泪问道："我出宫时还好好的，有没有人进来过？"

一语提醒惊呆的众宫女们。

一个宫女上前哭着说："因为小公主睡着了，奴婢们都没敢进去。只有皇后来过，想看看小公主。"

高宗怒问："真的吗？"

另一个宫女忙接着说："当时我俩和奶妈都在，皇后摆摆手不让我们跟随她，就她独自一人进屋了。"

"胡说，皇后历来不进宸妃宫！"武则天故意说，"可不能随便乱说别人呀！"

两个宫女和一个奶妈齐声说："奴婢怎敢乱说，确有其事。"

武则天听罢又大哭大闹起来。她一边哭一边说："我有罪杀我好了！这么小的孩子有何罪，下这种毒手！"

听着武则天的哭诉，高宗又问宫女道："她和谁一道来的？"

"皇后独自一人。"宫女说。

"几时来的？几时走的？"高宗紧紧追问。

"不到半个时辰。"宫女忙答。

顿时，高宗好像已经验证了事情的真相，脸色气得铁青，好半天才从牙缝中迸出一句话："狗贱人杀我女儿！"气昏头的高宗完全不去想王皇后平时的秉性和她的心地及为人，他失去了判断是非的理智。然而，既然有宫奴证明她来过，说不定，或可以说肯定是她杀死了小公主。他判断是王皇后自己不会生育，而产生了嫉妒之心才干出此等伤天害理的事情来。

武则天见高宗大发雷霆，已达到自己的目的，便哭得更凶了。她不断地哭喊着、重复着那句话："我有罪，要杀要剐我一个人承担！为何要对我无辜的女儿下毒手呢？"

她的这番话无异于火上浇油，使高宗更加愤怒。他咬牙切齿，一字一顿地说道："朕必须废掉这个贱人！"

宸妃宫出了人命案，宫内外一时间沸沸扬扬。大家都觉得事出意外，亘古未有。

中书令柳奭听说这件事并得知皇上要废王皇后时，便来找长孙无忌商议。他说："圣上为小公主之死要废皇后，我看全是那个武宸妃作祟。我是皇后的舅父，不便出头谏诤，请您天子的舅父出面劝劝圣上。再者，有必要弄清事实，澄清真相，这也全靠皇舅周旋了。"柳奭说。

"我岂有不管之理，"长孙无忌沉思道，"只有等皇上开口，才好谏净呀！"

柳奭离开长孙无忌的府第，又去找褚遂良、韩瑗、于志宁等老臣。恰好高宗皇帝正要召见他们，并把废后之事首先向他们作了通报。

长孙无忌上前奏道："先帝一生事无巨细都要慎思细察，有了依据才决定。望陛下三思。"

高宗说："皇后在宫中闯下大祸，朕已明察暗访过，证据确凿。为念先帝之情，朕决定从轻处理，不知各位大臣意下如何？如果卿等有疑，朕授权予你们，到后宫察访详情，皇后以下都可以审问。如果是朕错了，三天内向朕面奏。"

高宗虽说已经心里有数，但听了大臣们的谏净，也觉有理。为使大家心服，高宗授权舅父长孙无忌，让他到内宫查访掐死小公主的凶手。

长孙无忌首先找到王皇后，让她把是否去过宸妃宫或去的来龙去脉回忆一遍。

王皇后心地坦然，平平静静地承认去过宸妃宫，并把自己一人去的想法都讲了出来。长孙无忌听后，自然深信不疑。但他又觉得王皇后只身一人出入他人宫室是欠思量的举动，极易引起他人猜疑，可是事已至此，埋怨也无益。于是，他沉吟道："武宸妃会不会自己下毒手，来嫁祸于人呢？"

好心的王皇后倒为武则天开脱说："做母亲的掐死亲生女儿不大可能。武宸妃先后在后宫十多年，也没听说过她有如此狠心，可能是旁人干的也说不准。"

为慎重起见，长孙无忌又问了许多宫监。有个宫监说他亲眼看到萧淑妃在御苑中以恶语诅咒过武宸妃，并且眼神中还流露着凶光，十分吓人。他又想听听萧淑妃对这一案情的看法。

长孙无忌来到萧淑妃宫，刚向萧淑妃发问，缺乏头脑的萧淑妃就快嘴快舌地说："这有什么可查的！小公主是阿武自己掐死的，为何要去怀疑皇后。"

长孙无忌说："夫人讲话可要有依据呀！人们怀疑皇后，是因为她去过宸妃宫。"

这时的萧淑妃早就对武则天有不可缓解的仇恨，所以一心想为王皇后开脱，便信口胡编起来，说："皇后去宸妃宫，是臣妾同她一道去的，没有见着阿武就回来了。"她以为这一下子可为自己的同盟军开脱罪责了。谁知，她的信口开河太离谱，玩笑开大了，经不起任何调查和对证。

长孙无忌找皇后查问

长孙无忌一听有新的漏洞，便再次慎重地说："夫人要说实话，连皇后本人也说是她独自一人去的，并无外人在场。那么，你是怎么同她一起去的？"

萧淑妃听出长孙无忌对她说出的话有疑问，仍不知审慎自保，反而窝火地说道："皇舅怎么这样不相信人，我又不是三岁的娃娃。我同皇后一道去，一道回，清清白白，白玉一块。阿武想夺皇后位，心狠手辣地掐死自己的亲生女儿却栽赃陷害皇后，痴心妄想。"头脑简单、缺乏斗争经验的萧淑妃道出了心中的不满。但她不该把她胡诌的自己同皇后一同去的话说出。她万万没有想到，这样意气用事，胡编乱扯，会害了自己。

看到萧淑妃反复地说着十分自信的话，长孙无忌起身要走了。

萧淑妃一边送长孙无忌，一边说："皇舅放心，把刀架到脖子上，我还是那句话：阿武掐死女儿是为了争夺皇后之位。"

大网张开

高宗传出圣旨："尚书左仆射褚遂良忤逆犯上，贬往潭州。"这一旨意一出，使一班贞观老臣大为惊骇，长孙无忌也禁不住倒吸一口冷气。他心想，武则天要弄的这一招实在厉害呀！大网已经张开了。

这天傍晚，高宗一进宸妃宫，武则天就迎上前说："掐死小公主的凶手自己露头了。"

"谁？"高宗忙问。

"萧淑妃！"武则天说。

高宗吃惊地说："万不可乱猜疑！萧淑妃生性粗鲁，心直口快，却没有坏心眼。她有时说起话来吓死人，实际心慈手软！"

武则天说："臣妾的话不能为凭，圣上可以再问问皇舅。"

这时，武则天通过她的耳目对长孙无忌在萧淑妃宫查访时的细枝末节都了如指掌了。

说话间，宫监进来禀告高宗说："启禀万岁，皇舅在太极宫内求见圣驾。"

在太极宫，长孙无忌将他的查访结果细细说了一遍，又加上自己的看法和结论。但他深知，不但不会是皇后所为，也不会是萧淑妃所干。为了保皇后，他只有说："从各方迹象看，可能是萧淑妃下的毒手，陛下可到萧淑妃宫去核实一下。"

高宗听后，半晌无语。停顿一会儿，他才阴沉着脸说："既然萧淑妃同皇后到宸妃宫同进同出，萧淑妃是凶手，皇后也是同谋。朕就将她二人一起废了，皇舅意下如何？"

长孙无忌马上奏说："萧淑妃狠毒不可赦免，皇后历来仁慈，陛下不是不知道。偶然为人牵连就废掉她，唯恐群臣不服。"

在高宗沉吟之时，长孙无忌谏议高宗立即去萧淑妃宫落实案情。他心里想的是，只要处理了萧淑妃，这场风波就可以平息，王皇后的女主之位方可以保住。

高宗来到萧淑妃宫前，远远地就下了车辇。在一块草坪前，他让宫女搬来椅子坐下。萧淑妃出来见了礼，看高宗脸色不好，就知道还是为那件"无头案"而来，心里也不免紧张起来。但她想，无论怎样，说过的话也不能改口，对长孙无忌怎么说对皇上还怎么说。

高宗一不让萧淑妃坐，二不喝她泡的茶，板着脸问："那天皇后到宸妃宫，是由你陪伴的吗？"

听了高宗的问话，萧淑妃已身不由己，只得又一次把她胡编乱造的一套谎话连珠炮似的倒出来，并洋洋自得地说："是呀！臣妾同皇后同进同出，白璧一双，毫无瑕疵，谁咬也白搭！"停了停，又说，"想夺皇后宝座，自己害死女儿，明眼人一看便知……"

没等萧淑妃说完，高宗早已听不下去，对她瞪一眼，起身就坐上了停在身旁的车辇。萧淑妃一看不妙，连忙改口并上前行礼说："送陛下！"

高宗连一个"免"字也没说，就让宫人推辇走了，气得萧淑妃流下两行热泪，心里骂道："昏君，真是被狐狸精迷住了心窍，明明白白的事理也看不清！"

高宗走后，萧淑妃回到宫内瘫倒在床榻上，泪流不止。不大一会儿，突然闯进来七八个宫监，手捧高宗的圣旨，要她跪地接旨。原来，高宗的旨意正是废她为庶人，立即打入冷宫。宫监读罢，不由分说就上前摘下她的凤冠，扒掉她的凤衣，把哭哭啼啼的她拉出宫去，很快打入囚牢。

宸妃宫的人命案好像因萧淑妃的被废而平息了，但这并未达到武则天的本来目的，王皇后仍然安坐在皇后的宝座上。这对武则天来说仍是一块儿心病，一个不可逾越的障碍。她深知，在王皇后身后还站着一尊保护神，那就是长孙无忌。她想，看来不经过他同意，废立皇后实在比登天还难。一想到长孙无忌凶神恶煞的面目，武则天就感到寒气袭人。但是一时要扳掉他，也没有更好的良策。

经过一番思索，武则天心生一计。

这天，她说通高宗，让他和自己一起带着礼品到当朝皇帝的舅父长孙无忌府上去探亲。她是想在皇舅的家宴上，当面要挟，要他同意废掉皇后，立自己为后。她拿出女人惯用的贿赂手段，估计他无话可说，只要一点头，这步棋就算胜券在握了。

皇帝行幸私宅，对长孙无忌来说可是极大的荣幸。

长孙无忌来不及多想，立即举行盛大的欢迎宴会。席间，君臣谈及的尽是朝政得失、府库盈亏、大臣贤愚等话题。长孙无忌心想，皇上带武宸妃驾临，一定有什么事情，又带这么多礼品赏赐，既非节日，又非表功，莫非又是废立之事？正在猜想，忽然听到武宸妃对高宗说："皇舅大人乃国家勋臣，应该推恩加赐遍及全家呀！"高宗明白了武则天的用意，马上面授长孙无忌宠妾所生的三个庶子为朝散大夫。

这是为什么？无功受禄，寝食难安呀！长孙无忌正在沉思，高宗皇帝又开口道："王皇后无子嗣又凶悍险恶，已失人心，不堪为后，难以母仪天下。武宸妃贤慧明达，可继任后位，皇舅意下如何？"

长孙无忌觉得皇上当着武宸妃的面如此问话，实际是对他的要挟，逼他来承认废立之事，然后好让他在上朝时带头谏议废立之事。若是心软面慈的臣子，必满口答应，以回报皇上的垂顾、赏赐和加恩。但长孙无忌毕竟是见多识广的老臣，经验丰富，心中有数。为了朝廷，为了大唐江山，他不能随便开口许诺，表明态度。他紧锁一会儿眉头，猛然间见武宸妃正用期待的目光看着他，他心中升起一股寒气。但他毕竟是久经沙场之人，便坦然笑笑，故作没有听懂似的说："各府、州、县都要以农桑经营好坏来考查命官，丰收则升迁，歉收则罢黜。自然国力日隆，天下清平。"

长孙无忌的话实际上是曲意婉转地谏言，把皇后的废立同官员的升迁相比，不无不对。但是高宗想听的是他的直接答复：行与不行。长孙无忌却绕着弯子，不作正面回答。这让高宗心中感到不满，也十分尴尬。他和武宸妃稍停片刻之后，悻悻地告辞，起驾回宫了。

萧淑妃坐在床上泪流不止

一路上，武则天心里很不平静，暗暗发狠道："好你个老奸巨猾的长孙无忌，敬酒不吃吃罚酒，那就别怪老娘日后心狠了！"她盘算着，并决心用自己的力量不仅把王皇后赶下宝座，还要把长孙无忌除掉，以解今日心头之恨。

永徽五年（654年）十二月初，高宗要离开长安到昭陵祭祖，并准备由皇后陪同前往。但是，这些天来的不快，他自然不会让王皇后去了。这时的武宸妃已是名非而实的皇后。她觉得这正是向群臣显示取代皇后地位的好时机，虽然已身怀六甲又将临产，她仍坚持要去参加。高宗说服不了她，也只好任由她罢了。谁知山路颠簸，车子摇摆得厉害，武则天在去昭陵的路上竟又为高宗产下一位皇子。高宗自然喜不自胜。

小皇子满月后，也是新春佳节过罢之时。新年伊始，高宗皇帝于闲暇日专为这个在路途上出生的第六皇子取名为贤，并封为潞王，颁诏天下。

接着，武则天又以皇后身份，效法当年的长孙皇后为后宫写出《女训》三十卷的故例，也作了《女则》三十卷。

《女训》讨论的是历史上名女子的得失，以训诫后宫妃嫔，教化三千佳丽，并显示皇后个人的母仪规范。武则天的《女则》虽名目不大相同，却也是讲后宫所有女性应该遵循的道德礼仪规范。此书编写完毕，高宗立即传旨刻版印刷，以作为后宫妃嫔和一切女性的信条。这实际上无异于公开宣布，武宸妃拥有做皇后的教养和学识，可以当之无愧地母仪天下。

不出所料，武则天参加了祭陵和编纂《女则》之后，竟轰动了朝野内外，所有大臣都知道高宗和宸妃的用意了。长孙无忌也知道这又是一次明目张胆的要挟，但慑于皇威、权势，也只好佯装什么都不知道。

武则天以《女则》宣告了她的又一个胜利。但她在胜利面前从不满足，虽然大臣们没害她，没扳倒她，但她时刻抓住一切有利时机清除对自己不利的势力和异己，抓住一切机会施展她的政治才能。

这天，高宗皇帝正抱着潞王贤逗耍玩乐，武宸妃忽然走上前来，长叹一声道："唉，真是人心隔肚皮，虎心隔毛羽。有的人备受皇恩不思报，反而祈神弄鬼暗中咒人。"

"是谁如此大胆？"高宗一听就火了。

武则天把嘴一撇说："除了那一位，还会有谁？"

接着，她又紧靠高宗身边悄声说："王皇后同母亲魏国夫人偷偷模拟皇上做

王皇后焚香叩拜小木人

了一个假人，并在前胸钉上针锥，整日焚香祈祷，诅咒圣驾早日驾崩。"

早已对武则天言听计从的高宗，根本不去想这是不是谗言和诬陷，或者说事情的真相是什么，便急忙问："卿是怎么知道的？"

武则天说："是王皇后贴身的宫娥，对此事不满特来禀报。陛下千万不要仅凭一时的怒气去打草惊蛇，不妨暗中查验一番，再作理论。"

武则天越是不让高宗去查，高宗越是想急于弄个究竟，当下就把潞王贤交给宫娥，站起身说："若有此事，朕绝不轻饶了这个贱人。"说罢就悻悻出宫而去。

由于宸妃宫出了人命案，牵扯到皇后，高宗提出过废立之事，又因近日武则天的身份变化实在太大，王皇后一直惶恐不安，觉得后位难保，危机四伏，便终日不思饮食。她母亲柳氏心疼女儿，让她求神消灾，还请来一位道人念经祈祷。道人说是冲了小人邪气，小人成倍加害。于是就教她一法，削制了一个小木人，钉上铁钉，嘱咐她天天焚香叩拜，还说百日后就可消灾。王皇后做事不密，被背叛主人的宫女出卖。这真是家贼难防。

当高宗听武则天说王皇后背地里诅咒自己时，便急忙微服来到后宫。他走到皇后内寝时，王皇后正跪在地上，虔诚地向面前的小木人焚香叩拜。高宗见此情景，差点把肺都气炸了。一时间，"悍妇""佞人"等最难听、最严酷的话语，竟像冰雹一样砸在王皇后的头上。在怒发冲冠的皇上面前，她一时无法辩解，只有哭得死去活来，乞请恕罪。

王皇后的母亲听到哭声，也赶来跪地请罪，并说都是她一人的主意，请求治她一个人的罪，不要连累皇后。高宗一见柳氏，更是气得嘴唇发紫，让太监把她轰出宫去，永远不得再进皇宫。

且说柳氏被赶出皇宫后，她的弟弟中书令柳奭，预感到事情不妙，害怕自己将成为下一个目标，虑及未来不寒而栗，正想上表辞职，高宗的旨意已传了下来，贬他为遂州刺史。当他行至半途，圣旨又追上来，又改贬他到遥远的莱州。这时柳奭深感大势已去，便垂头丧气地赶赴莱州去了。

一连两个重大事件，都与王皇后有关。高宗思虑再三，又受了武宸妃的枕风吹拂，便最后下定决心废除皇后。

这天，高宗把废立皇后之事向长孙无忌等大臣讲述后，褚遂良第一个站出来谏道："陛下一定要选立皇后，可在名门望族中挑选，千万不能立武氏为后，若立武氏，必遭后人耻笑。恳请陛下以大唐江山为重，务必三思而行！"说罢，把

褚遂良被押解出宫

朝笏往地上一放，取下乌纱帽，在地上猛叩响头，直叩得头破血流，以示忠心。

高宗无奈，宣布散朝。回到后宫武则天软硬兼施，逼迫高宗传出圣旨："尚书左仆射褚遂良忤逆犯上，贬到潭州为都督。"

这一旨意一出，使一班贞观老臣大为惊骇，长孙无忌也禁不住倒吸一口冷气，他心想，武则天要弄的这一招实在厉害呀，大网已经张开了！

侍中韩瑗连夜写了一份谏书，其辞忠正耿直，文中写道："天子与皇后，可比日月。日月并明，光照四方，日月有蚀，天昏地暗。皇后母仪天下，善恶由之。嫫母贤良，黄帝得辅，妲己骄奢，殷商倾覆；褒姒一笑，亡掉宗周。前车之覆，后车之鉴。臣每阅前史，莫不掩卷叹息。陛下不效法圣贤，后世何以评君，愿陛下深思。若臣言益于国家，即受诛戮，亦莫顾及。夫差拒子胥之谏，伍子曰：吴将亡矣！后果如斯也。昔日事，今日师，望我皇思之。臣诚惶诚恐，冒昧直谏，罪该万死。"

侍中来济也写了一道表章，文中道："天子择后，应先名门，以孚天下之望。昔周文爱贤，迎太公于渭水，太公佐周而兴；汉孝纵欲，主婢妾为皇后，皇室亡绝。周兴汉祸之鉴，望陛下思之。"

这两位贞观老臣胸怀一片丹心，他们哪里会想到，今非昔比了。过去的从谏如流、明察秋毫的太宗已不复存在，时局发生了彻底变化。时代大变了。

第二天早朝，他们就恭恭敬敬地将连夜写出的奏章呈了上来。

高宗看罢奏书，不觉也动了心。于是，他在退朝之后，将奏书带进后宫，对武宸妃说："贬褚遂良的做法过头了吧！你看韩瑗、来济都为他喊冤呢！"

高宗是为了江山社稷，可他哪里知道武则天的私欲呢？对武则天来说，什么对己有利就是道理，就是处理事情的最好的和唯一的办法。

武则天接过奏章，当看到"妲己""褒姒"之类的比喻时，反而狰狞地笑了。但她看到"婢妾"二字时，便又怒目圆睁，随手把奏章扔在地上说："不要以为离了胡屠户，得吃带毛的猪。别怕老臣死光了，李唐江山守不住。贬一个褚遂良有益无损。当年魏徵、房玄龄、杜如晦比这些人强得多，死后朝廷还不是照样过来了。既然他们这样兔死狐悲，互相包庇，就不用搭理他们。"

武则天不搭理他们的策略，实际上是让高宗不同意他们的意见，以软的手法搪塞他们的正义之气，消磨他们的锐锋，达到她控制朝廷的目的。

五、册封皇后

网罗许、李

李义府一夜之间转危为安，不仅没有左迁，第二天武则天还差人送来重礼，三天之后又加官晋爵。武则天的目的，是要让文武大臣知道，拥护她做皇后，会有什么好处。朝野的舆论也随着李义府的频频擢升而发生倾斜。

十月的长安城，大街小巷飘逸着秋天的芬芳。

这是唐高宗永徽六年（655年）秋天，三十二岁的武则天从不屑于做收成几斛麦子就知足的农人，更鄙视他们的愚鲁。只是从感业寺回到宫中，至今四年，她感到已是收获的季节了。王皇后、萧淑妃已名存实亡，在高宗心中没有她们二人的位置，武则天独占皇宠，高宗对她言听计从。她不仅操心后宫大小事情，还帮高宗批阅大臣们的奏折。虽劳心劳力，但她的心情是畅快的。她喜欢做这样的事情，她打败了王皇后和萧淑妃，却没有农人们的坦然的种瓜得瓜、种豆得豆式的欢悦，她只是恨恨地想着为她的前程而死去的小公主。

武则天像一只任何时候都不会垂翅的鸟，永远找不到可以休息的枝丫。她最恨的是长孙无忌那张傲慢、冷漠的脸，是他在无声无形之中操纵着韩瑗、来济这些人，操纵着她的夫君大唐皇帝高宗。同时，她也感到皇帝与自己的孤立无援，朝堂之上响着一个声音，一个调子，没有任何声音出来能给高宗一点点支持。武

许敬宗投靠武则天

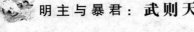

则天认为她在后宫孤军奋战到了最后关头。她不能一个人面对以长孙无忌为首的关陇贵族势力，她要抓紧时间从不满贵族的士族、庶族中网罗编织自己的亲信，她第一个选中了出身南方士族的许敬宗。

许敬宗是杭州人，唐太宗贞观十七年（643年）李治被立为太子时，就在太子身边做右庶子，即太子侍从官。两年后，太宗亲征高丽，太子做监国，许敬宗亦帮他主持国事，他可谓李治心腹之人。高宗继位之后，马上任命许敬宗为礼部尚书。最后，许敬宗因嫁女索财被御史台弹劾，迫于朝臣们的压力，高宗无奈把许敬宗外放为郑州刺史。

许敬宗不服，送来告退的表章，试探高宗的态度。高宗把这件事说给了武则天。

武则天入宫以来，对满朝文武的家族身世基本上了解得一清二楚。许敬宗求生的欲望特别强，隋末大乱之时，许敬宗的父亲为宇文化及所杀，他不仅没有找宇文化及报杀父之仇，却跪到宇文化及的面前，求告饶过自己的性命，并表示愿意继续追随他以效犬马之劳。许敬宗这种违背道德人伦的行为，为世人所不齿。但许敬宗知道，当暴力、野蛮和无知横行于世之时，任何斯文的道德都是无力的、苍白的，它不能保证人的生命不会像路边蝼蚁一样被无情毁灭。当他的双亲为杀人如麻的宇文化及所害，他唯一的想法是活下去，人只求活着。这与武则天出身低微，在生死夹缝中求生的处境多有相似之处。他们的行为虽为世人所唾弃，但毕竟他们都爬过来了。

许敬宗生命的另一支柱便是他自认为才高八斗、学富五车。唐初，他以文才而列秦王李世民的文学馆十八学士之一，与杜如晦、房玄龄、于志宁、虞世南等齐名，当年太宗在驻跸山大破高句丽军时，许敬宗立于马前受旨写出辞藻华美的诏书，极受太宗赞赏。而今的许敬宗正被关陇集团排挤，郁郁不得志而上表章求助于高宗。既然高宗问及此事，武则天便依自己的心思对高宗说："许敬宗既然是个人才，又是你的心腹之人，至少可以让他回到朝廷中，从事修史工作，朝臣也不会有什么异议。"

武则天的这一招实在高明。

许敬宗曾做过十年的修史工作，于是高宗亲自下诏，将许敬宗由郑州刺史调回长安，做卫尉卿，加弘文馆学士兼修国史，让他重操旧业。

自从武则天来到高宗身边，高宗皇帝李治就再也不是长孙无忌的那个言听计从的小外甥了。高宗继位以来，长孙无忌既是高宗的舅父，对高宗又有大恩，又遇上高宗只愿吟风弄月，无心社稷，长孙无忌便大权独揽，我行我素了。同时，高宗凡事皆依舅父，对舅父唯唯诺诺，从不违逆。对高宗来说，自己只求有一钩残月，有诗词歌赋，左拥柳，右揽花，落得个逍遥自在。现在有了武则天，高宗常把朝堂上的事情讲给他喜爱的武媚娘，甚至把奏折拿回后宫与之共同批阅。他们二人常常是计出武媚娘，高宗批奏，而第二天上朝又没有人反对。高宗于是为自己有这样聪慧的宠妃而得意。许敬宗被调回京都，长孙无忌并没有什么反应，高宗很高兴。

许敬宗回京后知道是皇上的宠妃武则天救了他，很快与武则天勾结起来，对她的懿旨心领神会，为她的前程上下奔走。

然而，要说许敬宗最不应该去的地方就是长孙无忌那里。一向对自己深怀不满的许敬宗的来访，无疑是来探听关陇贵族的消息。

长孙无忌没让许敬宗把话说完，便大声呵斥道："你还像奉儒学为道统的人吗？皇后系出名门，行为端正，只因一时失宠，竟有人提出废后。这种想法实在愚昧，愚昧之极！做臣下的人，在皇上为妖妇所迷惑时，应上书进谏，以尽职责。你也年纪一大把了，却不明是非，说出这样愚不可及的话，实在可耻。"

受到这样的斥责，许敬宗怨气冲天，恨不得立刻拂袖而去。可许敬宗毕竟是许敬宗，他像一个知错的后生立即跪下来求长孙无忌宽恕。无忌派这么强硬的态度，使许敬宗不得不考虑要给自己留一条生路。自从给自己的杀父仇人跪下之后，他的膝盖骨就再也没有硬起来过。只要跪能解决问题，软一下子又何妨呢！

长孙无忌这样的铁腕人物，最见不得奴颜婢膝的人。平时，他对许敬宗的厌恶就写在脸上。今日，他更是怒不可遏，把许敬宗轰了出去。

许敬宗拜访长孙无忌的事很快在朝中传开。

长孙无忌霸气冲天，宫廷内外无人敢在他面前议论废立皇后之事，许敬宗却敢。武则天高兴了，马上给许敬宗送去锦缎，嘉奖他的勇气，赞誉他的忠心。

要说许敬宗是第一个站出来拥护武则天，反对长孙无忌势力的谋将，那么，要揭开武则天赤手空拳、冲破关陇贵族的重重阻碍，荣登皇后宝座之谜，不能不提到李义府其人。这个位微言轻的中书舍人，是第一个直接上书天子，提议封武则天为皇后的人。

李义府生于隋炀帝大业十年（614年），永徽六年（655年）时他四十二岁，本籍河北饶阳，在永泰（四川盐亭县）长大。父亲是个不名于世的地方下级官吏。李义府自幼有很强的求知欲望，饱读诗书，又有杰出的文才。年纪轻轻，成为地方才俊，闻达于乡里。贞观八年（634年），二十一岁的李义府受到当时的剑南道巡察使李大亮的赏识，并被推荐给皇上。李义府顺利通过严格的科考，入京做官。

由蛮荒的蜀地来到京城，李义府这个乡下人心中充满了希望，也暗下决心，要努力进取，不负李大亮的识才之恩。他奋力跳入宦海，却尝尽其中苦辣酸甜。仅凭才能，他是没有出路的。他这时才感到京师之地只能是他的一个遥远的梦，他可以在蜀地扬眉吐气，京师只可以在千万里之外熠熠生辉。长安不是我的家园。他这样叹息，他没有背景，没有关系，赤条条一个人来到天子脚下闯天下，他受过多少冷脸、白眼、嘲讽、打击，每每这种时刻，他深感在对方眼中，自己不是人，任何自以为比李义府高贵的人，都会随心所欲地摆弄他。他已经习惯于卑屈、阿谀，习惯于脸上带着神经质的笑。现在，他完全失去了少年得志者的潇洒与自信。

贞观年间，李义府受到山东寒族出身的刘洎、马周二人的赏识与提拔，历任监察御史、太子舍人、中书舍人等，并参与《晋书》的编纂，成为弘文馆学士之一。对一个靠自己才能起家的人，李义府该舒展眉头了。可是长期以来的卑怯心理，使得他虽在长安生活几十年却从来没有自己是长安人的意识，虽为中书舍人，内心还总是怯生生的。"归去来兮，长安不是我的家园。"他这样唱着，也这样想着，他总有一天会回到永泰的乡间。

人们常见李义府阿谀逢迎的脸相，但他却从不亲附关陇贵族。也许是因为提携他的刘洎、马周是长孙无忌的对头，加上刘洎又是被褚遂良所害。虽永徽年间成为关陇贵族的一统天下，李义府也只是敬而远之。他自然成了关陇集团的眼中钉。初秋的一个早上，太尉长孙无忌向高宗上奏：李义府贪赃枉法，应该贬逐。高宗对李义府此人没有什么感觉，遂令人起草诏书，贬李义府为壁州（今四川省通江县）司马。

李义府很快在宣诏之前得到消息，他心中为之一震。

那么，他是如何这么快就得到宫中机密的呢？有人说敕令的发布，先由中书省起草，再下达门下省。中书舍人李义府必在诏书送达门下省之前得到消息。另一说则认为许敬宗与武则天早有网罗李义府之心，便抓住时机，由许敬宗的外甥王德俭密告李义府。我们较信后一种说法。李义府忧愁万千，想到真的要归回那荒芜的田园，离开繁华的京都，他感到几十年的隐忍、奋斗，一夜之间将付诸东流，不禁伤心欲绝。在万般无奈下，他求救于有"智囊"之称的王德俭。王德俭首先申明利害，待李义府对他表示千恩万谢，并保证即使失败、杀身成仁也不怪罪于他后，王德俭便如此这般说与李义府。至于这"锦囊妙计"是真的出自王德俭这个"智囊"，还是许敬宗与武则天密授，不得而知。

当晚，李义府便依计代替王德俭在中书省值宿，用生花之笔拟就一个表章，连夜叩阁递了上去。

高宗于是看到这样一个他迫切需要的表章：

"臣闻皇后王氏行为有碍妇德，恳请尽速废王氏，立堪为后宫典范的武宸妃为皇后。妇德卓越，学养深厚的新皇后，应是天下万民的要求。愿圣上不要使天下之民失望。"

高宗喜出望外。

皇后的废立，对他来说不是什么生死攸关的大事，只是不能满足心爱的女人的要求，使他很不高兴。特别是舅父长孙无忌的态度，让他心中惴惴不安，甚至害怕。他对这个先帝信任的舅父一向是既敬重又害怕。李义府的一纸表章，使高宗如得百万援军。他立刻召见李义府，询问朝中文武百官对改立武氏为皇后的看法。李义府只是说除了陛下身边的几位老臣，其他的人都盼着这一天呢！这时的高宗，颇有几分得意。原来，他与武则天并不是大海中的孤岛，李义府代表多少人的心愿啊！激动之余，命内侍拿出宝珠一斗，赐予李义府，并撤销尚未下达的左迁李的诏书，李义府仍旧留任。三天后又提升他为中书侍郎。

从宫中退出的李义府，在秋夜的冷风中，不禁有些瑟瑟发抖。刚刚面圣的情形，恍如梦境。宦海的浮沉，就这样简单，这样瞬息万变。

这一夜，整个改变了李义府的后半生。

据史料载，自从他成为拥护立武则天为皇后的急先锋后，突然得到许多恩宠，官运亨通。在他的思想中，所有关于做良臣贤相的准则，所有儒学道统的准则都不复存在了。"李义府"三个字一时成为"贪官污吏"的代名词。

且说李义府一夜之间转危为安，不仅没有左迁，第二天武则天还差人送来重礼，三天之后又加官晋爵。武则天的目的，是要让文武大臣知道，拥护她做皇后，会有什么好处，朝野的舆论也随着李义府的频频升迁而发生倾斜。平时备受

高宗看到李义府的奏章喜出望外

关陇贵族排挤的士族、庶族官吏，受到鼓舞，暗中纷纷联合起来，共商前程。他们认识到长孙无忌一手遮天的时代已快要过去。他们只有联手拥护高宗和武则天，彻底打垮关陇贵族势力，才有出头之日。这些人当中不仅有许敬宗、御史大夫崔义玄、御史中丞袁公瑜，还有新上任的中书侍郎李义府。

至此，高宗彻底改变了在朝中孤掌难鸣的局面。武则天也正是依靠反长孙无忌的士寒族力量，一步步走向皇后宝座。

废立皇后

高宗已拿定主意：我毕竟是一国之君，国政家事还要任由你们做主？立谁为皇后，难道都要由别人操办？高宗实在受不了。这也许是武则天床第之间教化的结果。

高宗要废王皇后的想法，因太尉长孙无忌的竭力反对而有所动摇。武则天不能看着自己几年来的努力功亏一篑。李义府递上拥立武氏的表章，她便抓住时机，要高宗向大臣们正面提出废立皇后之事。

自高宗明确提出废后以来，还是一片反对的声音。高宗不能在这样的情况下颁布废后诏书，希望李勣能念过去对他的恩情，给一个明确的支持。

李勣，字懋功，曹州（今山东省东明市）离狐人。出身寒门，自幼饱受饥寒，隋末天下大乱，便投军从戎，随李密反隋。武德二年（619年），投唐。他本姓徐，投唐后，封为曹国公，赐姓李。武德四年（621年），跟随李世民平叛王世充，论功行赏，世民为上将，李勣为下将。太宗即位，拜并州都督。贞观十一年（637年），改封英国公。李勣在并州十六年防范突厥，令行禁止，突厥不敢犯境。太宗说："李勣守并州，远胜筑万里长城。"贞观十七年（643年），高宗为太子，李勣拜太子由詹事兼左卫率，加位特进，同中书门下三品。山东庶族出身的李勣，虽战功显赫，却在朝中受到关陇贵族的排挤与压制。太宗临死前，李勣被贬他乡。高宗继位，才把他重新召回。永徽四年（653年），李勣被封为尚书左仆射，很快又升为司空。历史已很难弄清对李勣的外放和后来的拔高，是太宗爱子心切而搞的政治权术，还是长孙无忌要置他于死地的恶毒阴谋？

回京后，他当然与长孙无忌的关系很疏远，况且贞观以来的太平盛世已是文臣才俊们指点江山的时代，武将成为一种摆设，一种威慑四方的力量的象征。当然，更不用说高宗继位六年来，真正的权力都操纵在关陇集团手中，李勣的地位虽高，却没有什么实权。因为唐代太尉、司徒、司空三公，品位极高，属于一品，但不主事，不置府僚，往往是皇帝赠给有功大臣们的空头官衔。李勣虽是武将，却是一个很谨慎、很好学的人。官位越高，越是不敢懈怠。他的学问堪当国家重任而无愧。

早朝一退，高宗就把李勣留下来，引入内宫。高宗知道，李勣对先皇太宗有非常深的感情，太宗驾崩，李原名李世勣，为纪念先帝而改名。高宗这时看着与先帝一起建功立业的老臣，好像先帝就在面前，感情上与李近了许多，禁不住像见了亲人似的诉说起来："武宸妃知书达理，应对有方，又有学问，文藻奇美。王皇后不能生子，朕想废王氏立武宸妃，可太尉、韩瑗、来济却竭力反对，说武氏身份卑贱，没有妇道。他们闹得很凶，武氏也整日啼泣后宫。朕想听听你的意见。"李勣对时事时局的判断，往往是很准确的。当年太宗贬他出京，李勣却一句话没说，家也不回，直接从终南山翠微宫向右陇道出发。因为他知道，如若他不立即上路，或有什么不满表示，太宗会马上派人把他杀掉。

今天，皇上拿这个宫廷早已闹得天翻地覆的问题来问他，他首先不会反对武氏。这个他不甚了解的女人，是帝王的宠妃，高宗愿立她为后，只要龙颜常开，又有何不可，不就是一个皇后，一个女人，她又会翻云覆雨到哪里呢？但更重要的是，长孙无忌反对，褚遂良也反对，韩瑗、来济上书，都未能阻止住高宗。高宗对任何事从来没有像废立皇后这么费心过，执着过。他要做一回真正的皇帝吗？权柄可在长孙无忌等朝臣手中握着呀！李勣戎马一生，往来于生死路上，常靠他准确的判断化险为夷。他对生命危险的警觉性，比常人高出一筹。

李勣见高宗直直地盯着自己，便轻描淡写地说："这是皇上家庭中的私事，何必征询外人的意见呢？"

这个问题显然李勣没有做正面回答。李勣知道高宗要他表态，盼的是什么，也知道自己这时的态度对四面楚歌中的高宗是多么重要。他简短的一句话，使高宗如获至宝。

当高宗兴冲冲地把李勣的话告诉武则天时，武则天对他粲然一笑。高宗又把自己的决定说与她听时，两人的脸上都露出了胜利的微笑。

　　李勣料不到自己的一句话，不但使当时宫廷斗争形势急转直下，而且使整个大唐的历史为之改写。此后，只要提及唐朝历史，提及武则天如何登上皇后宝座，都不能不提到这个原名徐世勣，后改为李世勣，再改做李勣的人。李勣真可谓一言九鼎呀！据史载，高宗乾封元年（666年），李勣为辽东道行台大总管率六总管，大征高丽，屡建奇功。总章二年，李勣卒，高宗为之举哀，停朝七日，赠太尉，谥号"贞武"。当时高宗已百病缠身，诸事皆付于武后。对李勣死后的封赏，可看出武则天对当初李勣赞成的一票的回馈。十年之后，武则天仍念念不忘。

　　李勣的话，对支持武则天的人是个极大的鼓舞，只要废掉王皇后，新后又能舍武则天取谁呢？许敬宗平日的作风与长孙无忌截然不同，那些贵族出身的人，总是气宇轩昂，嘴紧闭着，常做沉思状。像许敬宗身出寒门的人，习惯于随随便便，不拘小节，表情总是谦恭的，嘴也常常半张着，甚至在人多的地方爱出点小风头，来个小幽默，或挖苦别人，或挖苦自己，以哗众取宠。在高宗时代，许敬宗的伶牙俐齿是出了名的。眼见关陇贵族因废立之事在皇帝面前掷笏洒血，雪泣净劝，大放厥词，大有誓死不休的势头，吓得许敬宗心中发怵。长孙无忌一派一旦成功，他的命运就不只是贬为郑州刺史的问题了。冷眼观看，仔细辨察，高宗没有被长孙无忌的气焰吓住，他赶走了褚遂良，抓住了李勣这根救命稻草。现在问题已经解决了，只等着高宗发布诏书。许敬宗不禁喜形于色。

　　永徽六年（655年）十月十三日，圣旨下达，诏告天下，说王皇后及萧淑妃魇魔皇帝，罪不可免，当予废去，禁于内宫。其母及兄弟一律除名，流放岭南。

　　三天之后又有圣旨下达，这是在文武群臣同时上书请愿，要求立武则天为后的强烈情形下颁布的新诏书。诏书将武氏吹得神乎其神，并说"往以才行选入后庭，德光兰掖……可立为皇后"。这个诏书向天下人扯了个大谎，那就是把从感业寺接回宫中的太宗的才人武则天说成是先帝赐给太子时代的"朕"。

　　武则天赢了。

　　大唐王朝新立了一位德昭四极、光艳绝伦的武皇后。

　　高宗高兴，百官高兴，万民也高兴。所以，一定要举行立后大典。

　　永徽六年十一月一日，三十二岁的前荆州都督武士彟的女儿武则天四更即起，为自己的册后大典沐浴梳妆。

　　受册封的新皇后迎着深秋大而无光的朝阳出现在大殿前，繁华头盖下所掩饰的是天姿国色和受宠不惊的怡然微笑。四妃九嫔盛装艳抹排队立于两侧，齐声祈祷，她们以妒忌、酸楚和压抑的神情看着武则天轻提礼装登上辇车。这时，浩浩荡荡的仪仗队开始徐徐向皇城的正门前行。

经过三年耐心的等待和努力，武则天的野心实现了，最终登上皇后的宝座。可是对她来说，这只是个开始。

那年冬天，许敬宗官升待诏之职，充任武则天的私人秘书，受命在皇帝上朝的大殿西门值勤。武则天仍让长孙无忌和另外反对她的人官居原职。她不敢手法过急，锋芒毕露。因为长孙无忌等人都是朝廷重臣，德高望重。她也并非怕他们，只是愿意依理行事，暂熄怒火，待时机成熟时，再做定夺。她的所作所为，表面看来都做得合乎法度，因为许敬宗精通法律，娴熟历史，事事尽心，才使得她的计谋环环相扣，不出差错。

对于已经消灭了情敌王皇后和萧淑妃的武则天来说，现在完全可以放心地做一个贤德皇后应当作的事了。她自己也明白，她并不是真的憎恨王、萧二人，只是由于她两人对自己的政治前途极为不利，妨碍自己和高宗的恋情。她本不愿意那么做，但为情势所迫，也就无须感伤，无须难过了。武则天似乎就是这么个脾气的人，阴狠，冷静，不断盘算些更远大的举措，而绝不会做一个仅受皇帝恩宠的小御妻而已。偶尔杀一两个对手，她的兴趣并不大，她要做大事，做凡是男人能做的一切顶天立地之事。皇后之尊对武则天最适当不过了。她自己感觉就很神奇，就不平凡。她的丈夫，身为一国之君的高宗皇帝李治，懦弱无能，羞怯无为，多愁善感，虽继承了大唐王国的皇位，却无帝王之才干。现在武则天要做的大事就是使高宗变成雄才大略的君王，她要尽其力辅佐他。若是有人妨碍他，她会毫不犹豫，像对待王皇后一样用残忍手段把他们消灭掉。这也是帝王所必需具备的素质。

武则天册封皇后不久，就随同自己的丈夫高宗皇帝祭祀太庙了。

这时候，武则天的政治野心已完全成熟。没有人知道，在铲除情敌当上皇后的十年间，她对李氏祖庙一直扮演着一个恪尽妇道的形象。这时期，她的做法也确实不同凡响。她首先遵守古礼，亲自参与蚕桑祭典，以此表示与平民妇女一样。武则天还很注意公众形象，并力争在臣民面前展示和表现出来。她似乎永远都很活跃，她愿意尽一切力量向民间妇女讲述生活的美德。她还亲自参与编纂了《内轨要略》一书，其内容多是讲述妇人如何服从丈夫，对丈夫家人、亲戚的维护和好。若从当时即将发生的一系列腥风血雨事件来看，这本书却极有讽刺意味，因为武则天的族人很快违背了这本书的观点，权倾一时，糊弄朝廷，令人胆战心惊。当然，从当时的情形看，《内轨要略》的本意还未被高宗皇帝完全觉察。

现在看来，已到武则天巩固政治力量，建立一个由自己控制的政权的时候了。

宫中禁猫与东都之恋

王皇后这个自幼养在深闺中的贵族小姐，听完诏书，再次拜道："陛下万岁！"萧淑妃的表现可不同，她破口大骂："阿武，你这个狡猾恶毒的东西！但愿来世我生为猫，你是鼠，世世代代狠狠咬破你的喉咙。"

做了皇后的武则天更加忙碌，后宫的事情由她处理，朝中大事也由她裁断。高宗生来就不是爱操心的人，而武则天又是一个生来就爱事事过问的人。

宫中发生的大小事情，无论与她相关与否，她都从不放过，都要仔细想想，做出自己的判断，要与当事人的行为相比照。武则天从小养成的爱观察、爱思考的习惯，使得她在自己不济的命运中，避凶趋吉，始终立于不败之地。她崇拜太宗的文治武功。现在，她有机会像太宗那样，于帷幄之中，俯瞰芸芸众生，生杀予夺，全在她一人之手。

武则天没有因政务繁忙而形骸消瘦，反而如鱼得水，整日处于亢奋状态，粉嫩的皮肤光洁可人，表现出健康与活力。武则天的养生之道，就是积极参与政治，拼死抓权，有了权就有了一切，失去权也就失去一切。

高宗则显得悠闲自如。不过有时候他也有被武后冷落的感觉。特别是夜幕降临，高宗想的是揽娇人而赏残月。他个人特别喜爱那黛蓝的夜空，无论月圆月缺，天幕间都显得那样动人心魄，让人思绪连绵。当一轮满满的橘黄色月亮低低地挂在东方的树梢，他总会发现南边有一颗蓝色的星星与他相映。当他看到一弯残月，灰白暗淡，周围有淡淡的光晕向周遭散逸时，他都会想到冰寒骨瘦的美人，生怕那苍白的一抹也会融化在浩瀚的星河中。而当他登临高处，偶见一道蓝光划破夜空，无声地投入黑魆魆的大地时，他会叹息，他相信那一定是一个生命的陨落。他时常望着夜空，深深地体味着自己的孤独。

当高宗初见武媚娘时，他为她的美貌所震慑，为她的青春活力所吸引。他却不能有什么奢望，她是父皇的才人。当年，翠微宫武才人一个媚眼，摄去了他的魂魄，然后又在一个特别的时间、特别的地点与特别的气氛中匆匆结合，武后的仪容像印在高宗头脑中一样，久久挥之不去。一向懦弱羞怯甚至性格非常胆小的李治，与武氏违逆伦理道德的行为使他惶惶然，那一刻的惊、惧、喜、乐，点燃起李治这个翩翩少年郎心中熊熊的爱情烈焰。正是高宗的爱情，挽救了落魄感业寺的前帝王的后宫佳丽武才人，使她重新活过来，活出个人样来。如今，高宗与武后一起生活已有四年多，武后在他面前总是仪容端庄，行止有节，应对自如。在他的怀抱中，武则天总是那么温柔贤淑，呢喃低语，让他感受到了生活的温馨与性的美妙。

武后博闻强记，又善诗词歌赋，常常与高宗一起吟诗论文，推敲句读。高宗希望武则天这样的娇娘，陪他流连于花前月下，听她吟，听她唱，听她讲深邃夜空牛郎与织女的爱情故事。

武则天日理万机，高宗整日在宫中游荡。一日，他突发奇想，避开武则天，独自来到幽禁王皇后与萧淑妃的别院。这是后宫阴暗角落里一所独立的房子，处在浓密的树林之后，终日不见阳光，用于监禁重犯宫女或宫婢。

高宗看着四壁没有一个窗子的灰色房子，只在一人高的地方，开着一个人能伸进一只手的方孔，高宗觉得那个小小的黑洞如这房子的一只充满恶意的眼睛盯着他。他问值班的宦官，那是什么。宦官战战兢兢地说："……是，专用的送饭孔。"是啊，高宗终于看清楚了，那孔上面还放着一只脏兮兮的碗，里面尚残留着一些不堪入口的残羹剩菜。高宗从来没有见过如此残忍、肮脏、可怖的场面。高宗是个怜香惜玉的人，更何况他知道那里面关着的是他的结发夫人和他曾恩宠有加的萧淑妃。他从这个黑洞往里看，黑乎乎的，什么也看不见，而且一点儿动静也没有，莫非她们……高宗不敢往下想，他心里阵阵哀痛，扒着小孔哭喊道："皇后、良娣，你们还好吗？你们在里面吗？"

小孔中传出一阵撕肝裂肺的号哭，一只又黑又枯瘦的手伸出来乱抓。高宗扑上去握住它，眼泪扑簌簌地滴在上面，接着里面传出细弱的声音："婢妾们有罪，还怎劳皇上如此尊称？"一句话未说完，囚室内外早已泣不成声。

高宗先止住悲声，要王皇后、萧淑妃有什么话快说与他听。两个女人才又抽抽咽咽地说道："感谢陛下挂念！明日即使叫我们死了，也希望来生重见。奴婢们乞求改此院为回心院，以赎我们今生的罪过，望皇上答应。"

高宗离去后，自然没想出具体的办法。他看到武后的脸色有些难看，但她始终没有说什么，也不追问此事。

高宗这个没有主见、没有魄力的人，逼着武则天要彻底消灭王、萧二氏，以断绝后患。她不敢想象有朝一日高宗重新扶正王皇后会是什么情景，可是她知道，人的感情是多么脆弱、多么靠不住的东西。当年萧良娣独霸皇宠，高宗还曾一心要立萧氏所生的许王素节为太子。

没过几天，武则天亲下诏书，杖王皇后、萧淑妃每人各一百，割除其手足筋骨，投入醋瓮中，并说"令二妪骨醉"。

王皇后这个自幼养在深闺中的贵族小姐，听完诏书，再次拜道："陛下万岁！娘娘承恩，我死而无憾。"萧淑妃的表现则不同，她破口大骂："阿武，你这个狡猾恶毒的东西！但愿来世我生为猫，你是鼠，世世代代狠狠咬破你的喉咙。"不几日，王皇后与萧淑妃被折磨而死。三个女人的战争至此死了两位。但战争并未结束，它继而演变成一个女人和两个鬼魂的战争。特别是二人临死的咒语，使武则天不寒而栗。一怒之下，武则天把王氏改为蟒氏，萧氏改为枭氏。许敬宗认为还不能解恨，上表建议，将早已死去的王皇后的父亲王仁祐世袭的官爵下诏去九泉夺回。

萧淑妃死前关于猫和老鼠的咒语，使武后夜不能寐，遂下令宫中不准养猫。

当时宫中养名贵的猫狗很流行，因为宫里有太多饱食终日而又寂寞孤独的人，猫狗可以说是最能与人亲近的动物了。因为萧淑妃发誓要来生为猫，民间便有把猫叫作"太子妃"的说法。

武则天日理万机，却慢慢有了心病。

据说，在高宗与武则天所居住的太极宫，常常闹鬼。见到鬼的宫女和宦官讲，他们值夜时见到体格硕大的黑猫，更有人说半夜曾见到披头散发的女鬼在宫中哭号。武后与王、萧二氏的战争成了夜间大战，每每使得武则天坐立不安，心事愈发沉重，噩梦更多，常常半夜惊醒，一身大汗。

高宗的情形也不好，依照唐制，后宫皇后以下有贵妃、淑妃、德妃、贤妃四夫人；有昭仪、昭容、昭媛、修仪、修容、修媛、充仪、充容、充媛，是为九嫔；婕妤、美人、才人各九合二十七人，宝林、御女、采女各二十七人，合八十一人。以下还分为典、乘、舆、服、御等。高宗的后宫定员计有一百二十八人。自王皇后与萧淑妃惨死后，后宫佳丽没有一个人敢去主动接近高宗，高宗也不愿因为宠幸某一妃子而给她带来杀身之祸。高宗与武则天基本上过着一夫一妻制的生活。宫中发生的事又使高宗心情抑郁。他有些不能原谅武则天的做法，但他软弱的性格又不可能去斥责她。他越发地郁闷，话也懒得与武则天讲，在感情上两个人开始疏远了。

感情丰富的武则天逐渐感到高宗的不快和对她的疏远。无论从感情上还是从她个人的前途讲，失去高宗的宠爱都是极其可怕的事情，甚至会危及到她的皇后宝座。

这一年，高宗二十九岁，与武后共生育二男一女。

武则天为逃避宫中闹鬼的阴影，也为修补她与高宗的爱情，一开始她以自己睡不安宁和高宗因宫中阴冷潮湿而常常犯病为由，提出迁到避暑的夏宫大明宫去住，换一换环境，眼不见，心不烦。可是住了一段时间，不仅高宗仍郁郁寡欢，连她自己的问题也难以解决。她觉得鬼魂如影随形，紧紧缠住她不放。

虽然两人的感情淡漠了，显庆元年（656年）十一月，武后还是给高宗生下第三个男孩，即高宗的第七子哲。武后为她的爱情苦恼着，她又劝高宗到洛阳去住，理由当然有，她生过孩子，身体虚弱，需要调养，更重要的还是为高宗的健康考虑。

显庆二年（657年）二月，高宗行幸洛阳，除一部分官员留在长安外，朝廷和后宫来了一次大搬家。从此以后，虽然有时回长安一段时间，高宗和武则天基本上都住在洛阳。当时洛阳有隋炀帝时建造的宫殿，稍加修缮后，便住了进去。这也算是一次没有宣布的迁都。

武则天在洛阳待的时间越久，越喜欢洛阳这个地方。长安的太极宫充满了李唐家族的历史，那里的一草一木都触动自己对以往屈辱的回忆。洛阳的一切却都是新鲜的，她要用自己的手，建起一个属于自己的国都。当然，她的真正用心则是在这里重建她自己的爱情巢穴。

天气渐渐暖和起来，高宗和武后带着他们的孩子出游的机会也多起来。

高宗继位以来，从不误早朝，在文武臣僚的请求下，在洛阳开始改为隔日一早朝。武后也把国事安排给她的心腹去处理，她则一心侍奉高宗。她把仅四五个月的幼子哲完全托付给宫中的奶娘，她与高宗又过起了二人世界的生活。白天，他们或泛舟湖上，或信马由缰到市井街巷去猎奇。中午累了，可以在兰池做二人沐浴，嬉戏水中。夜晚，烛光下吟诗作乐，或陪高宗看北斗七星，听高宗讲银河故事。倦了以后，二人相拥入睡，来一个春眠不觉晓。日上竿头，恍惚间爱情真的又回到了武则天的身边。清醒后，她却只能一声叹息。她现在能感觉到高宗在敷衍她，在哄她高兴，高宗的心已不再像以往那样追着她，缠着她，而是远远地、怯怯地躲着她。

武则天失望了。她需要的不是高宗的恋情，而是他手中的权力。

无忌自杀

一番话，说得高宗无言以对。于是，高宗连见一见长孙无忌的决心都没有，就直接下了诏书，削掉长孙无忌太尉官衔和封邑，只保留扬州都督的空衔，逐往黔州。流放黔州两个月，宫中就派大理正袁公瑜来逼他自缢。据说，他的死是一种很贵族式的自杀。

永徽六年（655年），武则天被立为皇后。

第二年正月，高宗依皇后计，改元显庆。

这一年，武则天要做的第一件大事便是立自己的儿子为太子。她秘密指使许敬宗上奏折。许敬宗有文才，不负武则天重望，很快向皇上递交表疏，大讲皇太子是国家的根本，现在的东宫太子忠的母亲刘氏出身低微，而皇上有了皇后所生的嫡子，应该把现在的李忠母子另行安顿，改立武后所生长子弘为太子。这是武则天的想法，那性格柔弱的高宗也就不便反对。第二天早朝时，高宗开口道："李忠已要求辞去太子之位，又有臣僚上表请立李弘。朕即日宣布废忠为梁王，立武后长子弘为太子。"高宗同时宣布任命于志宁为太子太傅，许敬宗、韩瑗、来济为太子宾客。

太子既立，武则天便可以按照自己的意志，再与关陇贵族大战一场了。

武则天初登位，曾向高宗上表章，要求奖赏曾经极力反对升她为宸妃，又哭劝高宗反对立她为后的韩瑗、来济两人对国于君的忠心。高宗曾拿着武后的表章给韩、来二人看，盛赞武后何等明理，何等宽仁。

韩、来二人见表后，深感不能用一般人的眼光窥视那个小女人武则天了。于是，二人见机向高宗辞官，三番五次未得准许。二人惶惶不可终日。

韩瑗终觉不能束手待毙。他再次递上表章，请求高宗皇帝召回褚遂良。他振振有词地奏道："褚遂良受先帝之托，德行专一，从无二心，他的精神至诚至恳呀！望陛下能够宽恕他，以顺民心。"

高宗这时态度很强硬，他说："褚遂良这个人朕知道，好讲一些忤逆圣上的话，朕这次罚他不为过。"

韩瑗再奏道："褚遂良是社稷大臣。陛下现在富有四海，安于清泰，却忽然要驱逐旧臣。这是有失理智和失察的举动啊！"

高宗不愿听韩瑗的这套理论。韩瑗悲愤难忍，上表章辞官归田。高宗不准。

武则天的最终目标是扳倒长孙无忌，但她又不愿过早地挪动这棵大树。凭她当时的力量是不行的，至少她还说服不了高宗。

长孙无忌，字辅机，唐太宗李世民玄武门之变他立头功。太宗病重时，召长孙无忌进殿，太宗用手抚摸着长孙无忌的头，君臣相对，泣不成声。第二天，又召长孙无忌与褚遂良共进大殿，托褚遂良受遗命，并对他说："我夺取天下，长孙无忌出了大力，你辅政，不要教谗毁的人害他。"

如今，顾命大臣已贬岭南，自身不保，谁又能保证他长孙无忌不受迫害呢！显庆元年（656年），武则天把能与长孙无忌沾上边的亲属一个个地外放，让他们远离朝廷，其中有长孙无忌的表兄弟太常卿、驸马都尉高履行，被贬至四川；长孙无忌的堂兄弟长孙祥，到湖北做了荆州大都督府长史。二人虽然是平级调动，对长孙无忌来说，却如斩断了左膀右臂，从此失去了依靠。

对付以长孙无忌为首的关陇集团，武则天有长远的打算，尽管韩瑗、来济几次要求出京她都不准许。

显庆二年（657年），才轮到韩瑗、来济。

李义府和许敬宗上奏说："侍中韩瑗，中书令来济，与褚遂良谋划叛乱，原因是桂州是用武之地，韩、来二人可能作褚遂良谋反的外援。"

无中生有的奏折，高宗自然明白。但是，既然是武则天的主意，就随她去吧。

高宗这时谁也顾不上了。他立即下旨贬韩瑗为振州刺史，来济为台州刺史，再贬褚遂良为爱州刺史，王皇后的舅父柳奭再贬为象州刺史。除长孙无忌以外，关陇成员，统统出局了。柳奭所处的地域象州，在广西，裴行俭在西域，褚遂良身处的爱州在越南清化，来济在浙江的台州，剩下长孙无忌孤零零一个人独处京师。而在长孙无忌的周围，许敬宗由礼部尚书再提为侍中，李义府已摄兼中书令。由此，以许敬宗为首的庶族地主势力日渐强大。

显庆四年（659年）四月，洛阳人李奉节告太子洗马韦季方、监察御史李巢，与朝廷权贵结党营私。武则天终于抓住了进攻长孙无忌的机会，也是巧言令色的许敬宗一展才华的时候了。武则天把说服高宗的任务交给他，而稀里糊涂的高宗也顺水推舟地命许敬宗与辛茂审讯此事。

许敬宗对韦季方逼问很紧，还不时诱他供出长孙无忌。韦季方被逼自杀未遂。

许敬宗向高宗做第一次汇报。

高宗听后说道："一定有人陷害我舅父，事情不会是这样的。"

许敬宗便说出韦季方自杀一事，并解释道：韦因反机败露，畏罪自杀。并又加上一句："陛下不忍加他们的罪，并非社稷之福呀！"

高宗半信半疑，眼泪都掉下来了。他说："这是朕的家庭之不幸啊！舅父的所作所为，使我有愧于天下，怎么办呢？"

许敬宗苦口婆心地劝说一番后，见高宗心有所动，便不动声色地退出宫门。

第二天一早，许敬宗又告长孙无忌谋反的迹象十分明显，请求立即予以逮捕。

高宗又是泪流满面。他哭道："舅父即便是这样，我也绝不忍心杀他。否则，后人将如何评价我呀！"

许敬宗回答道："过去，汉文帝的舅父薄昭立有大功，后来犯了杀人罪，汉文帝怜惜他，便网开一面。后来，有的大臣穿上丧服上殿进谏，无奈之下薄昭自杀。今日长孙无忌不顾先帝之托，欲移社稷，败坏宗庙，岂能和薄昭相比呢？"见高宗不说话，许敬宗继续劝道："臣听说当断不断，反受其乱。如今长孙无忌自己图谋反叛，为何还不下决心把他除掉呢？"

一番话，说得高宗无言以对。于是，高宗连见一见长孙无忌的决心都没有，就直接下了诏书，削掉长孙无忌太尉官衔和封邑，只保留扬州都督的空衔，逐往黔州。

长孙无忌被逐出京，武则天开始对关陇贵族进行彻底的扫荡。

褚遂良的儿子颜甫、颜冲，被流放爱州，途中被杀；长孙无忌之子长孙冲等

长孙无忌自杀

被除名，流放岭南；长孙无忌的从兄弟长孙知仁贬为翼州司马；驸马都尉长孙诠，被流放到嵩州（今四川省西昌市），不久被追杀；高履行由益州刺史再贬为洪州都督，又贬为永州刺史。在立后之争中于志宁虽三缄其口，但仍在贬逐长孙无忌的当天，被免官。

一方面，关陇贵族代表着受太宗遗命的顾命大臣，他们的失败，使皇帝能够重新掌握政权。虽有武后参与朝政，但她毕竟只是辅政，她能够帮助高宗彻底铲除对他指手画脚的贞观遗老。武则天在把矛头指向长孙无忌的时候，高宗已经有点半推半就。所以说他与许敬宗的对话，与其说为其舅父开脱，不如说是为了表白自己，一切的罪责都由一个大逆不道的皇后武则天背着了。

另一方面，关陇集团是隋唐以来形成的长孙氏、于氏、柳氏、韩氏几大家族的象征。它的失败，为庶族地主登上政治舞台扫清了道路，中国封建社会的历史上，无论贫富，都能通过科举考试进入仕途。武后出身寒微，所以她要改《氏族志》。但修改只是为了某些家族、某些集团的利益，彻底废掉姓氏的高下尊卑之分，在封建社会是不可能的。

还有就是关陇贵族由于长孙氏带有外戚的性质。武则天通晓经史，汉以来各朝外戚干政，以致灭亡的例子很多，加上她与母亲杨氏本来与武氏兄弟不睦，武则天对他们或远之或杀之，并诏告天下，都是对长孙无忌、柳奭这些外戚们的旁敲侧击。

值得一提的是，褚遂良、裴行俭都有很高的声望。古代史家奉唐为正统，武后为逆，所以对关陇贵族多有赞词。

长孙无忌流放黔州两个月，宫中就派大理正袁公瑜来逼他自缢。袁公瑜对无忌说："你为什么不自缢呢？你死之后，我总会有办法在你的供词上替你签名的。"情势已经山穷水尽，太宗皇帝的内兄齐国公太尉长孙无忌，只好接受了袁公瑜的提示，投缳而死。据说大理正袁公瑜所奏呈的无忌供词，在他从京城启程之前，就为无忌预先写好了。

《新唐书》卷一百零五《韩瑗传》记载："自瑗与遂良相继死，内外以言为讳，将二十年。帝造奉天宫，御史李善感始上疏极言，时人喜之，谓为凤鸣朝阳。"

李义府终遭恶报

《新唐书·奸臣传》这样记载："义府貌素恭，与人言嬉怡，微笑而阴贼，偏忌著于心。凡忤意者皆中伤之。时号义府'笑中刀'，又以柔而害物，号曰'人猫'。"乾封元年，李义府死于流放地振州。李义府的下场，正所谓"善有善报，恶有恶报，不是不报，时间未到，时间一到，一律报销"。

李义府因拥立皇后有功，在中书侍郎官衔外，又加封同中书门下三品，终于成为宰相之一。他年轻时在宦海苦苦挣扎，如今做了宰相，熬出了头，他不能忘怀初来京师之地时所受的种种屈辱。他遭冷落时，觉得满世界都是他的仇敌，或许是那一夜的大悲大喜，把他脑子中仅存的一点做人之本都给清洗掉了。今日一旦得势，他便成为人所共怕的"人猫"。他的名字与许敬宗三个字并列于《新唐书》卷一百四十八《奸臣传》的榜首。

关于李义府绰号"人猫"的由来，《奸臣传》上这样记载："义府貌素恭，与人言嬉怡，微笑而阴贼，偏忌著于心。凡忤意者皆中伤之。时号义府'笑中刀'，又以柔而害物，号曰'人猫'。"

该书中所记李义府的种种恶行，都是永徽六年（655年）以后的事。那之后，他的人格已经完全被扭曲，他的行为也可以说是对社会的报复，受害最深的当属无助的黎民百姓。他仗恃武则天对他的宠信，不断为满足日益增高的人欲物欲而收取贿赂。不仅他本人，就连他的老婆、孩子都加入受贿的行列。把鲁褒的话拿到这里，可谓是"有钱能使鬼，况人猫乎！"李义府卖官鬻爵已成家常便饭。他还公开向部下索贿，若有人敢反对，或者行为不如他的意，他会立即罗织一大堆莫须有的罪名，或贬官或加刑任由他一句话。有李义府这样的人在朝中得势，贞观以致永徽以来的良好社会风气为之一变，长孙无忌等一帮谏臣苦心为大唐制定的律令几成一纸空文。坐牢的人，以及可能被判死刑的人，只要送一定数目的银钱给中书侍郎兼御史大夫李大人，只需一句话，就能免于死刑或无罪赦免。

如此，社会上兴起一股走门路之风。想谋求一官半职，要走门路；子弟科举，要走门路；商人经商，更得走各个门路。本来按照规程可以办的事情，没有钱送进来就别想办成事。

李义府大肆收受贿赂

李义府的恶行罄竹难书。如洛阳女子淳于氏，因奸情事发而被关押在大理寺。李义府听说该女子天姿貌美，柔嫩绝伦，异常可人，便找来大理寺丞毕正义，放出淳于氏，将其纳为小妾。

大理卿段宝玄知道"人猫"将罪犯纳为妾后，立即向高宗奏了一本。高宗对李义府的恶行早有耳闻，但又常常庇护他。今日又有正式的上诉，高宗交予给事中刘仁轨调查此案。李义府目中无人，恼怒之下，竟把堂堂大理寺丞毕正义关在牢狱中，逼他自杀，以达到死无对证的目的。后因查无实据，此事不了了之。

李义府逍遥法外后，更加猖狂。

不料，侍御史王义方因确知详情，再次对李义府发动攻势，以致两人在高宗面前对质。李义府在皇上面前被王义方问得张口结舌，灰溜溜地退出。王义方以为大获全胜，却不知结果是证据不足，"人猫"无罪。最后，王义方被贬为莱州司马。

武则天、高宗如此袒护"人猫"，使人们看到只要对皇后贞诚不贰，除给予升官的好处外，即使御史台弹劾也无事，反之，必然遭到惩罚或贬除官职。这样，很快在李义府周围聚集起一批贪官污吏和阿谀权势的官吏，形成一股势力，而且大有席卷天下之势。

李义府与杜正伦同为中书令，只是杜早李晚。杜看不惯"人猫"，便不放权给他。"人猫"岂能受这种窝囊气，首先发难。于是，杜、李二人在高宗面前互相攻击，以致大打出手。高宗一怒之下，各打五十大板：杜正伦贬为岭南横州刺史，李义府贬为普州刺史。杜正伦到达横州不久活活气死，李义府第二年就被召回京都，升为吏部尚书，同中书门下三品。

李义府母亲去世，武则天特准葬其母于永康陵旁边，调动七个县的人力及牛车拉土修墓。

没有武则天强有力的支持，李义府是不会发展到连高宗都敢欺的地步。

一次，高宗心平气和地告诫李义府，说："朕听说你的子女们无视纲纪，多有过失，朕都替你包揽过去了。今后你可要对他们管得严一点儿。"

"人猫"对高宗的话不爱听，勃然变色道："谁将此事告诉陛下的？"

高宗说："还用别人说，我早就知道了！"

李义府听后，并不向皇上叩拜，而是愤然离去。

高宗此次谈话不久，术士杜元纪说"人猫"李义府宅第风水不好，需两千万钱方可祛邪。于是，"人猫"更是抓紧卖官，卖了一个司津监竟索贿七十万。最终，东窗事发，"人猫"及其有"四凶"之称的三个儿子均遭流放。"四凶"除，大快人心，百姓竟奔走相告。

乾封元年（666年），李义府死于流放地振州，时年五十三岁。李义府的下场，正所谓"善有善报，恶有恶报，不是不报，时间不到，时间一到，一律报销"。

封赐武氏族人

武则天虽然对自己家的人有看法，但她在宫中朝中也实在孤立。如果武姓没人保护她，支持她，一旦有事，谁又能来保她这个皇后呢？所以，她还是按照中国人几千年来一贯的思维方式，想到了娘家人。一人得道，鸡犬升天。

永徽六年（655年），武则天成为唐朝第三世高宗皇帝的皇后。然而，出身"寒族"的武后之父武士彟的宗亲在相当长的时期内，并没因武则天一人得道而鸡犬升天，荣耀加身。武则天对立后仪典的大张旗鼓，对万民朝见的盛大场面的嗜好，与对武氏一族的冷处理，不仅成为武氏家人心中的疑团，而且引得市井街巷也议论纷纷，难以揣摩其心思。

在武则天立后之前，满朝贞观遗老都以武氏出身低贱为由反对高宗立她为后，这对武则天来说，是不能接受的。在她的记忆中，父亲一辈有四人，即士逸、士彟、士让、士棱。其中士逸为大伯父，父亲士彟行二，其他两位叔父的情况她很少了解，其中一个重要的原因就是：武则天十三岁时父亲去世，此后武氏宗亲对没有为武家生育男性子嗣的杨氏及其三个女儿很少关照，也根本不把她们母女几人放在心上，甚至就瞧不上眼。

在那个时代，女人的命运完全依附于男人而生存。女人没有社会地位，不属于天子的臣民，而只属于男人的妻妾、孩子的母亲和私人财产。因此，女人们也只能以夫荣，以子贵，把一切希望寄托在丈夫和儿子身上。

武则天的记忆中，永远也抹不去母亲向隅而泣的一幕。父亲去世，母亲又不能去依靠父亲前妻所生的儿子过活，在武则天进宫前的一段时间里，这一幕最常见，也最令她难忘。她有时看到母亲哭泣，就恨自己为什么不是个男孩。但袁天罡的话又使她产生一种信念，她相信母亲的苦难终会有尽头，武姓女子也真的会代唐而王，使天下的母亲从此不重生男重生女。

已贵为皇后的武则天，想起自己凄凉的家世不禁连声叹息。父亲生前官至工部尚书，封应国公，还曾做过利、荆二州都督。大伯父士逸，对大唐王朝的创立曾立过汗马功劳，受到高祖皇帝李渊的嘉奖，以韶州刺史终。武则天知道，无论父辈们做多大的官，她都摆脱不了"出身卑贱"的阴影。因为在当时，姓氏成为刻在人们脸上的一种印记，隋唐两代的所谓名门望族是在陇西和山东，连国姓李都没有挂上号。武则天是否有能力改变这一切呢？

武则天对武姓亲戚确实没有什么感情。如果说血浓于水，那么，她与武家的血缘亲情早已被母亲屈辱的泪水冲刷得一干二净。她所以要给武姓封官加爵，也是为母亲计，让母亲在夫家人面前把头抬得高高的。

饱读诗书的武则天知道，外戚的成败在于天子是否明德，主贤，外戚就能与主共其荣；主败，则外戚首当其祸。这时的高宗，最相信她武则天的话，武姓的荣辱当然取决于她一人。她更知道，权力能使人疯狂到什么程度。明察时事的武则天知道，权倾一时的外戚很少有一个好的结局。

自有唐以来，经历了两位品德高尚、母仪天下的皇后，一位是高祖皇帝李渊的独孤氏元贞皇后，另一位是太宗皇帝李世民的长孙皇后。外戚中声名显赫的应属独孤氏的弟弟独孤怀思和长孙皇后的哥哥长孙无忌了。

独孤怀思受人唆使，谋反事发，高祖得其反叛之事而不露声色。

高祖将他召入城时，怀思仍不怀疑他的姐夫，依然是一人乘一叶小舟来见高祖。没想到，姐夫早已六亲不认，独孤氏也救不了弟弟。于是，尽索其党羽，缢死于狱中，后又将他们的首级示众于市井街口。

长孙无忌虽是武则天的敌人，但她并不藐视他。从太宗的"我有天下，无忌力也"一句话中，可知长孙无忌与李唐王朝的关系。这也正像太宗李世民所评价的那样："长孙无忌应对机敏，善避嫌，求于古人，未有其比。"这一评价并不为过。

武则天最崇尚太宗的文治武功，她对国家大事的处置也往往效法太宗。可是以对外戚的态度上，武则天对太宗的所作所为却有一定的看法。贞观以来，就曾有大臣上奏折指出长孙无忌权力过重，欲望太盛，对朝廷造成威胁。可太宗的第一个反应就是把此奏折拿给长孙无忌看，先做通长孙无忌的思想。他说："我与公彼此没有所疑之处，关系就好处了。"

有一天，太宗又在朝堂说："朕年幼时，妻哥长孙无忌于我有大恩，他对待朕就像对待亲儿子一样。"

武则天羡慕太宗与近臣间的这种坦诚的关系。但她也知道，对于长孙无忌，太宗还是过于宠信了。

长孙无忌足智多谋，他怕自己的位置太显眼而招致非议或引来杀身之祸，加上长孙皇后的通达贤淑，她不仅劝太宗，也时常规劝哥哥无忌，要他不要过于揽权。于是，长孙无忌对皇上的封赐常常是辞而不受。即使这样，仍免不了众大臣的排挤与压制。高士廉曾面陈太宗道："长孙无忌以外戚之身位于三公，说闲话者不会少。"太宗当然说他任才不任人，唯才是用。只因为长孙无忌文武全才而多宠信他罢了，并非其他原因。

武则天在走向皇后宝座的几年斗争中，深切认识到了她的第一任丈夫太宗皇帝宠信外戚的遗患。

长孙无忌虽然在太宗驾崩之后的永徽年间，事事依贞观时期的定制，但在处理朝政时仍不免流露出专横和霸气。他的外甥高宗皇帝，只不过是他操纵的一个傀儡皇帝而已。即使现在武则天已经做了皇后，要把权力从位极人臣的长孙无忌手中完全夺回，交予高宗打理，也不是一件轻而易举的事。

前事不忘后事之师。在封赏自家人的时候，武则天异常谨慎。但对她在这个世界上最亲的人，仍是毫不吝啬。在她的授意下，高宗很快下旨，赠九泉之下的先父武士彟为并州都督司徒，并封周国公。她对父亲有深厚的感情。她的权力每扩张一步，地位每升高一次，都要给父亲一些特别的封号。如咸亨（670～674年）中加赠太尉兼太子太师、太原郡王，配享高祖庙，廷列功臣上。垂帘听政后尊为忠孝太皇，建崇先府，置官属。成为女皇以后，她又在东都洛阳立武氏七庙，追册武士彟为帝。她让父亲成为帝王，谁也不能再说她"出身卑贱"了。

在她最亲近的人中，真正能够享受到她的福气的，只有母亲杨氏。现在，她已由代国夫人升到荣国夫人，在宫中建别院，孤独地安度晚年。

武则天的姐姐贺兰氏封韩国夫人，后被害死宫中。

武则天的父辈都已不在人世，能够封赏的只有她的同父异母兄弟武元庆、武元爽，以及大伯父武士逸家的两个堂兄武怀运和武惟良。

武则天立后时，她的这四位兄弟荫承父业，都各有功名。武元庆官宗正少卿，武元爽少府少监，武惟良卫尉少卿，武怀运为淄州刺史。

武氏兄弟这么快就得到升官的诏书，自然非常高兴。往日的姊妹，今日成为皇后，是他们所始料不及的。虽然以前大家过于疏远，但升官的事有多少人能够拒绝呢？即使是承皇后恩泽，也必须要到宫廷去一下，表示自己的谢意。

面见皇后不是件容易的事情。

武氏兄弟四人相约来到荣国夫人杨氏的宅第。毕竟曾在一个屋檐下生活那么多年，彼此相见，还是显得非常亲切和友好。荣国夫人设宴款待了他们。在叙家常中，尊贵的荣国夫人杨氏提起过去的辛酸事，眼泪不禁潸然落下。四兄弟觉得那都是父辈欠下的孽债，虽有些尴尬，但一听杨氏讲起她们母女不计前嫌，以德报怨，抬举他们，他们受不了，于是在杨氏面前讲了一些令人不堪入耳的话，然后拂袖而去。

武则天万万没有想到母亲杨氏以前受武氏家人的气，现在已贵为皇帝的岳母，皇后的母亲，竟还遭武氏兄弟的奚落。于是在武氏兄弟们兴冲冲地赴任途中，圣旨下，武元庆贬为龙州刺史，武元爽贬为濠州刺史，武惟良和武怀运仍留任原职。

这样的结局，谁也没有想到。

武则天虽然对父亲家的人有看法，但她在宫中朝中也实在孤立。如果武姓没一个人保护她，支持她，一旦事发，谁又能来保她这个皇后呢？所以，她还是按照中国人几千年来一贯的思维方式，想到了娘家人，却又不料出了这样的事情。武则天一不做，二不休，违逆她意志的人，不会有好下场。

龙州在今四川省平武县。胆小的武元庆不得不走上南下的赴任之路。诗人有"蜀道难，难于上青天"的喟叹。因此，武元庆一踏上蜀道，就魂归西天了。

武元爽到濠州不久，又被流放到远在岭表的振州。他忍辱坚强地活了下来，但仍旧逃脱不了武则天的魔爪。武则天就像猫一样玩弄着擒在手中的老鼠——武氏兄弟，尽管她最怕猫。她施计毒死了魏国夫人，嫁祸武惟良和武怀运兄弟二人。武则天夺走高宗之所爱，又使武氏兄弟做了替罪羊，冤死黄泉。

武氏兄弟在武则天荣升皇后之后，加官晋爵是情理中的事。但他们官没升成，又突然遭贬，成为满朝文武议论的话题。人们实在解不开这个谜团。

武则天知道，这个谜只能由她来解开。不久，通过李义府和许敬宗等人的口，宫廷内外，尽人皆知：武皇后豁达明理，极力阻止高宗皇帝对皇后宗亲的封赏，而力主让他们凭借自己的能力来开拓前程。随之，人们在无聊之中对前世近世的皇后、外戚开始大加评判，这无意之中就是对武则天的褒奖。同时，善于避嫌的长孙无忌就难以避开这一劫了。武则天的计谋很周全。

武则天确实考虑得很周密，该打击的一个不漏，但对武元庆等人的贬逐会不会让武姓家乡的人有被遗弃的感觉呢？她虽然从来没有去过父亲的故乡，但那里的人们肯定会以她为荣，何况那里安葬着父亲的英灵呢！于是显庆五年（660年）二月，武则天与高宗冒着北方干燥寒冷的气候，来到了山西文水县。

为了表达她此次重返故里的心情，她愿意接见来自家乡的每一位妇女，对全并州八十岁以上的妇女授予正四品。

就这样，武则天认为对她驱逐外戚的行动弥补得很圆满。

可是，驱逐武氏四兄弟以及对他们的谋害，使武则天常常感到失去了娘家人，失去了最后的靠山。对一般的妇女来说，娘家没人，就完全失去了后台和安全的保障。

六、并称"二圣"

"二圣"还是"一圣"

高宗皇帝一生有十四个皇子，由十个母亲所生，其中四个为武则天亲生。如此看来，对高宗的性爱生活，武则天也牢牢地控制在手，甚至达到了纯粹的一夫一妻制，就如同他不是皇帝，而是一介农夫。从这方面说，所谓并称"二圣"，高宗也是徒有虚名。

高宗和武则天并称"二圣"，是情愿的，也是不情愿的。现在我们来解这个谜。

高宗皇帝三十三岁时，越发衰弱多病，体力不支，已很难直接掌管朝廷大事。

永徽五年时（654年），他就患了严重的晕眩病，并伴随着关节炎不时复发而引起头痛、腰痛和背痛。两年之后，两臂开始麻木，时病时好，无法痊愈。他现在已无法在早朝时接见群臣，批阅奏章，即使坐朝，精神也难以专注。皇帝身体日亏，皇后之势则日壮。于是皇帝与皇后之间的秘事，以致家庭生活，便成为朝中大臣和普通百姓关注、议论的话题。

在皇宫中，高宗皇帝整日郁郁寡欢，难开金口，日子过得非常冷清寂寞。他虽然也像历代帝王一样，有四妃、九昭仪、九婕妤、四美人、五才人等八十一御妻，可在武则天的阴狠嫉妒之下，纵使将全天下的美女送入宫中又有何用呢？宫中的嫔妃们，只要记得王皇后和萧淑妃的命运，就不寒而栗，哪还敢与真龙天子同床而眠，充分享受雨露之恩？这或是武则天得权之后，高宗的孩子皆为武氏所生的一个重要原因吧。这种情形对史学家们来说，亦不可思议。高宗皇帝一生共有十四个皇子，由十个母亲所生，其中四个为武则天亲生。如此看来，对高宗的性爱生活，武则天也牢牢地控制在手，甚至达到了纯粹的一夫一妻制，就如同他不是皇帝，而是一个乡村的农夫。从这方面说，所谓并称"二圣"，高宗也是徒有虚名。武则天认为，宫中的女子太多，有损皇上的健康，必须彻底扫除旧制，进行新的宫中改革。皇妃、昭仪、婕妤、才人、美人，在武则天倡导的新生活运动中被革除。同时，为了树立所谓的新风尚、新道德，武则天创立了一种新的制度，除将嫔妃的数量削减外，还将皇妃改为二人，名曰"襄德"，官居一品；二品以后的四人，名为"劝义"，其意思不言而喻，要教这些人规劝皇上居德行义，不可跨越雷池。其他宫女也各司其职，卧房婢女的任务是照顾衣橱，登记礼品，传达圣命，跑零碎差使。这样一来，皇宫之中仁义道德之风蔚然盛行。具有至高无上皇权的高宗皇帝，在皇宫中也就变成了一只可怜虫。

不过，有一特殊情形打破了这一惯例，使武则天陷入尴尬境地。事情是这样的，武则天原有姐妹各一人，妹妹早年亡故，姐姐嫁贺兰越石，丈夫亡故，她便孀居在家。后因武则天被册封为皇后，她被授封为韩国夫人。正是由于这层关系，她才得以自由出入宫禁，不受宫廷宵禁的限制。皇帝和皇后同桌进餐时，她常陪侍左右，在宫中也安置有居室。天长日久，苦闷彷徨的高宗，不禁对她产生了爱恋。据后世传说，太子贤就是韩国夫人所生，而非武则天的亲生子。

在皇宫之中，武则天为皇后的十年间，常出现宫女嫔妃吃食物暴卒之事。韩国夫人有一天也中了毒，口吐黑色污血，倒地抽搐而死。韩国夫人的死也许是巧合，可后来有些与高宗亲近的女子也常常不明不白地因同样原因而死。在御膳房里，这种阴谋很难得逞，因为皇家设有专门官员在厨房监视烹饪，防备极为严密。面对韩国夫人之死，高宗气闷异常，可又不敢追查，她可是皇后的亲姐姐呀！

韩国夫人中毒暴毙，在高宗与武则天的关系史上曾引起一个突然的变化。高宗现在孤立无援，无人可与之畅谈，也无倾吐心里郁闷的对象。后来他续情于韩国夫人的女儿贺兰氏，并称之为魏国夫人。当她被册封为魏国夫人之初，也曾惊艳六宫粉黛，然而令人唏嘘的是那可怜的母女俩最终殊途同归，魏国夫人死于同样的另一蹊跷的毒宴。据内侍省记录下的凶犯是武惟良和武怀运。那是武氏家族的一次家宴，但是一碗肉汤却是有毒的，魏国夫人喝了肉汤，也像她母亲那样口吐黑血倒在餐桌之下。大义灭亲的武则天随后立即处斩了疑凶她的两位堂兄弟。凶手虽被斩杀，高宗皇帝却觉得四周的墙垣越逼越紧，在大庭广众之下，他这个堂堂的一国之君竟要仰承皇后的鼻息，俨然如臣属。他在宫廷中的一举一动，也受人严密约束，在他心里异常憎恨谋害自己情人的那个貌美异常的皇后，敢于动手毒杀自己的同胞姐姐。他心里很不安，很难过，因与韩国夫人的私通，竟使她一命呜呼。昔人香消玉殒，他觉得羞愧和胆怯，他更害怕被武后媚娘的毒肠算计。

虽说为缅怀韩国夫人，高宗将韩国夫人的妙龄美貌的女儿封为魏国夫人，也未使他从深深的眷恋中挣脱出来。他的脾气变得很坏，动辄发怒，难得有片刻的安宁。

一个精明强悍的皇后，使身为大唐天子的高宗失去了昔日的风采。在她跟前，高宗不能松懈一点，不能有一霎时的放荡，高宗对武则天开始产生厌烦情绪。于是高宗在自己一生的政治生涯中策划了一次革命，也是最后的一次革命。事件的发生经过是这样的。据说，蓬莱宫是为高宗的健康状况而修建的，因为他不断头晕，肌肉麻木，无力支撑身体。但有关史料这样记载，隋朝留下的旧宫中老是出现惨死女人的阴魂，夜夜哀号，凄厉声使人毛骨悚然。武则天为避邪，才大兴土木盖一所新式的宫殿。然而，新宫并不是一座新房子，而是在大明宫不远处的一个较高的土坡上，里面有整套新格局的大厅，有坐朝的大殿，有专门的住宅，有花园，靠东边有为太子特别建造的宫院。说来，这一座宫殿要比原来的大明宫豪华奢侈得多，是由京都附近十五省征来的十万民工建筑而成。文武百官奉令捐献一个月的俸饷，补足经费的不足。高宗当初认为扩大改建，花费太大，必须征求众大臣的意见，武则天却认为高宗优柔寡断，处事不力，不能体现皇权，就哭闹道："只要一天住在这阴暗潮湿的宫殿里，我就一天为那些淫秽的鬼魂所折磨。那些鬼魂仿佛整日都在我身边出现。"看到武则天满脸忧虑的神情，高宗又同情，又害怕，只得全盘照办。新宫殿的一切都要变成崭新的，比从隋朝接收来的旧宫殿富丽堂皇百倍，令武则天大为愉悦和惬意。

武则天在宫廷遍布爪牙，安插亲信，对高宗既拉又打。但她现在还不能太明显，也不能把高宗完全放弃，这样对她的整个计划十分不利，也难得到大臣们的同意。同时，为了在家庭生活中占主导地位，她已把高宗折磨得忍无可忍了。她喜欢新建的宫殿，新奇的官衔，新奇的事物，还有一切新奇的东西。在高宗龙朔二年（662年）二月初四，武则天把文武百官的官衔再议之后，多有更改，但过了八年之后，又重新沿用旧官名。她深信自己的命运，她喜欢一切上天的征兆，真心也罢，假意也好，一切随心所欲。她常更改高宗的年号，就是亲政显威的表示。有一次，一个外省的农夫在洪水泛滥的时候看见一条鳄鱼，那条鳄鱼在浑浊的洪水里看上去像一条龙。武则天得知后，认为是帝王祥瑞之兆，遂把高宗的年号改为龙朔。新宫中的朝议大厅含元殿建成的时候，她又把高宗的年号改了一次。据说孔圣人降生之时，曾有灵兽麒麟出现于壁上，这次有人看见御膳房抛弃的一个鹿趾，好像是麟趾，武则天宁信其有，又把高宗的年号改为麟德。

将皇帝的年号一改再改的情形愈演愈烈。

武则天个人所使用的年号更多。她相信文字的魔力，她一生更改的皇帝年号总计有十七个，真可谓历史上的奇闻。

然而，好景不长，刚迁入的新宫殿又闹了鬼怪，使武则天心神不宁，坐立不安，茶饭无味。万般无奈的情况下，武则天找了一个叫郭行真的道士，画符念咒，燃烧狐符。这种令人怀疑的举动数夜相连，犹如鬼火一般。这些夜间的活动武则天是何意，谁也猜测不到。一夜一夜的，只有武则天和郭道士在一起。据说，除武则天外，任何人不能靠近，否则便不灵验，鬼魂便不肯离去，非得万籁俱寂的子夜时分才行。

武则天和道士秘居室内的事，由太监王优胜奏明高宗。高宗听后大怒。她一个皇后，与道士秘密相会姑且不提，仅凭求男巫和术士占卜的做法就犯了大忌，王皇后不也是因此罪名而死的吗？

武则天经常以保护龙体健康为借口，使天子身边连个嫔妃都没有，对其他事情也常常加以限制。高宗早已怒不可遏。于是，日积月累的不满情绪，终于在这一时刻爆发了，他大声叫道："她是想咒死朕啊！"

家庭地位日渐低落的高宗并没有足够的勇气将武则天找来细问缘由或痛骂一顿，自从韩国夫人死后，他和武则天的夫妇之情已流于形式。他怀疑是武则天杀死了自己的亲姐姐。高宗已经看出她的铁石心肠，她的个性就是狡诈刁钻，野心勃勃，凶狠残忍，而且妄自尊大，想独霸天下。当年对高宗逢迎阿谀、曲意奉承

邬道士作法驱鬼

的武才人，现在对高宗傲慢不恭，有时又像训斥孩子一样教训皇帝。至于她和高宗的房帏之事，高宗对武后已经很冷淡，正如武则天对高宗一样。高宗多么向往自由，多么向往女色呀！可是他又怕武则天，若把武则天给废掉，并像对待王皇后那样以同样的罪名，他不就自由了吗？确实，自拔除了眼中钉长孙无忌之后，唐高宗李治终于如愿摆脱了遗老们的包围、束缚和挟持，可以任意行使皇权了。但大功告成，却使武则天得志，反过来又牵制于他，使他仍不能舒心畅快地做皇帝。这对于一个年轻的君主来说，是无法容忍的事，此时又正好发生了武则天引邪行真入禁宫的事，看来矛盾要爆发了。经过权衡斟酌之后，他决定密令当时刚升为宰相的西台侍郎同东西台三品的上官仪，提出废后奏章。

上官仪是唐初著名诗人，尤其擅长五言诗，后人称作"上官体"，且为人们爱好和模仿。这样一位诗人在毫无思想准备的情况下突然被天子单独召见，并且安排在极其秘密的地点。当然，这位诗人与皇上的意见不谋而合，力主立即废掉武则天，重振大唐基业。

不过，废后之举也并非他想象的那么简单，更不会像以前囚禁王皇后和萧淑妃那样容易。夜晚，一丝丝寒风吹来，高宗坐在书案前，那道已拟好的圣旨放在书案上。他心潮起伏，心绪久久难以平静。确实，当他意识到武则天的无情和野心时，萌动了废黜武皇后的念头。他要毫不留情地铲除她，把她的罪恶之心消灭在萌芽状态，不致危害大唐江山和自己的皇权。然而，软弱无能的高宗再一次放弃了这千载难逢的机会。他犹豫不决，彻夜难眠。

上官仪的草诏墨迹未干，武则天已赶赴到内宫。她的两眼放射出愤怒的火焰，她对自己母仪天下、为国分忧的种种举动作了一番激烈的表白。她的凶悍令高宗惊惶不安。她在泪洒甘露殿之余，对王朝的积患和瞻望极具说服力的表述，使高宗心有所动。他处事不决的性格又一次暴露在武则天的面前。于是，他将诏书一把撕得粉碎，片片纸屑飞满殿堂。

经过武则天的教训，这时的高宗皇帝竟像孩子似的承认错误，并把上官仪作为替罪羊给扔了出去。

武则天凭着女人极为敏锐的眼光和恶毒手段，把她一生中的又一次危机消除掉。她驾驭高宗的办法多种多样，似乎每一次都易如反掌，最终保住了她在皇室中的至高无上的权力。高宗皇帝为什么如此害怕武则天，整个宫廷上下没有人知道，一切似乎都很神秘而又不可逆转。假若她是一个平庸的女人，假若高宗是另外一个皇帝,情形就可能大不一样了。不过,这次高宗萌发废除她的念头,倒使她吃惊不小,她甚至连想都没有想过。回到后宫,她紧锁额头,沉思良久。她想不到竟有人敢污辱她,想将她消灭掉! 这种事情,以后绝对不能再发生。

历史上,所有宫廷风波都有可能导致一大批人脑袋落地,因为按照通常的解释,那都与篡夺权力的阴谋有关。上官仪以谋反罪被斩杀在长安的街市上。他的儿子上官庭芝下狱而死,上官庭芝之女,著名的才女上官婉儿这时刚出生不久,还在襁褓中,也随母亲一起没入掖庭为婢。百姓们只闻说上官仪之死缘于他对皇后的敌意、蔑视和攻击,却没有人知道他正是被高宗皇帝随手出卖的一条狗。宫廷斗争,就是这样残酷无情,夫妇之间亦如此。

诗人上官仪之死,在高宗当政掌权时期正好画上一个段落,他们的夫妻生活也开始了一个大转折。高宗要摆脱武则天的专制的决定还不到几个时辰,与武则天的交战才刚刚开始,就败下阵、落下马,最后的一次反抗终于告终。从此,在朝议之时,在"辅弼龙体"的堂而皇之的名义下,武则天坐在了紫纱之后,参与国事和大臣的朝拜。从翠帘中,文武百官常常听到一个女人洪亮的发号施令的嗓音。那就是强硬的武则天。久而久之,习以为常,便成了定例,没有一个大臣敢于上奏折对此事予以抨击了。

在大殿内,由于东边有高宗身坐龙椅,西边有武氏紫纱后听政,所以称为"二圣"。在正式公文上,为方便批阅和御览,朝臣都称高宗与皇后为"二圣",不再单称皇帝陛下高宗了。

现在,高宗在大堂之上像摆设的一个装饰品那样,坐在御席上,不表示任何意见,政治大权完全旁落武则天之手。

不少大臣心里非常愤慨,但看到上官仪的下场,只要接近或同情高宗,或受高宗信赖,立刻惨遭不幸,而且不止一个人死就算了,甚至连累整个家族,祸及子孙和亲友。如此满门抄斩,对不起祖宗啊! 大臣们只好把不满与愤怒深深地埋藏在心间,怒而不发,敢怒而不敢言。

高宗要废黜武则天,出乎她的意料,惊吓之余,她明白高宗已经失去了昔日恩情。为牢牢抓住高宗,保住自己的皇后之位,武则天忽然想到如果换一下环境兴许对她和高宗都有益处,最起码可以忘记那些曾经发生过的不快。于是,在高宗谋划废后的半月之后,夫妻二人出发前往东都洛阳。

洛阳离长安两百里地,这种长途跋涉,正好使高宗的忧郁症放松一些,家庭内的一系列矛盾和争吵自然也就淡忘了。

这次圣驾出巡，高宗皇帝和武则天皇后的心情都不错，家庭矛盾似有所缓解。同时，武则天也一向喜爱洛阳，愿意选择为新的国都。趁着此次出巡的机会，武则天便下令在洛阳建一座新宫，名曰乾元殿。

地位的稳固，使武则天能够抽出精力开始编写另一本书《列女传》。确实，武则天在被逼迫之下所做的那些微不足道的谋杀，算不了什么，她志不在此。她真正关心的，并且唯一觉得有兴趣的是大唐帝国。她的秉性是统治，是征服，是攫取权力。她熟读孔孟和佛典，背诵《韩非》，她可以随意地引经据典，藻饰自己，但其目的只是为了权力。总之，她醉心于权力，醉心于统治。其实，高宗早已徒有虚名，"二圣"已变为"一圣"，那就是武则天。

子女生死劫

太子弘死的第二天早晨，高宗向群臣宣称要退位，以示反抗，让大唐帝国就此灭亡吧！他悲愤交加。他的退位使群臣大惊，他说要把帝位让给武后，横竖她一向就统治着大唐的天下。太子弘遇害，对高宗的精神打击实在太大了。

据《旧唐书》上的记载，麟德元年（664年）三月，武则天的长女被迫封为安定公主，谥号思。这个长女思就是谜一般猝然死亡的小公主。对高宗来说，应该是三女，对武后则是长女。从有关武则天所生长女的记载可看出，也可推断出大唐帝国的权力已从高宗那里转移到了武则天手中。同时，次女太平公主诞生的日期，应该在龙朔三年（663年）六月即旭轮诞生一年后，到麟德元年（664年）的三月之间。

历史上，朝廷最大的政治把戏和焦点往往是太子的确立与继承皇位的问题，高宗皇帝虽有许多儿子，但都不过是武则天脚上踢来踢去的皮球。因为皇帝终究是要死的。这样，选择一个年轻的、性格又柔顺的皇子继承大统，对武则天独揽大权至关重要。不幸得很，皇子弘及太子贤都不是性格柔顺者，都已成年，各有思想和己见，并受某一派系操纵。先是武则天自感业寺回宫以前，高宗已有四子：燕王忠、原王孝、杞王上金、邹王素节。燕王忠受迫害而死，原王孝二十岁时因病而逝。武则天把另外两个王子打发在外，恶意排斥，严禁再回皇宫，即使去封泰山的大典中也不许其参与。邹王素节乃萧淑妃所生，年最幼，人亦最老实，乾封元年（666年），高宗招素节入朝，武则天则谎称素节有病，不能入朝。不久，武则天削去了素节的王爵，停其年俸，贬谪在江西的一个小县，离京都数千余里，禁锢终生。

那么，武则天亲生子女的命运又如何呢？

太子弘，武则天的长子，据传说和时间推算，实是一次隐秘的宫廷乱伦的产物。他的生命就孕育在长安城感业寺的禅床上。这样的记载虽缺乏真凭实据，但在当时的民间歌谣中，它像一块黑色的标签贴在了弘的身上。不明的出生地，使他在蓬莱宫的兄弟姐妹群中形成一种抑郁的性格。

据说，有一个叫独孤义的宫吏，曾是当年高宗的贴身太监，对感业寺数年的前因后果了如指掌，然而没过多久他就暴死在宫墙外的御河里。他曾私下传言，永徽二年（651年）的一个炎热夏日，长安祭奠先帝太宗皇帝的锣鼓骤紧骤歇，宫院内外香烟依然缭绕，年轻的高宗皇帝微服私访感业寺。在一群古怪的女尼中间，先皇时期的才人武媚娘，以其美丽和沉静深深地震撼着高宗的心。那个白布裹头的女尼未施脂粉，凤目宽颐之间凝聚着一半倨傲一半妩媚，而她黑衣里丰腴成熟的胴体分明向高宗倾诉着什么。不久，在尼庵里就孕育出了弘的生命。

事后，宫人们才知道武才人重返宫门得益于王皇后和萧淑妃的一场宫闱之争。可以想象，两个女人争夺后冠的斗争是如何地残酷，并最终把武则天请了出来，希望她能做调和人。事与愿违，不久之后，武则天却比她们二人有过之而不及，更加积极地加入到这场惨烈悲壮的战争中，并最终渔翁得利，当上了皇后。当时，朝廷重臣都被卷入到这场纷繁复杂的权力之争中，并为此付出沉重的代价。当太子弘三岁时，武则天正式做了大唐皇帝高宗李治的皇后。第二年，高宗即废太子忠，正式立武后嫡出的长皇子弘为太子。

随着年龄的增长和人生阅历的加深，自幼研习儒学，深受儒家仁义道德思想影响的太子弘，对公卿大夫、儒学之士、朝廷大臣倍加尊敬，礼贤下士，深受朝臣们的爱戴和拥护。慢慢地，太子弘成为门阀贵族等保守势力的代言人。当其母亲武则天抑制关陇贵族、实行新政，或有重大事情需调整时，他们便巧妙地煽动太子，借以达到自己的目的。其实，武则天和太子之间的政治主张，有时是对立的，甚至常常不欢而散。于是，皇后与太子彼此之间的感情，也因其母子关系不和而变得错综复杂、微妙和凶险了。当然，作为封建帝王的儿子，生下后便交给奶妈抚养，尤其是太子，到三四岁时便交由学问高深的宦官负责教导，游玩的对象也多以宦官为主。长大后，出外设立王府，也有文武百官侍奉左右，并继续研修儒学和治国之道。因此，除去幼儿时期，长大以后由于君臣界限十分严格，自然接触父母的机会就少，骨肉之情也异常淡漠。

对于武则天来说，对第一个孩子总是有着特殊的感情。同时，太子弘于她有着更深刻的意义，要知道，他可是母后打破传统世俗观念和偏见，在感业寺的尼庵中孕育的生命呀！或许正是他而使母亲因祸得福，最终第二次返回富丽堂皇、多少人梦寐以求的皇宫中。武则天还因为这个孩子，克服了一切困难挫折，甚至不惜以谋杀手段，登上皇后宝座。可是，也不知从什么时候开始，当太子弘觐见母后时，总是用审慎和怀疑的目光盯着她，使她有如临大敌的感觉，甚至感到了权力的不稳。

咸亨二年（671年），太子弘已经二十岁。武则天开始为他的选妃问题殚精竭虑。她最初为他选定的东宫妃是司卫少卿杨思俭的女儿，她的美貌倾国倾城，使当时的王公大臣、庶族贵族可望而不可即。当婚期已定，正待发布时，一个可怕的消息犹如晴天霹雳传到武则天的耳朵中。原来，据宫廷密探通报，杨思俭的女儿与长安有名的风流浪子贺兰敏之私通，而事情又正好发生在她内定为太子妃之后。贺兰敏之是已故韩国夫人的儿子，也是武则天的亲外甥，因他一直怀疑韩国夫人的中毒事件与武则天有关而怀恨在心，武则天也对这个风流浪子恼怒不堪，直恨外甥不争气。她想，外甥贺兰敏之兴许正是对她的"大义灭亲"之举的愤怒，才采取此等报复手段。这一私通事件本身就是对皇权的一种蔑视和挑衅。当然，这一事件的直接结果，就是武则天把司卫少卿杨思俭召来痛斥一顿，并取消了这门亲事。对贺兰敏之的处罚最严厉，他身绑铁链，被关闭在禁锢动物的栅栏内，发配到遥远的岭南。一天，在长达一个多月的长途跋涉后，在距雷州一千多里地的韶州（今广东省曲江区），他终被护送他的士卒以马缰勒死，尸骸弃于路旁，任由鸟兽啄食。据说，有一家野店酒肆用贺兰敏之的尸肉做成人肉包子，卖给路上饥馑的贩夫走卒。对于司卫少卿杨思俭女儿以后的情况，有人说父亲得知其女儿行为不检点，悲愤之余令其自杀。另一说是，父亲得知女儿给杨家丢了脸后，便宣布断绝父女关系，并将其送到偏远地区的一座尼姑庵中削发为尼，抚养她成人的奶妈也被处死，落个身首异处的悲惨下场。

太子弘二十二岁那年，才在母后武则天的安排下，与裴居道将军的女儿完婚。

裴将军的女儿虽不如杨思俭的女儿那样国色天香，容姿秀丽，但性情温柔贤淑，知书达理。她在侍奉太子时，也能够小心翼翼，恪守妇道，深得满朝官员的交口称誉。

当太子弘悉心研习治国之道时，祖父太宗的仁厚爱民的德行就已在他身上显现出来。由于当时士卒很苦，常常出现逃跑事件，按照大唐政令军纪，这些逃兵的妻女将被没官为奴，逃出的士兵一旦返回故里也将就地斩首。太子弘恳请高宗废除将逃兵的妻女没官为奴的条令，他引用《左传》说的"当杀不辜，宁央不经"，其意思是说，宁可放宽法律的限制，也不可滥杀无罪之人，并请求颁布有关失踪士卒的详细解释条文，以不同的情况区别对待。因此，正是太子弘的仁爱，很多士卒的妻女得以免除耻辱、劳苦和奴役。

咸亨三年（672 年）的一个冬天，于前年大旱之后，接着又出现了冬季的大饥，西北各省人民不断死于饥饿和贫寒之中。具有菩萨心肠的太子弘，立即吩咐手下打开自己的仓廪，将大米分发给饥民。

他这种性格与其母后武则天截然不同。

他善行仁政，维持纲纪，痛恨谄媚的小人。有一次到东都洛阳，他发现萧淑妃的两个女儿义阳公主和宣城公主因亲生母亲的缘故，一直被幽禁在后宫无人照料。她们年龄虽然已近四十岁，但尚未完婚成家。出于同情之心，他向武则天反映，并说："男大当婚，女大当嫁。为什么两位姐姐不出嫁呢？把她们两个嫁了人，母后也没有什么损害呀！"武则天面对自己亲生儿子的发问，竟一时不知如何回答是好。

几天后，武则天就亲自为义阳公主和宣城公主操办婚事。她为两位公主择婿的驸马是两个下等的禁军士卒，义阳公主嫁给了权毅，宣城公主嫁给了王遂古。两位公主的婚嫁在当时成为朝野的笑谈。之后，权毅和王遂古的名字便成为行路拾金的象征。此后不久，太子弘的两位同父异母的姐姐便随俗野之夫远走他乡，杳无音讯了。

把公主下嫁卫士，当然不妥当，因为她们毕竟是皇帝的亲生女儿。可是武则天觉得自己是条龙，别人竟敢抚摸她的鳞——她不愿意自己的行为受羽翼未丰的儿子的批评。

咸亨三年四月，皇宫里又发生一起不可思议的谋杀案，被害者是高宗皇帝的儿媳妇，周王显之妃。太子弘大怒，他的妻子裴氏也伤心落泪不止。这个被害的赵氏的生母是太宗的长女长乐公主。长乐公主出嫁后，新近常到宫中走动，并常和高宗皇帝在一起，似乎与高宗相处很好。在武则天的政治生命中，绝不容冒险之人介入，哪怕他只是有一点微小的举动也不行。于是，她把长乐公主和她的丈夫派遣到外省为官，禁止他们再入宫廷。长乐公主个人的事情当然与女儿无关，可是她还是被监禁了起来，过了几日，就被毒死。

太子弘怒不可遏，他无法容忍母后的阴谋诡计和滥杀无辜，难容她残忍的手段和做法。

他找机会向武则天陈述其事。

武则天听后说道："你退下去吧！"声音阴森恐怖，脸绷得狰狞凶狠。

在这之后的第十八天，太子弘在陪同父母驾临合璧宫时，因一次夜宴中毒而亡，且又是"吃错了东西"。凡武则天不喜欢的人都会吃错东西，平白无故地命归西天。有一句老话叫作"虎毒不食子"。若说是武则天把自己的亲生儿子毒死，不是太荒谬绝伦的事吗？然而，从另一角度看，拿测量普通人的尺度来测量武则天，也可说是荒诞无稽的事情。在那个时候，虽说皇子们就是武则天最大的财富，是她一生赌博的政治资本，可是她有那么多的儿子，牺牲一两个又有何妨！

太子弘死的第二天早晨，高宗向群臣宣称要退位，以示反抗，让大唐帝国就此灭亡吧！他悲愤交加，他的退位使群臣大惊，他说要把帝位让给武后，横竖她一向就统治着大唐的天下。太子弘之死，对高宗的打击实在太大了。青竹蛇儿口，黄蜂尾后针，两者皆不毒，最毒妇人心。

太子弘死后不久，贤登上太子宝座。可是，武则天似乎不是特别喜爱这个孩子。太子贤精力旺盛，对宫廷之事早已有了自己的观点和看法，究竟谁是他的生母，他心里也许已经有所猜疑。这种怀疑心，几乎使他在武则天面前露出愠色。他清楚，韩国夫人很有可能就是他的生身之母，是被武则天谋杀的。他的多疑，引起了武则天的警觉和不满。在一般情况下，按照武则天的性格，遇有无法躲避的事情，她绝不躲避，也绝不退让。对太子贤的疑心，她现在能做的也只是采取严密监视的手段，观察其动静，以便稳操胜券。高宗皇帝的寿命似乎也不会太长。武则天制订过一个宏伟计划，在高宗驾崩之后，她要以儿子统治为名，自己以皇太后的身份执政。放弃已到手的权力，退而闲居度日，不是她武则天的性格，也不是她所能忍受的。按她的想法，立个幼子，就可以善言诱骗，支配左右，就像管束高宗皇帝一样。

在所有的儿子中，高宗对六子贤情有独钟，或许是由于贤自幼聪慧、善解人意的缘故。也有一说是，贤的另一半血脉可能来自于高宗深爱的韩国夫人武氏，就是武则天的胞姐，那个容貌姣美的寡妇。

据说，太子贤在高宗到昭陵祭祖的归途上呱呱坠地。那时候，武则天与姐姐韩国夫人陪同在高宗身边，人们依稀记得武家姐妹的两辆车辇都用棉布篷遮蔽得严严实实，不露一点气息。同行的宫人和侍卫都听见婴儿哭声，是从姐姐武氏乘坐的车上传出，但是中御少监向高宗皇帝奏称武则天又产一皇子，所以随行之人则以为是武则天又添新皇子了。

宫人们似乎无法相信母仪天下的皇后武则天，在小公主猝死后的寥寥数月中再怀身孕，添一龙子。因此，众大臣和宫人们议论纷纷，说在昭陵产下的小皇子，必定是一段充满传奇色彩的秘密。有一次，太子贤正在宫内玩耍，远远地看见两个小宫女对他指手画脚，他就想过去问个明白。两个小宫女竟然拾裙而逃。贤觉得这件事情奇怪，问陪伴在身边的宦官。宦官们却连声称赞皇子英俊飘逸。这使贤觉得莫名其妙。

贤少年时就是个多疑的孩子，那两个小宫女奇怪的举止给他留下了深刻的印象。但那时贤正承欢于父皇母后的膝下，他并不知道有关他的身世的故事正在宫中悄然流传，乃至后来，太子贤发现母后注视他的眼神远不及父皇那样慈祥和善，远不及她对哲、旦和太平公主那样柔顺可亲，他开始猜想和怀疑。但他当初仍相信那是一个独断的母亲对不听话的儿子的挑剔和怨恨，是一种别样的关心和疼爱。但不久宫中的风言风语不断传到他耳中，使他觉得一定有蹊跷之事瞒着他。于是，太子贤想到被他视为知己的太监赵道生。他让赵道生无论如何把此事搞个水落石出。哪知，贤的话音未落，赵道生已脱口而出，说道："太子殿下不用探听，奴才悉数尽知，只是不敢如实相告。否则奴才全家性命不保呀！"

什么事情可以隐瞒东宫太子呢？太子贤对赵道生大声怒喝，叫他如实说来。

赵道生泪如雨下，不得不向太子透露了那个传说中古怪的秘密：他不是武则天的亲儿子，而是韩国夫人所生。听到事情的真相后，他大惑不解，悲痛欲绝。经历过此事后，太子贤对母后开始存有的戒备心理日趋加重，这种戒心在太子弘暴死合璧宫后愈发强烈。太子贤尽量减少去洛阳东都与父母的相聚，有时甚至是

武则天毒死太子弘

完全有意识的躲避。特别令武则天震惊的是，太子贤竟然两次有意避开她精心张罗的家宴。武则天知道，他们母子间的关系已名存实亡了。她曾经刻意向太子贤回忆当年在驿路上临盆分娩的种种艰辛，然而贤只是默默地倾听，从不多说一句话。武则天从贤英俊瘦削的脸上感觉到了怀疑、隔膜和拒绝。太子贤久居东宫，对高宗和武则天所在的东都洛阳无所眷恋，对母后擅权、妄自尊大、想独霸天下的所作所为更是不满。这一点，高宗也觉察到了。当高宗向武则天念叨几里之外的太子贤时，武则天无法掩饰对贤的不满和怒气。于是，武则天挑拨是非，说道："贤在长安临朝固然可喜，但陛下不觉得贤有违孝道吗？"

太子贤的最终命运，先废为庶人，后自缢身亡。他被草草地埋葬在远离京都的边远地区巴州。

对儿女不断的打击，保住了武则天的地位。

咸亨五年（674年）八月十五日，武则天完成了由"二圣"统治到"天后"统治的过渡，下达圣旨：今后皇帝称天皇，皇后称天后。当日，她又将皇帝的年号改为上元。此后日日临朝，完成了她多年来苦心竭虑的篡权阴谋，大唐的历史也从此颤抖了一下。

上元二年（675年），高宗借口自己得了目眩症，头痛恶心，曾明确建议让武则天代他处理国家大事。特别是太子李弘的死，对高宗无疑是一沉重打击。一年多以前才为东宫纳妃完婚，他像安排好后事似的，以为从此可以高枕无忧，由儿子代替自己行天子之职了，不料嗣子先亡。虽然他马上又改立次子李贤为太子，但由于母子关系，这一想法最终未能如愿。万般无奈之下，高宗开始产生把权力交给皇后武则天的念头。

据《新唐书·武则天皇后传》记载："帝将下诏逊位于后。"这件事发生在皇太子李弘死后不久，可见太子的死对高宗的打击很大，使他想尽快摆脱朝政事务，心安理得过舒心日子的梦想化为泡影。当然，关于这次事件历史上有两种不同的说法：一是摄政说，二是逊位说。但不管怎么讲，摆在唐高宗面前的问题，都是两难的、痛苦的。

这是一个重要的信号。它至少表明武则天能不能当皇帝，在唐高宗的思想里已不成问题，最起码是一种默许。这在封建社会的等级观念和男尊女卑的思想意识中，是一种进步。皇帝破天荒地提出让位给皇后的意见虽被宰相们否决，但随着武则天政治实力的稳步提升，并逐步控制住外廷时，朝中大权实则早已归她所

太子贤自缢身亡

有了。特别是在"天后"时期的十年间，她的政治手段更加险恶、圆滑，并最终为她当女皇开辟出一条坚实的路子。

武则天是个政治高手，但她又是个女人，她把手腕强硬和感情温柔融为一体。弘道元年（683 年）年底，高宗的病情开始恶化，武后守候在高宗身边，心乱如麻，却一点法子都没有。气息奄奄的高宗感到生命的历程已走到了尽头。"皇后，召裴炎进宫吧。"武后知道他要干什么，走出宫去。宰相裴炎连夜匆匆进宫，见皇上病体支离，一下子扑到床前，泣不成声。高宗口授遗诏，裴炎取来纸笔，端坐病榻前。高宗断断续续地说道："朕承天命，掌此大宝，幸得天后与众臣辅佐，拯苍生之已溺，救赤县之将焚。朕归西之后，七日而殡。天下至大，宗社至重，执契承祧，不可暂旷。皇太子可于枢前即皇帝位……"

裴炎笔录之后，又泣声读了一遍，高宗点点头，无力地合上了眼睛。这天夜里，也就是弘道元年十二月二十七日夜，高宗皇帝与世长辞，享年五十六岁。

七、临朝称制

《讨武曌檄》

多年来的怀才不遇及积怨，使得骆宾王义无反顾地加入到李敬业的反武大军中，并写下闻名于世的《讨武曌檄》。

高宗驾崩，武则天临朝称制，引起一部分朝臣的不满和诋毁，特别是早已对武则天耿耿于怀的英国公李敬业等人，借此机会极力攻击武则天。李敬业任眉州刺史，但这次却受一个犯罪案件的牵连，被贬往岭南任柳州刺史，其弟李敬猷也被罢官革职。同时，受牵连的还有：给事中唐之奇被贬往括苍当县令、詹事司直杜求仁被贬到黔州当县令、御史魏思温被贬到盩屋任县尉。严厉的降职处置，使得他们产生了极大的不满和怨恨。他们原本就是非常要好的朋友，现更因同病相怜而抱成一团，彼此之间经常用书信互相联络。时隔不久，他们互相商定在扬州聚会。好朋友相聚如同手足，更何况是患难知己。三巡酒过后，一个个脸红耳赤，义愤满腔，积怨已久的话语全都吐了个痛快。他们一致认为，只因武则天把持朝政，处事不公，才使得他们有才之士落得如此下场。于是在血酒盟誓下，他们作出了在还政给庐陵王显的义举旗号下，召集全国有志之士，起兵共讨女祸武则天的盟约。酒席上他们一致拥戴李敬业为领袖，魏思温为军师。可是，要想打天下没有军队和武器岂不是空谈。正好任军师的魏思温说他有一位知心朋友，名

李敬业誓师起义

叫薛仲璋，现任监察御史。此人又是当今宰相裴炎的外甥，要是通过他把裴炎拉拢过来，大事十有八九能成。

经过深思熟虑后，军师魏思温请薛仲璋来到江都。

薛仲璋听信了李敬业的劝说，打开扬州府库，取出盔甲、武器、粮草，把囚犯和工匠统统武装起来，七拼八凑组成了临时的讨伐军。当时录事参军孙处行因不见圣旨而拒派军队，立刻被薛仲璋处死。在这种情况下，扬州的大小官吏再不敢有人反对他们的行动了。

此时，李敬业终于统辖了全州的军队，并公开设立三府：第一个称匡复府即中宗复位之府；第二个是英国公府；第三个是扬州大都督府。他们又恢复使用了中宗退位时的年号嗣圣元年。李敬业自称为匡复府上将，自任扬州大都督，唐之奇与杜求仁各任长史；李宗臣、薛仲璋为左、右司马。他们随后又请来当时名望很大的诗人骆宾王，担任记事参军，相当于现在的机要秘书。

当年九月下旬，李敬业等人正式宣誓起义，并开始招兵买马，仅用十天，就募集十万大军。为此李敬业等人豪气冲天，大有灭掉武则天之势。李敬业还命骆宾王写下了一篇讨伐武则天的檄文，派使者带着檄文四处散发。这篇檄文，就是赫赫有名的《代李敬业传檄天下文》。

在他们这批人当中，如撇开社会地位和政治身份，名气最大的就要数骆宾王了。骆宾王生于浙江义乌，七岁就会作诗，很有诗才，特别擅长五言诗。长大成人后，与王勃、杨炯、卢照邻被称为"初唐四杰"，诗名远扬。在他的作品中，最著名的是七言古诗《帝京篇》，整首诗描述了长安的繁华景象和男女青年的生活享乐等。并以此为背景，讽刺时政弊端，最后夸耀自己的才智，愤慨自己的才华不能为天下所赏识，落得失意窘迫的地步。当时这首诗风靡长安、洛阳两都，备受人们赞赏。又因为他在诗中巧妙地使用数字和对句，所以世人还给他取了一个"算学士"的雅号。

虽然骆宾王名气很大，但在当时也难以维持生计，只好屈就做个小官吏，长久地忙于应付日常公务和杂事。这种生活对一个自负而又才华横溢的文学家来说，自然很不公正。于是他便常常发泄内心的痛苦和屈辱，时常光顾赌场，和赌徒们称兄道弟，来往密切，逐渐走入无赖世界。久而久之，越赌越输，越输越赌，欠下了很多的赌债，债主经常找上门要钱，无奈之下有时只得靠收取贿赂还赌债。但好景不长，一次因收取贿赂被告发，不但丢了官，还为此坐了牢。在牢中，他曾作了一首流传后世的名诗，即《在狱咏蝉》。骆宾王不愧是有才气的诗人，在唐高宗后期，他当过长安主簿，位居八品上，但还是因为缺赌资，发生了受贿事件，又被贬为临海丞，降职为九品。他十分恼怒，最后弃官不干，四海为家到处流浪，最后漂泊到扬州，正好逢上李敬业举兵伐武。多年来的怀才不遇及积怨，使得骆宾王义无反顾地加入到李敬业的反武大军中，并写下了流传后世的檄文。

檄文很快传到洛阳，传遍大唐江山湖海。

武则天看着这篇檄文突然大笑不止，她把檄文递给站在身边发呆的上官婉儿，并吩咐她替她读下去。

上官婉儿、宰相和文武大臣都怀疑自己的眼睛和耳朵是不是出了毛病。因为在此之前大家都早已知道檄文的内容了，现在见武则天手拿檄文都预感到大祸就要临头了，满朝文武百官个个吓得魂不附体，茫然站在那里不知所措。此时看着大笑不止的武则天，更是丈二和尚摸不着头脑。

"婉儿，你怎么啦？从头给我念一遍，让大家都听听嘛！"武则天开口道。

上官婉儿镇静下来后，用发抖的声音接着往下读："犹复包藏祸心，窥窃神器，君之爱子，幽之于别宫；贼之宗盟，委之以重任。呜呼！霍子孟之不作，朱虚侯之已亡；燕啄皇孙，知汉祚之将尽，龙漦帝后，识夏庭之遽衰。敬业，皇唐旧臣，公侯冢子，奉先君之成业，荷本朝之厚恩，宋微子之兴悲，良有以也，桓君山之流涕，岂徒然哉！是用气愤风云，志安社稷，因天下之失望，顺宇内之推心，爰举义旗，誓清妖孽。南连百越，北尽三河，铁骑成群，玉轴相接。海陵红粟，仓储之积靡穷；江浦黄旗，匡复之功何远？班声动而北风起，剑气冲而南斗平；暗鸣则山岳崩颓，叱咤则风云变色。以此制敌，何敌不摧？以此攻城，何城不克？公等或居汉地或协周亲，或膺重寄于爪牙，或受顾命于宣室，言犹在耳，忠岂忘心？一抔之土未干，六尺之孤何托？"

"稍等，"读到此，武则天忽然摆摆手说，"把上面的两句再读一遍！"

上官婉儿接着又读一遍："一抔之土未干，六尺之孤何托？"

"这篇檄文为何人所作？"武则天问道。

群臣中有人小声答道："是临海丞骆宾王所作。"

"啊，这的确是一篇绝妙的檄文！能写出这样文章的人，是百年难得一见的，不能提拔这样才华横溢的人才，使他被弃于乡野，失意落魄，难怪他造反！"

宰相及文武百官都被说得哑口无言，一个个面面相觑跪于地上。武则天让上官婉儿接着念下去。

"倘能转祸为福，送往事居，共立勤王之勋，无废大君之命。凡诸爵赏，同指山河；若其眷恋穷城，徘徊歧路，坐昧先几之兆，必贻后至之诛！请看今日之域中，竟是谁家之天下！"婉儿读完檄文后，大殿上寂静无声。

短暂的寂静后，宰相裴炎说："太后大可不必为反叛之事烦恼担心。朝中有些大臣目光短浅，看不到皇太后的英明决断，对皇太后有疑忌之心，唯恐前朝吕后之悲剧重演，故而酿成今日之祸端。这实质上也是大臣们的一片忠君爱国之心。皇太后只要立即宣布还权给皇上，让李氏子孙主持朝政，贼兵师出无名，一场反叛转瞬便可化解。"

武则天马上尖锐地说："还权给皇上，让他听命于你们。我知道裴宰相是一片忠君爱国之心，可我不知道其他大臣是否也像你一样忠心耿耿！也许裴宰相可以担保，可我看你第一个就担保不了你的外甥薛仲璋。"

武则天的冷嘲热讽使宰相裴炎冷汗涔涔而下，但他仍固执地说："皇太后还政于皇上，皇上已经二十四岁了，您还一直听政。您难道没有想过，在天下人面前您把皇上置于何地？大唐会为此而被天下人嘲笑。您开开恩吧！如果为此臣触怒了皇太后，请下令杀掉裴炎好了。"

武则天用奇怪的目光注视着裴炎说："裴炎，你真的不怕死吗？你真固执，可偏偏你又是我最信任的宰相。我真不明白，为什么二十几年来，朝中总有一些像你这样固执的人与我作对呢？"

裴炎之所以有这种举动，与他的个人性格和经历分不开。

裴炎，字子隆，绛州（山西省新绛县）闻喜人。从小就非常好学。无论在家中或出游在外，总是手不释卷，在家乡有很高的声誉。当地官衙举荐他，裴炎力辞不受。他待人宽厚，不苟言笑，可凡是他认准的事情，是绝对不会让步或有所改变的。从他固辞举荐的行动中，我们可看到他性格中固执的一面。经过十年寒窗苦读，终于及第，补了个濮州司仓参军的官儿。

此后，裴炎历任御史、起居舍人、黄门侍郎，后又任同中书门下三品进拜侍中一职。这时的裴炎，深得武则天的赏识和信赖，除去睿宗不提，他可谓武则天皇太后一人之下、万民之上的人了。作为辅国大臣，在与武则天共同处理国事的过程中，他也很佩服她的果断机敏和对大小事体的合理处置，甚至二人配合得很默契。只是对于武则天让权，中宗视朝一事，二人各有想法。

中宗的被废，裴炎难以逃脱责任。

高宗未驾崩之前，与武则天到洛阳去，把太子留在京都长安，交与裴炎调护。高宗病重，裴炎又被召至东宫，辅弼太子。高宗驾崩，中宗即位，裴炎又受先帝遗命，一心辅佐，恪尽职守。

唐中宗的皇后韦氏是个有想法的女人。她不喜欢武则天在中宗继位后独揽朝纲，但她也很想成为像武则天这样的人，因为她已做了中宗的皇后，效法武氏，她是有条件的。韦氏即要求中宗对韦氏家人大加封赏，中宗惧内，对韦后的话不敢违抗。

裴炎及时提醒中宗，中宗非但不理会，反而半开玩笑半认真地说，他还要升他的岳父大人韦玄贞为侍中。这句话被裴炎告到武则天太后那里，中宗便被废了。

武则天自坐上皇后位置以来，自高宗至中宗，皇帝位置形同虚设，一切国事皆由她一人独揽。李姓皇族中，有资格做皇帝的人，武则天将其废的废，贬的贬，就连她的亲生儿子也不放过。

中宗继位，正是把李唐王朝扶持起来的好机会，裴炎又辅佐中宗多年，他知道，要把武则天赶下来，只有依靠李姓皇帝。而这个皇帝并不是任人选择的，做臣子的更没有这个权力。

可是，裴炎却一句话把中宗废了。对他的这一行为唯一能解释的，是怕武则天还没去，又来个韦皇后。武氏毕竟年事已高，而应把韦氏的野心扼制在萌生阶段。

他的一言一行，都表现出他严格地遵循封建礼仪的德行。武则天再有才能，但她把持唐代李氏天下也是大逆不道。不合封建法理的行为他都坚决反对。

原先武承嗣奏请太后"玄七庙，追王其先"时就遭到了裴炎的强烈反对。

他上奏道："太后，天下母，以圣德临朝，宜存至公，不容追王祖考，示自私。且独不见吕氏事乎？"

武则天为自己辩解说："汉代的吕后封的是她在世的外戚，武氏要追封的是已入土的先人。"

裴炎仍不放过，继续上奏："蔓草难图，渐不可长。"

武则天很不高兴。

后来，武则天诛杀韩王元，朝中大臣看出武则天有肃清李姓宗室的企图。像刘祎之、韦仁约这些人，慑于太后的阴狠，敢怒而不敢言。裴炎在唐王朝大一统的态度上决不含糊。他坚持与武则天争论，指出武则天的错误做法，要求她还政于睿宗。

裴炎屡次三番逼武则天还政，使武则天对他恨得咬牙切齿。这一时期，她最不喜欢听的恐怕就是"还政"二字了。

这次李敬业叛乱，更使武则天感到了地位的危机。她立即下达征讨李敬业的旨意，命裴炎统领三十万军队，剿灭李敬业之乱。

裴炎按兵不动，他要等待机会。

果然，武则天忍耐不住了。

御史崔登已看出武则天对裴炎忍无可忍了。他立即从文武两班朝臣中站出来，奏道："裴炎受命托孤，把握朝廷大权，对叛乱却不闻不问。现在，他一再提出让太后还政，是何意图？必有异心呀！"

武则天接着下令把裴炎入狱，由御史大夫和御史鱼承晔负责审理。

裴炎的为人，满朝文武都知道，而且大家也想让武则天太后还政，但只是不敢说罢了。裴炎被捕，马上有凤台侍郎胡元范出面为他辩护："裴炎是大唐江山的功臣，有功于国家啊！刑不上大夫，不可对他下手。"

纳言刘齐贤和左卫率蒋俨也站出来为裴炎鸣不平。

武则天止住众大臣，说道："裴炎谋反，已见端倪。只是众爱卿不知内情罢了！不要再议论此事了，立即把他查办。"

裴炎被斩有无罪过，历来说法不一。《新唐书》认为裴炎确有反意。在睿宗刚继位还不能真正掌握政权时，裴炎曾策划在武则天出游龙门时，实行兵谏，逼她还政于天子。据说，此政变计划未能实施。因为那几天一直下雨，武则天取消了去龙门的安排。甚至有人认为李敬业的谋反，裴炎与其有瓜葛，似有里应外合之意。其理由是李敬业反叛的队伍中有裴炎的外甥薛仲璋。

十月十八日，裴炎被斩于都亭。胡元范也因为裴炎的缘故被流放，后死在流放之地。

武则天派遣三十万大军，讨伐李敬业。

叛乱大军不久即遭全军覆灭。

外戚沉浮

武敏之品行恶劣，竟与外祖母杨氏发生性关系。武则天得知实情后，对母亲的行为咬牙切齿，可她毕竟是自己的生母啊。武则天遇到了难题。

武则天做皇后时，武氏家族并没有因为出了个武皇后而得到什么好处。如今，连武则天自己都看不上亲生儿子，四个儿子当中，弘被鸩酒毒死，贤被逼自缢身亡，中宗因一句半开玩笑的话被母后武则天和大臣视为"痴儿"而被废。而今睿宗新立，改元文明。如果说武则天对前三个儿子失望的话，那么，她对幼子睿宗更不抱什么希望了。不是睿宗有什么缺陷，而是睿宗在长相和脾性上都酷似他的父亲高宗。

他不可能成为像太宗那样英明的皇帝。

他的善良、懦弱、优柔寡断，对于一个普通老百姓来说不算什么，可对一个君王来说，则是致命的弱点。

永徽以来，即从武则天立为皇后到与高宗并称"二圣"，以致今日做太后独揽朝纲，共二十五年，她没有看中任何一个李姓皇族能成为一个像她和太宗这样的皇帝。当然，武则天这时只是临朝的太后。可她知道，这二十五年来，哪一天她不是做着皇帝做的事情呢？在对亲骨肉失望之余，袁天罡的话和李淳风所解的谶语从她的潜意识中慢慢浮了上来。这种意念一出现，就再也压抑不下去，而且随着时间的推移变得越来越强烈。"女皇帝"三个字使她害怕，更使她激动。她像对待魔鬼一样把它紧紧地关闭在心中，但在行动上，她却任由着这魔鬼的支使，朝着这个目标，扫除一切障碍。任何矫揉造作与掩饰都没有什么意义，武则天骗不了自己，更骗不了天下人。

尽管武则天与山西武氏的关系并不和睦，但除了他们，她又能依靠谁呢？况且武氏所存只有武则天的下一代人了，她的父辈已没有了，同辈兄弟姐妹只剩她一人。

武则天一切的思想只表现在行动上。她在洛阳建武氏七世宗庙，在山西建五世宗祠，上溯五代以内，统统封王晋爵，更详细查清现在武氏遗种，一一封赏。

尽管武则天这些做法屡遭大臣的反对，武则天却没有停下来。仍按照她的计划，一步一步进行着。

武则天很少有在思想上可以对话的人。从她由感业寺回到宫中，可以说任何事情都是由自己的判断而决定的，她没有可以商量的人。她的每一个决定只能成功，不许失败，她像走钢丝一样走到今日。无论是李义府还是许敬宗，以及索元礼、来俊臣等，她从来没有真正地信任过他们。他们只是她手中打倒政敌的工具而已。

那么，武则天的娘家人给她带来的是什么呢？

贺兰敏之，是武则天的姐姐韩国夫人的孩子。因女人心中极端的嫉妒而连杀了姐姐和外甥女的武则天，对姐姐的遗孤很是娇纵。这或许是出于对自己过激行为的一种弥补吧！她把贺兰敏之过继为父亲武士彟的后代，赐姓武，袭封食邑，曾做兰台太史令，与名儒李嗣真等参与刊撰事宜。

武敏之在容貌上继承了他母亲的优点，加上与名儒、诗人相濡，更显得才情俊雅，成为阴盛阳衰、男人奇缺的唐宫中的"奇货"。加上武则天大权独揽，武敏之便在宫中胡作非为、横行霸道了。

武敏之品行恶劣，竟与外祖母杨氏发生性关系。武则天得知实情后，对母亲的行为咬牙切齿，可她毕竟是自己的生母啊，武则天根本无法开口劝说或阻止。直到杨氏去世，她在精神上才得以彻底解脱。在前面我们曾提及的司卫少卿杨思俭的女儿，是武则天和唐高宗为太子选的东宫妃，并已下了聘礼，可在婚期已定的情况下被武敏之强暴了。更有甚者，武则天最宠爱的小女儿太平公主当时年龄尚小，常由宫娥陪伴着到荣国夫人府玩耍，住在这里的武敏之很快与宫娥勾搭成奸，他甚至连太平公主也没有放过，并趁机将她强奸。武则天听说后怒不可遏，一纸诏书把武敏之流放到雷州。在流放途中，武敏之被武士用马缰绳勒死了。

武敏之就像扶不上墙的烂稀泥，武则天又选中异母兄弟武元爽的儿子武承嗣，把他从岭南召回，由"蝮"姓恢复为武姓，并袭承武士彟的爵位，封尚衣奉御，袭周国公，很快又升迁为秘书监、礼部尚书，后又以太常卿同中书门下三品。垂拱初年，以春官尚书同凤阁鸾台平章事改纳言，为文昌左相。武承嗣文武不能，但武则天把他提升到左丞相的位置，他就成了武则天的口舌。此后，武则天的旨意或想办但不便于公开办的事，就可以由武承嗣提出。没有人敢提出激烈的反对意见，她就可以名正言顺地实现自己的政治目的了。

武承嗣看出了武则天的心思，便力劝武则天早做主张，立武氏宗祠，清肃李唐宗室。对几个王子的构陷，多出自武承嗣其人。

做了皇亲国戚的武承嗣，因本性凶残暴躁，贪财好色，虽身为丞相，也会做出令人所不齿的事情。后世人们对《绿珠篇》的故事百听不厌。这个故事讲的内容，便是武承嗣做下的种种丑事的集合。据说，左司郎中乔知之有一个小妾名窈娘，身材匀称，面容姣好，颜色可人，且擅长歌舞。乔知之每遇有客来访，总引出窈娘，歌舞一番，脸上总有掩饰不住的得意之色。武承嗣对窈娘的美艳有所耳闻，便借故到乔知之家拜访。乔知之知道武丞相好色，但又不能以下犯上，从此使乔家不得安宁。当然，武承嗣并没有派人去抢夺窈娘，而是由恶仆到乔知之家，一阵摔打之后，告诉被吓得哆哆嗦嗦的乔知之道："武丞相看上了窈娘，请你把她送往丞相府。"

妾，在中国封建社会是男人或者说是家族的附属物，与金银财宝一样，是一种私有品，可以转让，也可以买卖。但对乔知之来说，窈娘是他的心爱之人，怎舍得放弃或送人。可是，武丞相有太后做靠山，他一个小小的左司郎中，也只有把窈娘拱手相送了。

迫于权势而献妾于权贵，对每一个男人来说，都是一种精神上的侮辱。若乡野农夫，会发出愤怒。但是，若要苟全性命，继续在武姓天下的官场爬行的话，乔知之只有明智地献上窈娘。这才是上上策。

献上窈娘后，乔知之在众人面前已没有男人的自尊了。可是，他还要活在这个世界上，他的一家老小也全要靠他这个左司郎中生活。在辗转难眠的深夜，乔知之寄情于笔墨，直到这时，他才感到对窈娘应该有个交代了。这天深夜，他难以入眠，便提着笔，将所有的屈辱都在这沾着血泪的《绿珠篇》中得到了宣泄。他把与窈娘的生死离别比作晋朝石崇与爱妾绿珠的死别。或许是受到了爱情的感动，乔知之这时才有了勇气，他要把《绿珠篇》送到窈娘手中，哪怕是死去也好。

进了武丞相府的窈娘，誓死不屈从于武承嗣。这一下可大大伤害了武丞相的自尊心。他心想，我一个大丞相，难道还不如一个小小的乔知之？他恨透了乔知之，要除掉他，让窈娘彻底断绝重返乔家的念头。于是，他下令把乔知之逮捕入狱，酷刑折磨。受尽了皮肉之苦的乔知之或许不知道，在他面前大耍威风的武承嗣，内心是怎样地嫉妒他呀！正是武承嗣心中燃烧的妒火，才把乔知之折磨致死，最后全家被满门抄斩，不留一个活口。

窃娘得到《绿珠篇》后，产生了重见乔知之的幻想。她曾试图从丞相府逃出，但没有成功。武承嗣知道后，并未加害于她，只是尽一个丞相的能力给窃娘一个优越的生活环境。然而，不久窃娘便在这软禁般的生活中，手捧《绿珠篇》，抑郁而死。

当然，武承嗣对武则天是极尽谄媚之能事。为了讨得武则天的欢心，竭力劝武则天早日称帝。其实，在武承嗣的心中，又何尝不想自己当皇帝呢？现在，他看到中宗已废，睿宗基本上是在幽禁之中，武则天称帝只是时间早晚的问题。武则天能当上皇帝，自己就是接班人了。特别是在武则天称帝后，武承嗣提出要做太子。然而，武则天可以让武姓外戚享尽荣华富贵，但她绝不让权力从自己手中漏给武承嗣这样的人。对他们，她相信这样一句话：竖子不可与谋。

但武姓中也出了一个武攸绪，武则天非常欣赏他。他是武则天堂兄武惟良的儿子。

武攸绪性情恬淡寡欲，常喜欢钻研《易经》和老庄学说，年轻时隐姓埋名，在都城长安街头给人占卜。当然，这种行为不是为了糊口，而是一个少年郎的游戏。他瞒着父母，乔装打扮，在离家较远的街区为人算卦，拿到钱后，赶快溜走，怕家人或亲朋好友看到，有辱门风。太后武则天临朝称制，武姓老少利益均沾，武攸绪也被封为太子通事舍人，后又累迁扬州大都督府长史，鸿胪少卿。武则天称帝，武攸绪又被封为安平郡王。

武则天封中岳嵩山，武攸绪也跟着去了。一到那里，他就被嵩山的风光迷住。这里的山、水、鸟、兽等组成一个庄周所称的"极乐世界"，对一个做了高官，又淡泊名利的人来说，不为衣食操心，在这里做个"隐君子"是再好不过的事了。所以，一有机会，他就在武则天面前说出自己要辞官的想法。武则天惊异地问为什么。因为在所有的武姓当中，都盼着封官晋爵，封得小了还不满意。为了使各人心理平衡，她费了不少心思。现在武家人竟有要辞官的，她不禁怀疑，是对她不满还是另有原因，武则天很警觉。这么多年的血雨腥风，使武则天不敢相信世上还有这么理想主义的人，而且她的事业不允许有半点的疏忽。武姓的人不能帮她什么，她也不能让武姓害了自己。武则天认为，在没有弄清楚武攸绪的真实意图之前，不妨让他去，看他有什么表现。

武攸绪辞去官职，像其他隐遁者一样结庐崖下，让家仆们在山间的平地上杂种五谷，自己也混杂于农夫之间。武则天见没有什么阴谋，便派武攸绪的哥哥武

武承嗣竭力劝武则天称帝

攸宜带着太后的圣旨，再劝他回长安。

看到布衣的弟弟，武攸宜有些心酸。武攸绪出走嵩山，对他的家人是一种感情上的打击。尽管大家都知道武攸绪的性格和嗜好，但他的辞官远行，使他的家人总有一种失落感，好像大家有什么地方做得不好才使他厌绝尘世，弃他们而去。甚至每个人在内心都检讨自己，以往一些不足挂齿的小小摩擦，都要翻来覆去地想一想，最后总归结为自己的错。每个人心中都有一个想法，若武攸绪归来，必好好地待他。武攸宜正是怀着这种心情来看望弟弟的。

他看到弟弟武攸绪的衣食住行都很简陋，帝王所赐给的金银、王公大臣所赠送的鹿裘素幛都不知弄到哪里去了。

武攸宜对弟弟的行为表示不能理解。武攸宜就谈起家中人等，盼他归京，人伦之乐，不可久废。

可武攸绪的眼中空空无物，对哥哥的话无动于衷。

武攸宜回到长安，把弟弟武攸绪的情况讲给武则天听。

这时的太后武则天才对武攸绪放下心来，说道："随他去吧！"同是武家人，武则天也惊异于他对人世、对权力竟有如此不同的态度。

武攸绪在嵩山、龙门一带，与鸟兽为伍，超然尘世。他喜爱《易经》，深究庄周之义理，并按照《易经》亲自习练。他到晚年的时候，已练得两目炯炯有神，而形骸却消瘦如柴。

武则天死，中宗即位。韦氏大肆捕杀武姓一族，只有武攸绪免于一死。武攸绪学习老庄思想，钻研《易经》哲学，不为物欲美色迷惑，晚年得到回报。

铜匦与酷吏

来俊臣开口道："囚徒当中多有不服，你说该怎么办？"周兴回答道："容易得很！你把囚犯装入大瓮，周围放上木炭烧烤，还有什么不能承认的事呢！"周兴的回答，使来俊臣很得意，便对周兴说："说得好！"随即命仆从抬来一大瓮，周围按周兴的说法烤上炭，然后慢慢拿出谕旨，谦恭地说："请君入瓮。"

武则天临朝称制之初，在各方面都很注意收买人心，李唐宗室尤在，而年近六十的武则天以太后身份君临天下，人心不见得能服。垂拱初年，武则天命侍御史鱼承晔的儿子鱼保家熔铜为匦，成为全国百姓都可投诉的意见箱。

侍御史鱼承晔的儿子鱼保家，曾经与李敬业有相当深的交往。李敬业叛乱并被诛杀后，朝中许多官员因和李敬业有往来而受到贬官和流放，也不知什么原因，唯有鱼保家免受刑罚，得以留任京官。这年春天，当武则天向朝臣宣布作为国家最高负责人的她，希望能直接掌管天下人事权。鱼保家本来就很机敏，又因自己得到特赦，为表示感谢圣恩，也为想表达自己忠君爱国的实绩，就借此机会上奏新方案，也就是铸造铜箱，使天下的百姓都能坦诚地将意见经铜箱密奏。

铜箱，又称铜匦。其内设四格，四面各有一个投入口，依照东西南北所代表的颜色，规定各口的职能，并在中书省下设匦使院，以谏议大夫、补阙拾遗各一人为知匦使，专门负责信访。

垂拱二年（686 年）六月，又置设铜匦四枚，共为一室，列于庙堂。四匦的职能也是按方位设定。东方木位，主春，其色青，配仁，仁者以亭育为本，宜以青匦置于东，名为延恩匦。有报告农桑事务和上呈赋颂赞词及自荐求官的投入此匦。南方火位，主夏，其色赤，配信，信者，风化之本，即可把丹匦置于南，有能正谏议论时政得失的可投入于此。丹匦又名招谏匦。西方金位，主秋，色白，配义，义以决断为本，以素置于西，受冤屈投诉者入此，又称申冤匦。北方水位，主冬，其色玄，即黑色，配智，智为谋虑之本，宜以玄匦置于此，投告玄象灾变和军事谋略者入此，称通玄匦。

铜匦构造的特点是，一旦信函投入后，就无法再收回。

垂拱二年三月八日，这个铜匦首先设立在与外界接触频繁的宫门旁边。同时，在洛阳城的各个角落也贴出布告，也向全国州县发出通知，让百姓了解铜匦用途。从此后，被视为牛马般的底层的庶民，虽是间接的，但也能对国家的政治有参与的机会了。

铜匦的设置，本为收买人心，也为广开言路。对武则天来说，几只铜匦便是她布于天下的天罗地网，李唐宗室无论有什么行动，都逃不过她的眼睛。这的确是杜绝李氏复兴的有效方法。

但铜匦的设置，也造成一种人人自危的局面。武则天本来就是一个崇尚严刑苛法的人，她相信铁的律令及严厉的惩处能够威慑那些图谋不轨者。

临朝之初，武则天命岑长倩、韦智方、袁智弘等十多人，对唐三代的律令进行修改和增补，又把前三代皇帝有关律令变动的诏敕综合于现时的部分，重新编为《新格》二卷，武则天亲自为其作序。另外，武则天还命人分别编写六卷，为各级司法部门在审理案件时参照使用。

铜匦的设置，使告密之风在全国一时盛行。它固然使一部分贪官污吏惶惶不可终日，但每个人都可以告别人的黑状，每个人也都可以成为被诬告者，随便一纸状书就可能使千万人家破人亡。在此之前，全国各衙门附近都可能聚集着一些从地方上来的告状者，他们流浪街头，没有什么职业，以告状为名成为氓流。这些人是安居乐业的百姓所不齿的一群流氓和败类。如今，这个队伍骤然壮大，一些不务正业的人和犯了罪的人都视铜匦为救星，希望通过它能改变自己的命运。

刚开始，从各地进京的人心里都怯生生的。他们中的许多人是第一次到长安，一路上走州过县，眼界大开。他们所受的待遇，又鼓舞着他们。因为武则天下诏令全国对告密者，无论是农民、樵夫、渔人，不问职业或身份，一律提供五品官待遇。他们一路上住驿亭官舍，每顿饭都按五品官的规格招待，何乐而不为呢？特别是贴于乡野村寨的太后诏书，让未见过世面的黎民百姓难以置信，但半年过后，第一批进京的人已经回来。他们在家乡人面前眉飞色舞，一遍遍地讲述着他们上告的经历，所受的待遇，所见的人物。一路进京，吃住由官家负责，进京逛一趟，分文不花，听说有的人因告状有功而升官发财。如此，老百姓的心动了，全国的心动了。特别是年轻人，最容易受到迷惑。于是，他们从四面八方涌向长安，形成一个全国范围的大运动。

面对这种举国惊天动地的告密"大旋风"，各州、县官衙都停止了正常的事务和办公。他们每个人都规规矩矩待在家中，静观事态，只是偶尔出门看看有什么新的消息从京城传来。这时的时局更加不稳定，人心涣散，个个都有朝不保夕的危机感，特别是从京师频频传来的某某被满门抄斩的消息，更使一些有识之士感慨亡国灭种的劫难已不远。

成千上万的人在这个铜匦乱世的时代遭到诬陷，也有成千上万的人在这种乱纷纷的运动中飞黄腾达。每个人在这种氛围中的表现像一面镜子映照出他本人的良心，它远胜于太平盛世中任何言辞的表白。

然而，极具戏剧效果的是，铜匦的铸造者鱼保家，竟首当其冲，成为铜匦运动的第一个受害者。

当时，有人通过铜匦控告鱼保家曾为叛乱的李敬业锻造刀剑、弓弩等武器。

很多人都知道，武则天对李敬业叛乱的处罚非常严厉，对李敬业一家是寸草不留，就连李敬业的爷爷英国公的尸骨，也被挖掘出来，刀剁斧砍。其他只要与李敬业有来往的人，不仅自己受罚，连全家都要遭受流放之苦。铜匦捕住一条漏网之"鱼"，鱼保家立即被拿入狱中，经调查属实后，当众处斩。

从麟台正字陈子昂的奏折中，我们可以看到这场运动所造成的局面："顷年以来，伏见诸方告密，囚累百千辈。大抵所告，皆以扬州为名，及其究竟，百无一实。陛下仁恕，又屈法容之，谤讦他事，亦为推劾。遂使奸臣之党，快意相仇，睚眦之嫌，即称有密，一人被告，百人满狱，使者推捕，冠盖如市。或谓陛下爱一人而害百人，天下喁喁，莫知宁所。"

武则天对拥挤的告密者的人群，表现出极大的兴趣。在京文武大臣，面对日益混乱的京城社会秩序和途中源源不断的进京者，感到束手无策。他们没有中断每日的早朝，看到异常兴奋的太后，他们暗中叫苦不迭：苍天，何时才能结束这场灾难呀！

早朝结束后，武则天便开始一个一个单独接待告密者。她的目标很明确，她要打倒的是李氏宗亲。在这当中，那些告李姓谋反的人，很多被武则天选中，成为实现武则天个人政治目的的有力武器而留置于朝中，官升三级。因告密而改变命运的人中，最具代表性的恐怕就是索元礼和来俊臣了。

索元礼本是胡人，生性放荡，凶暴残忍。李敬业打着恢复太子地位而发动的叛乱，对武则天是一个很大的打击，她面对大臣们也常常忍不住咬牙切齿地数落李姓叛逆的罪过。谁知，武则天在朝堂上的议论，很快便被一些无聊的大臣传入市井，成为百姓街头巷议的话题。聪明的索元礼抓住机会，马上投书铜匦，示意武则天。武则天大喜，立即召见索元礼。在武则天看来，索元礼残暴的本性正是她要诛灭政敌的工具。于是，擢升索元礼为游击将军，命他为推使即审判官到洛州牧院做制狱。

来俊臣，京兆万年人。他的父亲来操是名赌徒，见赌友蔡本善之妻貌美，便在与蔡的赌博过程中耍个花招，使蔡欠他几十万的赌资。于是，来操便以此相要挟，纳了蔡本善的妻子为妾。蔡氏不久为来操生下一子，但市井传言不知来、蔡二人谁为此子的生父。这孩子后来取名来俊臣。

在社会最底层成长起来的来俊臣，性格乖戾，反复无常，以他父亲留给他的所有财物，都不足以让他有所作为。成年以后，他依然无家业孤身一人生活，以后又客居和州，作奸为盗，被捕入狱。在狱中，刺史东平王李续依法判来俊臣杖责一百下，打得他皮开肉绽，哭爹叫娘。出狱后，无所事事的来俊臣，摇身一变成为一个受冤的人，并从和州加入了进京告密的队伍。

来俊臣在没有确凿证据的情况下，诬告陷害东平王李续滥施刑罚，使他蒙受了屈辱。

对于武则天来说，告密者所讲是否真实她根本不顾及，问题是有人告东平王李续，使她又抓住了一个李唐王朝的苗苗。于是，来俊臣受到武则天的召见，并决定把他留在京都，升为从八品司刑评事。司刑寺是由大理寺改名而来，来俊臣这样就和索元礼在一起共同处理刑狱事务了。

不多久，索元礼、来俊臣就发展成为人所共愤的酷吏，充分发挥他们为凶为恶的本能，使武德、贞观以来制定的律例条令成为一纸空文。

在平定李敬业之乱后，武则天感到了李氏宗亲对她的威胁。

为消除李氏复辟的隐患，武则天开始任用酷吏，大开诏狱，重设严刑。对敢于谋乱者，除诛屠首乱外，为息其源，必究其党羽。谋乱者的亲属及其有来往者，稍涉嫌疑，也要入狱遭重刑。

酷吏当中，索元礼的资格最老。他在做制狱时便发明种种刑具，他用绳子捆绑、锁犯人的手足，让犯人在地上旋转戏称为"晒翅"。此外，还有"仙人献果""玉女登梯"等以优美辞藻命名的惨绝人寰的酷刑。当时的人们已经很难断定它们的发明者是索元礼还是来俊臣了。

从索元礼那里，又大兴起"连坐"之风。他审讯一个人，往往能逼出数百人来。虽有周兴、来俊臣等后来者，但整个武则天时期，杀人最多的恐怕仍属索元礼其人了。

武则天对索元礼的疯狂滥杀感到吃惊，可是，为了巩固政权，她又到哪里去找这样合意的秘密警察和得力干将呢！所以，虽然索元礼民愤极大，武则天却不断地嘉奖他。当索元礼坏事做尽，已经有碍于她的声威时，她迫于满朝文武的压力，不得不把索元礼捕入大狱。索元礼仗着自己对太后武则天指到哪里杀到哪里的赤胆忠心，便在狱中大喊冤屈，拒不承认有司对他的指控。于是审判官命人抬出索元礼发明的能使人脑浆迸裂而死的铁笼，索元礼才认罪伏诛。

来俊臣可谓师出索元礼，到来俊臣得势时，他已营造好了一个缜密的特务网，把侯思止、王弘义、郭弘霸等都集于他的麾下。有人对武则天讲，如果把审案的事情交给来俊臣、侯思止去做，则百无一贷。武则天对此深信不疑，因为她对来俊臣的所作所为略有所知。于是，她便把来俊臣安排到丽景门，专管告密的狱讼事务，主要是打击唐朝宗室和官僚中的反对派。

来俊臣与侍御史侯思止、王弘义、郭弘霸、李敬仁等，招集投匦告事的人数百，共同罗织罪名，陷害忠良，前后枉遭杀害的人不可胜数。

在丽景门内，来俊臣的衙门被称为推事使院，当时的人称之为"新开狱"。丽景门也被人们叫作例竟门，意思是凡入此门者，无一例外尽死其中。

来俊臣审问囚犯，不管罪行轻重，多以醋灌鼻，或禁囚于地牢中。来俊臣还有一个发明，就是把犯人装到瓮中，然后在瓮周围点上火，烤炙犯人。这个发明，追根起自周兴，后文有表。还有一种方法就是断绝犯人的口粮，饿得他们抽自己衣服中的棉絮吃，这一绝招后在中国传了一千多年。

来俊臣一伙所制作的大枷共有十种，并且各有不同的名称，听起来让人不寒而栗。一曰定百脉，二曰喘不得，三曰突地吼，四曰著即承，五曰失魂胆，六曰实同反，七曰反是实，八曰死猪愁，九曰求即死，十曰求破家。

来俊臣的网编织得非常密，手下的数百名告密者一旦决定要告某人某事，大家就共同张罗，千里响应，除京城铜匦有密告，其他千里以外的几个地方同时也会出现内容一样的密告，以迷惑天下人之心。武则天对此非但不制止来俊臣，反而对他大加奖赏，从而把告密运动推向了高潮。朝中大臣常有人早上上朝，家已悄然被抄，人也突然失踪，再也得不到音信。所以每天上朝前，好多大臣都要与家人像真的诀别一样，不知道这一走能不能再与家人相见。因此，凡是和来俊臣大小有点矛盾的人，他都要置之死地而后快。所以，人们行走于路上，相互之间连个招呼也不敢打，只能以眼神示意，便匆匆离去。即使是被武则天赦免的人，也不能顺利通过来俊臣这一关。他接到宽宥囚徒的制书后，先派狱卒把重犯统统杀掉，再宣读圣旨。

同时，来俊臣这伙人随武则天的好恶也自相残杀。秋官侍郎周兴，掌管刑狱，与来俊臣狼狈为奸，陷害忠良。以后，武则天遗弃了周兴，命来俊臣负责审问。当时，周兴尚不知道自己被告，他与来俊臣面对面坐在一起吃东西的时候，来俊臣开口道："囚徒当中多有不服，你说该怎么办？"周兴回答道："容易得很！你把囚犯装入大瓮，周围放上木炭烧烤，还有什么不能承认的事呢！"周兴的回答，使来俊臣很得意，便对周兴说："说得好！"随即命仆从抬来一大瓮，周围按周兴的说法烤上炭，然后慢慢拿出谕旨，谦恭地说："请君入瓮。"

前后被来俊臣陷害致死的达千余家。最终，来俊臣本人也因得罪武则天及太平公主而被杀。

这班酷吏中，其他各人的命运并不比索元礼、来俊臣强多少。

长寿年间，有人投匦密告被流放于岭南的人中有谋反者。武则天即派司刑评事万国俊摄监察御史到岭南去处理此案，并有交代：若得反状，处斩。

万国俊到了广州，一时捕缉三百余人，押至河边，挨个处死。之后才处心积虑地制造罪名。

武则天为铲除异己，已顾不得万国俊奏折的真假，马上派监察御史刘光业、王德寿、鲍思恭、王处贞、屈贞筠等，分赴剑南、黔中、安南、岭南等六道，审断流人反案。

刘光业一行只知杀戮，其中刘光业诛九百人，王德寿杀七百人，其余几人最少也杀上百人，就连当地的刑事犯和早年被流放的人也在劫难逃。

武则天晚年，这些酷吏慢慢地被武则天所遗弃。这就叫兔死狗烹。到了中宗神龙元年（705 年），索元礼、丘神勋、来子殉、万国俊、周兴、来俊臣、鱼承晔、王景昭、傅游艺、王弘义、张知默、裴籍、焦仁亶、侯处贞、屈贞筠、鲍思恭等二十三人，被令追夺官爵。

走向女皇的神秘之路

太后紧紧地抱住了这个健壮的男子，两人掀起了一个又一个欢愉的高潮。太后尽情地享用着这个男人，这是她六十多年来从未享受过的。

垂拱初年的夏天，高宗皇帝的第十八个女儿、长期寡居的太平公主，给母亲武则天带来了一剂"治病良方"——过去的老相好冯小宝。

这一年，武则天已是六十三岁的老妇人了。然而，坐朝时的武则天，面对众位大臣，却表现得如美少女一般，嗓音清脆，风度翩翩，举止优雅。立于朝堂之上的文武官员，望着光彩照人的太后常常愣神。她富有弹性的肌肤，娇美的面容，使一些年纪大的官员们不忍去想自己家中的"黄脸婆"。虽然也娶有三妻四妾，但哪一位能有武则天这样迷人的魅力呢？特别是跟随武则天多年的一帮老臣，对武则天天仙般的美貌、聪颖的智慧和女人特有的意志力佩服得五体投地，他们常常在私下里议论，她简直是"仙女下凡"，是帝女的化身。他们虽说在封建传统道德的理念上反对武则天篡夺李姓的大唐江山，但从感情上来说，他们也愿意与这样一位天下罕见的奇女子共事。

然而，不知从何时起，武则天的身心开始感到疲惫，有些不适，甚至夜晚也难以入眠。每当早朝前对镜梳妆的那一刻，她也不知不觉走神儿，忘记自己正在干什么。她明知道马上要上朝，该去对一帮大臣颐指气使，处理公务，却总是打不起精神。她试图说服自己，可无缘无故，浑身就是觉得倦怠，什么事都不想做。她怎么也说服不了自己，就像任性的孩子一样屈服于自己一时的厌恶情绪。

这是一个女人正常的生理反应。

现在不是武则天应该懈怠的时候。

她求助于御医，可什么汤药都不起作用。

这时，细心的贴身侍女上官婉儿发现了武则天的异常举动。她猜出了她的心思。于是，她求助于武则天的女儿太平公主，由太平公主为武则天解除郁结于心的病情。

对女人的孤独、寂寞深有体会的太平公主，立即给母亲大人送来了"治病良药"——一个体格健壮的美男子，这个男人是她母亲的老相好，一个有着胡人血统的淫汉子。她在亲自试用过后，认为满意，便亲自奉献给了母后。

对于冯小宝其人，太后并不陌生，只因高宗在世，在权力的大海中博弈，才忍痛绝情割断情缘。现在，太平公主把他找来，她知其然，并不问所以然，只当啥事都不知道，啥事都没有发生过。

从高宗皇帝病重到驾崩，武则天早就淡漠了男欢女爱，床笫之乐。性的欲望一直在她强健的体魄中蛰伏着、沉睡着。繁冗而紧张的军政事务，野蛮而又霸道地压制这一人性的本能欲求。而另一种本能的更加强烈的欲望向权力的最高峰、人生的最辉煌处奋力攀登，不达目的誓不罢休的冲动，又无情地取代了这种欲望。于是它就像那些被冷落、被淡忘、被抛弃、被打入冷宫的妃嫔们一样，暗暗地哀哀地饮泣过之后，只好隐藏在身体的某个角落里，沉沉地睡去了。

对于武则天来说，这又是一个让她终生难忘的夜晚，是多年来久违了的、让人销魂荡魄、如痴如醉的夜晚。这天夜里，它确被一下子唤醒了，当那个过去的老相好赤裸着矫捷强壮的躯体，用强有力的双臂把武则天抱起来，轻轻地平放在宽大舒适的龙床上的时候，那两只粗大而又十分灵巧的手，脱去了武则天的外衫、内衣和亵衣亵裤，他先是在武则天樱唇上来了一个深吻，把她的香舌在嘴里用力吮吸，那个蛰伏沉睡着的性欲望，终于被激发起来了。这个东西，不发则已，一发不可收拾，到后来就成了火山爆发，岩浆喷涌，大海呼啸，怒涛翻滚……

武则天紧紧地抱住了这个健壮的男子，双唇狂吻，身体开始发疯似的摇摆，口中发出梦呓般的呼唤。冯小宝无论如何也没有想到，他会拥抱着一个权力最高却又风华绝代的美人。

她尽情地享用这个男人，这是她六十多年来从未享受过的。为太宗侍寝时，她只有十几岁，只不过充当了几次老皇上的泄欲工具罢了。与高宗同床几十年，但那个病弱的身子，从没有使她欲仙欲死过。今天，她才第一次真正尝到了性的快乐，才知道性快乐的极致和魅力。

谁说鱼与熊掌不能兼得？武则天偏偏要同时拥有。她既要男女情爱，床第之欢，又要万里江山，临朝称制。如果说过去为了争权夺势，为了江山社稷、黎民百姓，她牺牲了男女欢愉，那么从现在开始，她一天也不能再牺牲。江山如今稳如磐石，她可以完全放心了。但年龄却不饶人，年过六旬，来日无多，她必须天天拥有这种无与伦比的性爱享受。

一切都安排妥当，她便在上官婉儿的陪伴下，神采奕奕地上朝去了。一连数日，刚刚下朝，武则天便急匆匆地回到后宫，一时半刻见不到冯小宝，她就若有所失，心里感到空荡荡的难受。她自己也感到奇怪，这么一大把年纪了，怎么还会坠入情网，陷入一种如火如荼的热恋之中？自此，她的病全好了，头痛失眠、烦躁不安等一切症状全都消失得无影无踪。如今是睡得甜，吃得香，白天黑夜过得十分充实和惬意。她恨不得天天与冯小宝厮守在一起，她把被高宗封为感业寺住持又赐名为薛怀义的冯小宝，派去主持修复洛阳名刹白马寺。白天在那里做监工，入夜之后，则由宫人将他从宫城北面的一条夹道中秘密引入后宫，与太后共度良宵。待白马寺的修复工程落成之后，冯小宝被武则天敕封为白马寺住持，正式用高僧薛怀义的名号。朝中臣工百僚皆称其为国师。

但薛怀义与武则天是不能同日而语的人。他们的交欢也只有通过身体语言才能实现，在做爱过程中求得一时之快。然而，也正是这个身强力壮的薛怀义，使武则天从女性特有的苦恼中得到解脱，舒筋展骨，惬意缠绵。此后，她又能专心致志地做她的"女皇梦"了。

为武则天打响帝王梦第一炮的是武承嗣。武承嗣为免除像父亲和叔伯们一样的灾祸，在武则天面前竭力表现得很谦恭，少言寡语，甚至做出唯唯诺诺的样子。但武则天最终要消灭李氏一族篡夺大唐江山的野心，还是让他猜准了，也看透了。于是，他命令心腹之人到武则天那里密告平定李敬业叛乱有功的凯旋将军李孝逸，控告他在酒肆中曾对别人讲他的名字中有一个"兔"字，兔为宫中之物，说不定自己有当天子的命呢！

疑心甚强的武则天将凯旋将军李孝逸从宗室中除名，剥夺一切爵位，流放到儋州（今海南省儋州市）。不久，他就病死他乡，尸骸无还。

武则天在梦想做女皇的道路上，每一步都很稳健，迈出的步子很扎实。她也时时向朝臣们发出信号，以察看他们的态度和反应。

借着平定李敬业叛乱之机，武则天挥下第一刀，竭力劝谏她还政的裴炎被砍头，并株连九族。

垂拱三年（687年）十月，曲靖府报告当地忽降雷阵雨。在短短的时间内，暴雨加洪水的推力作用，便形成一个三百余尺高的小山。

当地官员连夜快马飞速上报朝廷。

对于武则天来说，这个时期不能放过任何一个为她称帝大造舆论的绝佳时机。恰巧曲靖府有折子上报，称当地出现了奇异现象，一夜间平地涌起一座小山。武则天对此表现出极大兴趣，马上下旨称这座山为庆山，把曲靖府新丰县改为庆县。

对于武则天的这一封山造神运动，当时就有人站出来反对。江陵的一个小官吏俞文俊上奏称，这并不是什么可庆贺的好事，天变地动正说明地气闭塞，是自然反应，需要舒缓。他在奏章中最后指出："陛下当立即修身、养德，更应将大权奉还皇上，以回报天谴地怨人怒。否则，灾祸必再次降生。"

武则天阅完奏折后大发雷霆，骂声不断："什么修身？什么养德？还不是因为我有一个薛怀义让他们看着不顺眼。还想让我还政于皇上，还给谁？是还给李显那个呆子，还是李旦那个懦夫！"盛怒之下，武则天命人立即杀了俞文俊，杀一儆百，以儆效尤。接着，她又诛杀了北门学士刘祎之。刘祎之是武则天最不愿杀掉的近臣，和裴炎一样，刘祎之成为在精神上能与武则天相通的少数大臣之一，也可说是最知心的人。可是，武则天要做女皇，她容不得任何人在前边绊她一脚或在背后踢她一腿，这将成为她的致命伤，永远难以医治。

垂拱三年，天灾人祸接连不断。初期，京都地区发生大地震，伤亡惨重。八月，偏远的安南地区发生骚乱。九月，虢州的杨初成以幽禁于房州的庐陵王为旗号，起义叛乱，企图恢复帝位。

这一年，又发生了全国性的大饥荒，山东和关内尤其严重。百姓缺吃少穿，流离失所。

面对即将波及全国的如此严峻的灾害、饥荒以及特定的政治形势，武则天认为不能再等待了。她立即召集群臣，表示要在洛阳新建一座"唐朝李氏"宗庙，并捎带着为武氏祖宗建一个"崇先庙"。她还假惺惺地询问近臣，崇先庙建几间合适，是按皇族的规格建七间，还是……

朝堂之上的文武百官一时议论纷纷。以从七品上司礼博士为首的一帮大臣建议武姓七间，李姓五间。他们在内心已承认了武则天为女皇的事实。

顺我者昌，逆我者亡。为了坐上皇帝的宝座，武则天什么事都干得出来。

现在，薛怀义住进了白马寺，被武则天敕封为白马寺住持，就开始身披袈裟，做一个真正的和尚。同时，他也可以名正言顺地出入武则天的寝宫了。

武则天和薛怀义，两个六十多岁的男女，由他们来做床上之爱确实很不容易。薛怀义这种被称作女人"面首"的男人，和宦官一样，因为自己和女人的"异常"行为而在内心深处有着极强烈的自卑心理。但在外表上，他们常常表现得专横跋扈，蔑视其他任何正常的人。的确，做了白马寺住持的薛怀义经常能够感受到周围人讥讽的眼光，像刀子一样刺向他的前胸后背。因此，他寻求自我保护的方式，就是除了正规的僧侣外，他又集合了洛阳市井中的一帮无赖少年，把他们的头发剃掉，使他们混迹于和尚当中，专门做一些无法无天的事。

做了白马寺住持的薛怀义，在洛阳街头骑着高头大马，招摇过市。很快，有一群洛阳的无赖少年紧随其后、鞍前马后护身保驾。

当然，宫廷上下也有不少阿谀奉承的小人，专拍薛怀义的马屁。但他的名声实在不好，尤其是"面首"的角色让他在世人面前抬不起头。

这时，武则天却毫无羞耻地一再利用他。

武则天要消灭大唐皇族李姓，可武氏家族又没有几个可信赖的人供她利用，朝中她欣赏的官员又几乎被她斩杀殆尽。孤立无援的武则天只有抓住薛怀义这根稻草了。她即刻命令薛怀义在洛阳城督建祀天的"明堂"。这是唐初高祖皇帝与太宗皇帝想做而未完成的工作。同时，对武则天来说，"明堂"因周代的建筑而得名，因此重建明堂便大有复兴周朝之意味，她做女皇帝的野心则暴露无遗。然而，武则天玩的这个小把戏，耍弄的小聪明，并没有遭到大臣们的一致反对。

所谓"明堂"，是周朝开始制定，历代沿袭下来的用来实施政治和宗教合一的政治殿堂。天子要在这里祀天神祭祖宗，受诸侯朝拜，国家大典也在此举行。如此，其重要性绝非一般意义上的普通宫殿。

同时，自周公建立了"人力无法左右天命"的信念以来，全民对上天产生了神秘的宗教信仰。正是因为敬天畏天，所以对苍天的态度是非常虔诚和信奉的。因之，周朝的历代君主就有了"代天统治中国，即天子之位"的观念。于是，礼天是天子不可忽视的任务。周初的都城在长安，由于长安在中国广大国土上位置偏向西方，在统治上有诸多不便，后来才把都城由长安迁至洛阳。武则天正是看准这一点，认为自己建立了新王朝，并成为名副其实的天子，是要借明堂来授予自己"天子"的权力。或许在她做皇后之初，就已产生借西周强盛之名以为国名的计划。她为了成为历史上前所未有的女皇帝，以复兴备受儒家推崇的西周，及采用西周畏天的宗教信仰，这真可说是她最有力的一项秘密武器了。于是，大兴土木建造明堂就是必须迅速实施的一项计划。

现在，武则天命薛怀义为负责兴建工程的总监督，令薛怀义大为高兴。

对于薛怀义来说，不管武则天多么宠爱他，毕竟只不过是对他夜里在床上"工作"所付出的辛苦给予的奖赏。说好听一点，他是男妾，说更糟糕一点的话，他只不过被当作一种性器而已。这种意识也深深地植根于薛怀义的心里。想当初，他把武则天这个六十多岁的老太太视为女弥勒菩萨，想到以自己卑贱的身份，竟能和女弥勒菩萨共谱爱意，又是他一人的特权，这种享受的确让薛怀义兴奋得犹如一步登天。何况，武则天和市井之徒的猜想完全相反，她的无法想象的美貌，婀娜的身材，富有弹性的肉体，都使薛怀义为之留恋。可是他心里感到令人陶醉的行为，渐渐地变成艰苦的"奉献"了。而且，有时候他甚至借助强壮剂或淫药，也常常不能使武则天满足炽烈的欲望。当年江湖郎中时代的生涯，如今开始出现在薛怀义的梦里：他和一群满身臭汗的女人们如野兽般地狂爱，无拘无束，任意挥洒。虽然那是时常忍饥挨冻的日子，心里却会产生一股难以割舍的情怀，因为只有那里才有这种野兽渴望的自由。

武则天经过深思熟虑，把这次建筑明堂总监督的任务交给薛怀义，这让薛怀义高兴了几天几夜。他如猛虎下山，勇气百倍地执行这项工作。

无人再胆敢反对建明堂，对武则天来说，确实是一个令人欣喜的信号。她的男妾薛怀义能安心地执行该项任务，也出乎她的意料。

垂拱四年（688年）四月，武承嗣向武则天献上一块据说是从洛水之中得到的石头，上面刻有"圣母临人，永昌帝业"八个大字。

武则天闻之大喜，立即下旨，御封该石头为"宝图"，并因此大做文章。她要亲拜洛水，在洛阳南郊设立祭坛，以谢苍天。同时，她还要在新近由薛怀义督建而成的明堂中接受群臣朝贺，最关键的一步，她要让武氏一族在拜洛水前十天，到洛阳集会，以示全族人的虔诚。

四月十八日，武则天又给自己加上"圣母神皇"尊号。

六月，武则天又命人刻制"神皇"三个玉玺。

七月，武则天将那块石头的名字由"宝图"改为"天授圣图"，将洛水改为永昌洛水，并册封洛神，禁止在洛水中捕鱼。兴奋之余，她又把捡拾到石头的地方命名为"圣图泉"，此泉沿岸一带改称为永昌县。

武则天善于玩文字游戏，以使人们增加新鲜感。

她的这一手，也确使许多具有远见的人有了不祥的预感，特别是把这个游戏与六月武则天削减太宗第九女东阳大长公主的封邑，又把她的儿子流放到巫州的事情联系起来，更使满朝李氏宗族惴惴不安，度日如年，害怕灾难很快降临。但是，武则天则提出，明堂朝拜后的盛大宴席，凡李氏宗亲皆须参加。本是大唐江山守护人的李氏一族，却感到巨大的灾祸即将到来，他们再也不能坐以待毙了。

不能任人宰割！抱着必死的决心，韩王李元嘉的儿子黄国公李撰，首先采取行动。他假造睿宗皇帝玉玺，写好伪造的诏敕："朕已被幽禁，诸王应立刻发兵救朕。"接着，便将伪诏送到越王李贞的手中。越王李贞的儿子琅珊王李冲接到伪诏书后，认为事情紧急，便马上向全国的李氏宗族散发伪诏书，并要求他们分别举兵，攻打武则天居住的政治中心洛阳。同时，琅琊王也在博州（今山东省聊城市）很快招募五千兵马，渡过黄河，攻打济州。在打济州第一站武水县时，武水已得到魏元忠的援军支持，死保死守，久攻不下。

琅琊王李冲溃败后，不得不带着家仆卫士回到博州城。然而，不意间却被守城门的一个农夫击毙。

这时，武则天派遣的邱神勣大军也已占领博州，尽杀博州官吏。最后，他们提着李冲的头，回洛阳邀功请赏去了。

当各地李氏宗族陆续接到韩王李元嘉的伪诏书后，慑于武则天的淫威，并不敢有所举动，而是静观形势。

越王李贞听说儿子李冲被杀后，带着沮丧的心情要到洛阳伏法认罪。途中遇到起兵响应的新蔡县县令傅延庆所率领的二千余兵马时，才下定痛击武则天的决心。当朝廷镇压的大军兵临城下时，越王李贞早已吓得魂飞魄散。他当时是带着妻子和一双儿女来的，眼看大势已去，他不得不以鸩酒自杀，儿子被想邀功请赏的家仆所害，妻子也自缢身亡。他的女儿也与丈夫双双自杀，人头被挂在洛阳城门示众。

越王李贞的叛乱平定后，武则天便按计划，逐个歼灭李氏宗族的王爷们。

李姓诸王公中，剩下的东莞郡公李融、河东县侯及其弟李绪、李绍等，最终皆因与越王李贞之乱牵连而被置于死地。

李绍的三个儿子因母亲是太后宠爱的太平公主而免于一死。

青州刺史霍王李元轨及其子江都王李绪，一个死于流放途中，另一个暴尸示众。

过了几日，武则天便在"圣泉图"边举行了一次规模空前的"拜洛授图"大典。

公元689年元旦，武则天在刚刚建成的"明堂"举行宴飨大典。这一次，她毫无顾忌地穿上了天子的大礼服衮冕。

这时的武则天，离称女皇的天授元年（690年）仅有一年的时间了。

八、改唐为周

弥勒菩萨转世

数千多人齐聚到皇宫门前，喧嚣请命。其中有文武百官、远近民众、四夷酋长、各国使臣，有商人，有和尚，有道士。武承嗣选了十二名请命代表，进宫面见皇太后，并呈上一个由六万人签名的长折子。武则天见了，真是又惊又喜。惊的是没有想到一下子会有这么多人签名请命，喜的是请命行列中各行各业的人都有，特别是广大黎民百姓也都开口说话了。看来众望所归，水到渠成了。

武则天敢于撩开垂帘听政的紫色幕纱，以一个弱女子之身虎踞皇帝龙榻，这在压制女性的中国封建社会中，的确是一个值得探讨的谜。何况她正式称帝时，世人纷传她是弥勒菩萨转世，是佛的化身。这种人神合一的说辞，更使她称帝充满神秘色彩。

武则天醉心权力，先以皇后身份与高宗皇帝李治并称"二圣"，再以皇太后身份临朝称制。她虽然在政治上、军事上使用各种手段打击政敌、镇压反对派取得了胜利，在权力与地位上成为实际上的皇帝，但她并没有满足，极度膨胀的权力欲望，促使她要成为名副其实的皇帝。同时，有着几十年丰富权力斗争经验的她也十分清楚，要做皇帝，的确不是一件容易的事。自己并非出身名门望族，特别是要以一个女子之身、李唐王朝皇太后的身份来做这个名副其实的皇帝，不仅会遭到各种传统势力的反对，更会遭到李唐宗室的反对，背上篡唐的臭名。因此，热衷权力、残忍自私、专断独裁而又极具手段的武则天，深深懂得，不仅要摆平各种争端和敌对势力，还要在思想上、舆论上制造声势，才能使外人看来自己称帝是名正言顺、不可逆转的事实。为了实现自己的政治目标，武则天将这两步至关重要的棋子同步进行。

剪除异己，必定要扶植亲信，这是历来权力斗争惯用的伎俩和手段，武则天也不例外。从她掌握大唐王朝实权以来，便大批提升武家子侄。虽然他们恃强凌弱，阴险奸诈，不学无术，纯属势利小人，但武则天还是把他们官封要职，身居显位。其中以武承嗣、武三思等最露头角。

武则天这时的一举一动，真可谓"司马昭之心，路人皆知"。但善于奉迎的州官们也纷纷为其摇旗助阵，投其所好。几个州的州官先后报上几件象征吉兆的奇事，说他们州有好几起母鸡变成公鸡的事，民间盛传：阴阳颠倒，预示天下将有非常之变。女皇登基称帝所必需的一切舆论和实际准备，都在紧锣密鼓地筹划之中。况且仿照周朝修建明堂，也有着丰富的含义。出身大木材商之家的武则天，虽然其父武士彟身为开国功臣、官居三品、爵封三等，可以跻身士族，但按传统门阀观念，武则天仍被认作出身寒微。她被册封为才人时，位在皇后、四妃、九嫔之下，地位较低，宫中皇妃九嫔们倚仗门第的高贵、皇帝的宠爱，个个盛气凌人，常常取笑欺辱她。这种出身和境遇，虽然刺激她养成了追逐最高权力、支配一切的欲望和不择手段打击异己，也使她时时感到，要想名正言顺地登基称帝，还必须使自己没有门第封爵的先世有个好的"说头"。再者，登基称帝，改朝换代，也需要有个好的名称。

不仅当时，恐怕后世乃至当代的博学鸿儒都无法证明武则天与周朝帝王有何渊源。但这无妨，武则天毕竟是武则天，管你世人如何评说。于是武则天成了周朝开国皇帝的后代，周武王成了武则天的四十代远祖。虽然周武王是周朝的第一个国王（天子），但"武"是周武王驾崩后的谥号，与周武王的姓"姬"毫无关系，周是朝代名，也并非周代帝王之姓，但武则天不管这些，她自有高见。不知史学家能否考证武则天的高见：那就是武氏出生于姬姓，因为周武王出生时，手中有个"武"字。

一个虽名为武却不姓武的姬周宗室成为武则天的祖先，如果一千多年前的贤君周武王在天有灵，对一个被世人称作"虺蜴为心，豺狼成性，近狎邪僻，残害忠良，杀姊屠兄，弑君鸩母。人神之所同嫉，天地之所不容。犹复包藏祸心，窥窃神器"的人作为自己的后代作何感受。不管怎样说，这样一来，武则天改朝称帝的背景却大大改善了。

为彻底扫除称帝道路上的所有障碍，武则天认为有必要对李唐宗室和异己分子再进行一次整肃。于是在酷吏们的打压下，一批批唐大臣、李姓宗亲及其家人先后被杀，其中包括：唐高祖之子道王李元庆的第六子鄱阳公及其岳父天官侍郎邓云挺，唐太宗之子蒋王李恽之子辰州别驾汝南王李炜等十二人，唐太宗第十子李缜及其子孙。

徐敬业之弟徐敬真和洛阳县令弓嗣明，以及被他们胡乱供出的有谋反意图的宰相张先辅、陕州参军弓嗣古、相州刺史弓志元、蒲州刺史弓彭祖、上访监王令基、左史江融。

宰相魏玄同及前宰相崔祭。

右武卫大将军黑齿常之、右鹰扬将军赵怀节。

唐高宗第十三子郑王李元懿之长子鄂州刺史嗣郑王等六人。

唐高祖第二十二子滕王李元婴之长子嗣滕王李修琦等兄弟六人。

春官尚书范履冰。

唐高祖第十八子舒王李元明与其子李宣，以及恒州刺史裴贞。

赵州、贝州正在举行民间社稷活动的二百多平民及胜州都督王安仁父子。

唐高宗第三子泽王李上金及其七个儿子，唐高宗第四子许王李素节及其九个儿子。

宰相、太子李弘之岳父裴居道，尚书左丞张行廉等二十一人，密王李元晓之子、南安王李颖及其宗亲十二人近百家。

从李贞、李冲父子举兵反武失败，到武则天称帝，血腥屠杀就没有停止过。对武则天夺取皇位最具威胁力的李唐宗室特别是唐高祖、唐太宗、唐高宗三代皇帝的皇子们几乎被斩尽杀绝。残留的两个，李显被流放在外，李旦虽是名义上的皇帝，却被禁于别殿，对武则天根本构不成威胁。

万事俱备，只欠东风，登基称帝的条件似乎已经成熟。可是对于武则天来说，还有一块心病。作为皇后、皇太后，她可以与皇帝并称"二圣"，可以将皇帝禁于别殿自己临朝称制，然而，作为一个女人，要改"后"为"帝"，恐怕随之而来的问题还不会少。

从汉朝以来，就成为正统思想的儒家信条是"夫为妇纲""牝鸡司晨，唯家之索"。女人应该柔顺，应以他人意志为自己的意志，并视女人为祸水。男尊女卑的儒家理论又成为武则天以女主临天下的一道障碍。虽然在修建明堂问题上，她极力避开并淡化儒家礼制，但这并不能消除儒教思想在世人心目中的地位，还必须找到一个足以对抗儒家男尊女卑思想的有力武器，而且最好能带上浓重的神秘色彩，使世人认为，女主临天下，是祥瑞之兆，是上苍的旨意，是不可违背的。于是，武则天想到了佛教。

唐朝初年，道教的地位，居于佛教之上，这是因为：一方面李渊等人谬托道教创始人老子为自己的始祖。另一方面，唐高祖、唐太宗称帝都曾得到著名道士的帮助。到了唐高宗时期，高宗对佛教的崇信和佛教教义的深入人心，使信奉佛教的人日益增多，佛、道并列，已不分上下。武则天深知，在儒、道、佛三教中，儒家信条是正统思想，一贯歧视女性，道教创始人又与李唐皇族同宗，它们都不可能被利用。唯有佛教无任何禁忌，而是时其势力又方兴未艾、蒸蒸日上，已深入人心，需要进一步得到政治势力的庇佑。况且，武则天当皇后以来，就不断奖励佛教，使得佛教增加了不少活力。佛教成为武则天名正言顺登基称帝的好帮手。而在佛门中，早已有武则天的心腹深具影响的白马寺住持薛怀义。

江湖郎中出身的薛怀义，没有受过正式的儒家思想教育，能不受儒家教条的束缚。从现实出发，去击碎严禁"牝鸡司晨"的金科玉律，武则天大概也正是看准了这一点。

是无意抑或是有意，在奉武则天之命督建明堂时，薛怀义不仅将明堂修建得极其雄伟壮观，而且在顶部九条巨龙环捧的圆盖之上，更耸立着一只高达一丈的贴金凤凰，大有以凤压龙之意。一千二百多年后垂帘听政、执掌大权的慈禧太后"凤在上、龙在下"（清东陵慈禧墓雕饰图）的做法，不知是否即源于此。

现在薛怀义的使命，就是要为武则天找到一种充满神秘色彩的东西，并付诸实施，好让武则天能名正言顺地登上皇帝的宝座。薛怀义深思熟虑的结果，便是利用社会上盛行的对弥勒菩萨的信仰。

据说弥勒生于南天竺的婆罗门家庭，是释迦牟尼佛选定的接班人，予以授记，次当作佛，于世尊之前入灭，经四千年（相当于人间五十六亿年），又下生人间，于华林园龙树下成佛，广传佛法，成为人们信仰的佛。

在薛怀义和其师父、东魏国寺住持法明和尚的炮制下，一个弥勒菩萨降世的神话悄悄诞生。

没过多久，由法明和尚和其九名弟子共同撰写的《大云经》，经薛怀义之手呈献给了武则天。说武则天"乃弥勒下世，作阎浮提主，唐氏合微"。"阎浮提"是人世的意思，也就是说武则天是弥勒菩萨降世，应该取代唐朝，成为人世间的主人。

其实这《大云经》全称《大方等无想经》或《大方等大云经》，在后凉时期就有译本，只是不为世人所知。于是薛怀义便称《大云经》是法明等人首次译述，既然是当时有名的高僧法明及其弟子所译述的经文，就算有人知道底细，恐怕也不敢提出异议。

《大云经》中记载有菩萨转生为天女当国王的经文。如"尔时释迦牟尼佛为大众说法，云……净光天女，汝于彼佛暂一闻大涅槃经。以是因缘，今得天身。值我出世，复闻深义。舍是天形，即以女身当王国土，得转轮王，所统领处四分之一，汝于尔时实为菩萨，为化众生，现受女身"。也就是说，净光天女将降身人间，成为女王，天下之人都将崇拜归顺。经中还有注疏说："以女身当王国土者，所谓圣母神皇是也。"

经中还有"一佛每七百年后为女王下世，威伏天下，阎浮提中所有国土悉来承奉，无拒违者"等女主天下之事。

而经中所附的谶文，更为武则天以女主临天下推波助澜，如谶云：

> 陇头一丛李，枝叶欲凋疏。
>
> 风吹几欲倒，赖逢鹦鹉扶。

"陇头一丛李"自然是指出陇西的李唐王朝，而"鹦鹉"，则取"武"字谐音，指武则天。意为李唐王朝像风吹之下的树，枝叶凋疏，摇摇欲倒，全赖武则天来扶持。

本来不能断然定论弥勒菩萨为女性，但有了这些经文和谶文，薛怀义和法明等人已将弥勒菩萨与净光天女混为一谈。既然佛经中有女主临天下的记载，那么武则天当女皇便成为天经地义、无可非议之事了。而且弥勒菩萨入灭定后，上至兜率天，在过去、现在、未来这三世佛中属于未来佛，"弥勒出身，国土丰乐"，人间社会便进入理想境界。武则天是弥勒菩萨降世下生，更增添了一层神圣的灵光。

武则天得到《大云经》后，如获至宝，立即颁行天下，再加上薛怀义、法明及其弟子们宣传，"皇太后乃弥勒菩萨降世"的传言，风起云涌，形成一股汹涌澎湃的浪潮。

神话制造出来了，但还必须有人将这个神话引入预定的方向。喜欢做这种事的人肯定不会少，侍御史傅游艺捷足先登了。

善察风向、揣摩人意的傅游艺纠集了一批人，对他们说："现在这种征兆已经证实皇太后就是弥勒菩萨降世，即将君临天下。我们应该集体请命，请皇太后尽早登基，以便施行更多的仁政。"在他的召集鼓动下，很快就有几千人在请命书上签了名，连一些不识字的文盲，也由别人代笔，署上自己的大名。

傅游艺拿着请命书，又从中选出九百人为代表，率领他们前去请命。他门来到皇宫门前，呈上请命书，并呼吁："恭请弥勒菩萨降世的皇太后尽快登基 改唐朝为周朝，现任皇帝当立为太子，以安民心顺天命。"

武则天看罢请命书，听到请命人们的呼声，心中万分高兴。可是民心究竟如何，仍无把握，所以她并未答应这次请命。但她也没有亏待请命的发起人和组织者，傅游艺被擢升为给事中，待遇一下从六品下，升为五品上。这么一来，可刺激了不少人。

第二天，内容大致相同的请命书纷纷呈上。数千多人齐聚到皇宫门前，喧嚣请命。其中有文武百官、远近民众、四夷酋长、各国使臣，有商人，有和尚，有道士。

这次，由武承嗣选了十二名请命代表，进宫面见皇太后，并呈上一个由六万人签名的长折子。武则天见了，真是又惊又喜。惊的是没有想到一下子会有这么多人签名请命，喜的是请命行列中各行各业的人都有，特别是广大黎民百姓也都开口说话了。看来众望所归，水到渠成了。

这时，禁于别殿的皇帝李旦，心中像是打翻了五味瓶。或许他本身就不想当皇帝，他只不过是个被皇太后册封的有名无实的皇帝。虽然只是名义上的皇帝，但他毕竟是李姓子孙，要他一下子放弃李姓江山，多少有点不甘心。以他的实力与现在的形势看，已没有其他路可走，傅游艺请命的奏文中写得清楚："请求陛下赐皇帝武姓。"若对抗下去，很可能被认为是忤逆太后，武承嗣、武三思以及酷吏们不会放过他。李旦每每想到自己三位哥哥的遭遇，常常心有余悸，惊惶不安。大哥李弘猝死时，虽然他只有十四岁，但已隐约听到是被母亲毒死的传闻。接着二哥李贤被流放外地，最终也未能免去一死。三哥李显，当了不到两个月的皇帝，即被母后废黜，流放在外。现在，轮到他的头上了。

从少年时代起到现在，二十九岁的李旦目睹了多少可怕的事情。本应该是慈祥、宽厚的母亲，在他眼中却是那么残酷无情，不管对异己分子、宗室皇亲，还是对亲生儿子，只要有悖于她，她可以不择一切手段将他们统统杀掉，一个不留，哪怕是和他们稍有一点关系的人。

李旦缺少同龄人应有的霸气和野心，或许他不愿亡兄的悲剧在自己和其他皇子、公主身上重演，除了卑躬屈膝，恐怕已没有什么办法。对他来说，与其提心吊胆地做一个有名无实的皇帝，不如过平平安安的平民生活。于是，身为皇帝的李旦，上奏武则天，请求下赐武姓。皇帝改从母姓，这意味着皇帝自己主动地提出退位要求，将李氏江山拱手移交给武则天。武则天等待的就是这一天，但虚伪的她并没有马上答应李旦的请求。

傅游艺和希冀与傅游艺一样幸运的文武大臣们又上奏说："有凤凰从明堂飞起，向皇太后居住的上阳宫飞去，还有不知从何方飞来的数万只朱雀，集聚在朝堂的房顶上，这都是吉祥征兆。"先是文武大臣这样说，接着就有一些老百姓也说看见了凤凰和朱雀，最后发展成全国的人都说自己看见过恐怕只有傻子才说没看见。

是不是真的有凤凰和朱雀出现，对于喜爱祥瑞征兆的武则天来说，已经不重要。文武百官和全国百姓的这种意愿，已经使她十分满足了。武则天终于大笔一挥，批准了皇帝李旦及文武百官的请求。

公元690年10月18日，农历九月初九，重阳佳节，一个秋高气爽的日子，唐朝皇太后、圣母神皇武则天，登上天门城楼，宣布建立大周王朝，圣母神皇改称圣神皇帝。从此，中国历史上有了第一个也是唯一的一个女皇帝。这一年，武则天已是六十八岁高龄的老太婆了。

称帝后的武则天追尊五世祖武克己为严祖成皇帝，高祖武居常为肃恭章敬皇帝，曾祖父武俭为烈祖昭安皇帝，祖父武华为显文穆皇帝，父亲武士彟为太祖明高皇帝。又封武承嗣为魏王、武三思为梁王，其他堂侄儿等十余人封为郡王。

刚刚被晋升为给事中的傅游艺，由于带头请命有功，又升为鸾台侍郎同凤阁鸾台平章事，位列宰相之一。短短一年中，傅游艺从九品的合宫主簿，经补阙、给事中，升为三品宰相，升迁之快，极为罕见。傅游艺在一年之内，穿遍黑

（九、八品）、绿（七、六品）、红（五、四品）、紫（三品）四种颜色官服。文武百官既羡慕又嫉妒，都戏称他为"四时任官"，讽刺他一年四季都有官升。

参与注释及阐扬《大云经》经义的法明和尚及其主要弟子，也被封为县级公爵，并赏赐给他们紫色袈裟。当时，一般和尚的袈裟都是黑色，能得到紫色袈裟，自然是和尚们的最高荣誉。

武则天十四岁入宫，从才人、昭仪、皇后、天后、太后、圣母神皇到大周王朝圣神皇帝，处心积虑地奋斗了几十年，终于一步一步走上权力的顶峰。

作为女性，她不仅丽质美貌，天资聪颖，而且具备一个政治家所应具备的各种素质和手段，更能把封建帝王所惯用的各种政治斗争的手段发挥得淋漓尽致。同时，她又冷酷无情，挟刑赏之柄以驾驭天下，先后杀李唐宗室皇亲数百人（其中包括自己的亲生女儿和儿子），大臣数百家，刺史、郎将以下不计其数。明察善断，政由己出，刑赏兼用，专制独裁，残酷无情，使武则天自从以皇后身份参与政事，到后来登基称帝，再到神龙年退位，她参与和掌握最高权力达半个世纪之久。

武则天以一个女子之身，改制称帝，成为名副其实的女皇帝，这在中国历史上是前无古人，后无来者。八百多年前的吕雉和一千二百多年后的慈禧，也不过是垂帘听政而已。所以，武则天能成为中国历史上唯一的一个女皇帝，说明她不愧是一个杰出的、成熟的政治家。

至于她在襁褓中即被预言"当为天下主"，已无法考证是不是无稽之谈。而武则天为弥勒菩萨降世，"女身当王国土者，所谓圣母神皇是也"，则不过是她为自己能名正言顺、堂而皇之地做皇帝所找的一种高明的托词，给自己能以女主临天下罩上一层深不可测的神圣的灵光而已。

诛杀薛怀义

武则天与日俱增的与其年纪极不相称的淫欲之火，使他骇然不已。"这个老女人，简直比婊子还要淫荡！"薛怀义心中不知诅咒过多少遍。

卸磨杀驴。这是最高统治者惯用的厚黑哲学，武则天也不例外。

当初，太平公主把薛怀义当作以阳补阴的灵丹妙药献给武则天时，薛怀义便深受武则天的宠爱。因此，他由一个浪迹江湖的郎中成为女皇的男宠。而且在武则天改唐为周的革命中，他制造了武则天是弥勒菩萨降世，将以女主临天下的神话，并将其宣扬得沸沸扬扬，为武则天名正言顺地登基称帝立下了汗马功劳。武则天也因薛怀义修建明堂有功，而封他为左威大将军、梁国公。明堂建好后，武则天又命薛怀义在明堂北侧再兴建天堂，用于安置巨型佛像。

历时六年，天堂和大佛总算完工。六年间，每天至少有一万人在工地劳役，而花费的钱财更以万亿计算，国库因此而枯竭。但薛怀义却不在乎，挥金如粪土，只要他一句话，武则天从不细问详情，一律要钱给钱，要人给人。

天堂高五层，巨大无比的佛像位于其中。这个大佛像以木头为内胎，再塑造制像，外面贴上苎麻粗布，干燥后去掉其中塑土便成了。佛像高至天堂的第三层，在这个高度，可以俯瞰明堂。其身之巨大，远非一般人所能想象，佛像的小拇指，就可以站数十人。

自从受命重修天堂后，薛怀义进宫的次数便开始渐渐减少。当初，他曾为能侍奉虽老而不衰的女人洋洋得意过一番，但他也感到了群臣们对他的蔑视，特别是遭到苏良嗣的痛打，武则天并未为其出手，狂妄的他开始感到自己的地位并不像他想象的那么高贵。更使他不能忍受的是武则天在床上的那种贪得无厌。无论她保养得再好，在外人看来她美丽的脸庞依然显出蔷薇色的光彩，但洗尽铅华后，面对薛怀义时她却无法再装扮自己，毕竟她已经是年近七十的古稀老妇人了。逝去的岁月像一把无情的刀，在她身上留下无法弥补的痕迹。昔日凝脂的肌肤，高耸的双峰，丰腴浑圆的腰身，修长的大腿一去不复返了。武则天与日俱增的与其年纪极不相称的淫欲之火，使他骇然不已。"这个老女人，简直比婊子还要淫荡！"薛怀义心中不知诅咒过多少遍。

生理上已经开始对这个老女人感到厌倦的薛怀义，对前来催他进宫的内侍爱理不理，但他还不敢完全违抗，因为他还需要武则天给他在权势上的支持，就像武则天需要他一样。实在催得紧了，便进宫应付一番。正当武则天情欲才被激起时，他已匆匆完事。未尽兴的武则天恨得直骂："无用的东西，真是个太监！"而他暗自好笑，因为他明白，只有这样，才能抓住武则天的心。

虽然他早已习惯宫廷生活，但几十年江湖生涯所养成的自由自在的秉性，还是使他感到拘束。薛怀义更乐意待在白马寺，与他精心挑选的一百多名强壮和尚胡作非为，或饮酒作乐，或沉溺赌博，当然还会以做法事为借口找来几个妙龄尼姑，所以在哪一方面他都丝毫不欠缺。

这一百多名和尚多是半路出家，因会些武艺、力气极大而被薛怀义剃度之后留在寺中。这几年，薛怀义除了督建天堂与大佛，极少上朝，和这一群强壮的和尚躲在白马寺中，会不会有什么阴谋？侍御史周矩对薛怀义的行为起了疑心，便上奏弹劾薛怀义，请求将薛怀义移交法办。武则天没有答应。

周矩力陈其害："薛怀义手下的和尚，名为僧人，实为壮汉匪类，想其必有阴谋。"

武则天考虑半天，才对周矩说："你先回去，我会叫他自己去你那里。"

周矩只得回去，但不相信武则天的话。出乎意料，周矩回到左台不久，薛怀义骑着马，带着几名侍从来了。周矩立刻唤人准备笔墨，打算录口供。不料薛怀义下马走到台阶前，躺在了那里的一张床上，且以手支额，露着肚皮。这个诡异的动作，叫周矩摸不着头脑，一时间二人四目相视，哑口无言。当周矩明白过来命人抓住薛怀义时，薛怀义却一跃而起，跨上马背，一勒缰绳，飞奔而去。

愤怒至极的周矩立刻奏报武则天。

武则天对此却轻描淡写地说："这个和尚有点疯疯癫癫的，不值得一问。"

周矩一愣，不知说什么好。

为安抚周矩，武则天马上又说："不过，白马寺中的那一帮无赖和尚，就由你去处理好了。"

不几日，平时云集白马寺作威作福的一百多名和尚就被流放到边远州县。薛怀义却安然无事。武则天好像不知道这件事一样，对他建造天堂和大佛还褒奖一番。其实武则天心中已开始痛恨这种粗人，特别是近来薛怀义在床上的表现，实在不能让她满意，但又不能把他交给周矩以法律审问他，若是那样，这个疯和尚肯定会把和自己所做的一切猥亵丑事当庭和盘托出，自己的淫行丑事岂不传遍全国，成为古往今来天下第一大淫妇，皇帝的尊严涂地。目前还是先将他稳住再说。至于周矩，也要封住他的臭嘴巴才好，那个疯和尚居然在他面前袒露肚支躺在床上，是不是向他暗示自己和皇上的关系？你周矩不敢将我怎样。该想的都想到了，周矩被突然提升为天官员外郎。

这时的武则天，已经七十多岁，她又有了新的宠幸。当初她还以为薛怀义长时间不进宫是体力吃不消的缘故，便找来宫廷御医沈南璆，让他配制几服补肾强身之药。这对御医沈南璆来说太容易了。不过这沈南璆也够阴损的，什么鸡秃散、鱼水相投散、山獭髓、强龟益女方、枕中丹、兴阳蜈蚣袋等喝的、洗的、用的，一大堆春药献了上来。药是熬好了，薛怀义却召不进宫，欲火中烧的武则天面对几大碗药水、药面，突发奇想，便召沈南璆入宫，要他试试药力如何。深知其害的沈南璆虽然药箱里这些药有的是，但他从不去试，可是现在皇上的旨意他却不敢违抗，只得狠心喝下武则天顺手递过来的一碗药。不料，那正是最厉害的山獭髓。据说这雄山獭乃兽中最淫之物，发情时，若找不到同类，见到其他雌兽也一样会搭上去，因此山中野兽见了它都远远避开，有时饥渴的雄山獭竟以树洞为阴，直到精泄而止。山獭髓便是以其鞭其肾研制而成。沈南璆一碗下肚，便知不妙，只觉得全身血液直往一个地方冲。当他惶恐不安地抬头准备请求告退之时，平日端坐在龙座之上威严无比的女皇帝，仿佛化为一个年轻美貌的可人儿向他招手，他身不由己，像是有东西牵着一样颤颤地爬上了那张宽大的龙床。一夜缱绻，云雨花样翻新，也是其乐无穷。

当一切都平静下来后，沈南璆早已吓得跪在床上请罪了。让他没想到的是，武则天平静地摆摆手让他退下。从此，御医发挥了御医的作用。每当武则天有"病"的时候，他便进宫为皇帝精心治疗，直到女皇帝舒坦为止。其实对武则天来说，沈南璆带给她一种全新感受，以薛怀义那种没有教养的粗俗之人，上来只知穷追猛打，沈南璆虽然没有薛怀义健硕，可也面皮白净，温文尔雅，颇具仙风道骨之感，他的按摩推拿常使她四肢放松，美妙无比，而他为女皇帝所呈献的"至尊汤"，更使女皇帝松弛的肌肉重回昔日的弹性。因此，武则天对薛怀义开始淡忘了。

薛怀义自从在周矩面前做出诡异的举动后，着实紧张了一阵子，特别是手下一百多名和尚被流放，使他又气又怕。好在武则天并没有怪罪他。武则天对他建造大佛和天堂，除了慰勉之外，还赏给他许多财物，这才使他安定下来。虽然武则天暂时不再召他入宫，他也乐得清闲，不过，他很快就和麟趾寺那些尼姑打得火热。

麟趾寺那帮尼姑的头儿，是一个来自河内（今河南温县）的老尼姑，手下除一群尼姑外，还有一名自称嵩山山人的和尚，名叫韦什方，此外另有一个不知名的胡人老头。这河内老尼自称是净光菩萨降世，能预知未来，而韦什方更自称生于三国时代，那个胡人老头也说自己已有五百岁，他的脸上倒是真的泛出艳丽的光泽，仿佛少年一般。他们三人里外配合，互相呼应，装神弄鬼，迷惑了不少人，颇得一些民众的支持。

一向喜欢神秘气氛的武则天，知道这个消息后，立刻命人将这三人找来，要听听他们有何说法。河内老尼等人神秘玄妙的说辞，令武则天很感兴趣，那胡人老头看着武则天身边的薛怀义，更是坚持认为二百年前就见过他，而且发现他越来越年轻了，把薛怀义说得也是心花怒放。武则天开始对这些人信任倚重了，特别是对韦什方很满意，并准许韦什方姓"武"，不久又任命韦什方为正谏大夫通风阁鸾台平章事。这位自称四百五十岁的老和尚，竟成为宰相之一。武则天还在诏书中说要超过黄帝时的广成子，逾越西汉时的河上公。黄帝轩辕曾向广成子请教成仙的方法，广成子说："我修炼一千二百年，身体从没衰老。"西汉刘恒曾向黄河边的河上公请教《老子》，河上公说："我注解这部书已有一千七百余年。"武则天之意，大概是要韦什方超过广成子、河上公这两位长寿之人吧！不过这个嵩山山人，不习惯做官，几个月后，便请求回嵩山去了。他大概是想修炼成仙吧！

薛怀义自此以后，便与麟趾寺有了交往。这麟趾寺表面看来是佛门圣地，白天每人都是一素菜一碗汤，可是到了夜晚，却偷偷地杀猪宰羊，鸡、鸭、鱼、肉无所不有，又吃又喝，大肆欢乐。河内老尼和其手下一百多名尼姑，个个荒淫放荡，薛怀义来此寻乐，有时竟在大殿之上，集体乱交，淫声秽语不堪入耳。

不几天，回嵩山的韦什方就又回来了，声称已学会配制长生不老药。武则天自然高兴，特许他使用官方驿马，到岭南采集药材，为自己配制长生不老丹。

薛怀义除了饮酒解闷，便是与众尼姑寻欢作乐。又到了正月十五上元节，照例要举行无遮大会。这次，薛怀义别出心裁，他命人在天堂前面挖了一个深达五丈的大坑，然后把预先用五色丝绢做成的各式宫殿和佛像送入坑底，佛像身上波金挂彩。到了那一天，他一声令下，在和尚们的牵拉下，佛像和宫殿缓缓上升。同时，几千支蜡烛同时点燃，将场面照耀得庄严灿烂，看热闹的人们有的合掌念经，有的拍手欢呼，场面热闹非凡。薛怀义更是情绪高涨，对在场的人们说，这些佛像和宫殿，都是靠他的法力，自动从坑底浮上来的，围观的人们更觉惊讶不已。

薛怀义又用牛血在麻布上画了一幅高达二百尺的佛像人头，挂起来让人们观看，并宣称这幅巨像人头，是用自己的血画成的。因为虔诚信佛的人有时就用自己膝下的血画个小血佛，以示对佛教的贡献。没想薛怀义竟用自己的血画了一幅如此巨大的血佛，信佛之人更对这位白马寺的住持敬仰不已。虽然人们都不会轻易相信这种显而易见的谎言，因为谁的血能画这么大的佛像呢？况且平日画一幅小佛像还有人偷工减料，大掺水分呢！但是现在骗与被骗心照不宣，人们依然高声赞颂薛怀义这位大和尚的功德。佛头像才挂起来，便被一阵狂风吹破。薛怀义并不灰心，令人再照样画一幅，也不知杀了多少头牛。到撒钱布施的时候了，四面八方涌来的人更多，有许多还是从老远的外地专程赶来的，人们喜欢、等待的就是这个时候。

正月十七，薛怀义又把这个用牛血画成的巨佛头像，挂在洛阳天津桥的南端，并在佛像下设置祭坛，举行法会，摆设素食饭菜，款待各方来的和尚和尼姑。许多市民都聚集在洛水两岸，议论纷纷。

薛怀义可谓用心良苦。一方面，他利用这种魔术般的手段，制造出热闹非凡的场面，以获取在民间的威望；另一方面，他满以为武则天会照往年前来观看，如此热闹的场面，武则天一来，他脸上自然会特别光彩，那就可以显示他并没有失宠。第一个愿望或许已经达到了，可是他左等右等，武则天竟然没来，这使他大为失望并且很恼火。他不知道，正当他苦心等待武则天驾临时，女皇帝正与她的新面首在龙床上翻云覆雨、颠鸾倒凤呢！

也就是在这一天，薛怀义从一个和尚口中得知女皇帝另有新欢。其实他周围的人早已知道此事，只不过大家近来见这位大和尚的脾气有些古怪，不敢对他直言相告罢了。

薛怀义见过御医沈南璆，中等身材，皮肤白净，但薛怀义更欣赏自己雄壮伟硕的身躯，他怎么也不明白皇上为何偏偏对沈南璆那种在他看来弱不禁风的男人感兴趣。当初他自己对这个老女人感到厌倦而不肯入宫，现在与其说心中像打翻了醋坛子，不如说是燃起强烈的愤怒之火。他开始产生一种强烈的不平衡感。

这天夜里，天刚黑就开始刮风，到了二更时分，更刮起了少见的狂风。偏在这个时候，天堂之上又不知何故突然冒出一股火焰，火借风势，风助火威，顷刻间，天堂陷于大火之中，而且火势开始向明堂方向蔓延，很快明堂也燃烧起来。当值更的宦官发出火警时，大火已烧到不可补救的程度，宫城之内被照得亮如白昼，救火的人们只能保护其他宫殿。天堂很快就被大火化为灰烬，那幅巨大的佛头人像，也随着火焰腾空而起，片片燃烧着的碎布飘到极远的地方。明堂顶层的九条巨龙，已成为火龙。而那只金凤凰，已被烧得扭曲着歪到一边。黎明将到，随着明堂烧尽，火势才渐渐减小。

又一次得到沈南璆那舒缓而有力的抚慰，武则天在浑身通泰的满足中将进梦乡。这时明堂失火的消息把她从梦中拉了回来。听到这个惊人的消息，武则天心中闪过的第一个念头，便是"一定是那个疯和尚干的"。

很快，一帮文武大臣聚集在朝堂窃窃私语失火原因。大家都认为，深得皇上中意的明堂一夜之间化为灰烬，盛怒之下，皇上定会惩罚纵火者。但不久便传出武则天的调查结果，说起火原因是由于守夜人不小心碰倒蜡烛烧到了大佛像，正好又遇到大风，才波及明堂。这纯属意外，不必再追究责任。武则天说这场火是事出意外，文武大臣们更对武则天所下的这一结论感到意外。虽然武则天表示不再继续追查，但从她古怪的言行中，人们逐渐看到一个纵火者的影子薛怀义。但既然皇帝有令，人们也就不再追查这件事。

本来应该为天堂的落成举行宴会，左拾遗刘承庆上奏请求停止朝拜，撤销筵席，以回应上天的震怒。武则天准备接受他的建议。纳言姚璹却持不同意见，他说："周朝时，洛阳宣榭殿失火，预示一代比一代兴隆，汉武帝刘彻因柏梁台失火而令盖建章宫，丰厚的皇恩源远流长，明堂乃是传播政治场所，并不是祭祀祖先的太庙，不应贬低自己。"武则天更喜欢听这样的话，遂登瑞门，像平常一样，摆设酒宴。督造明堂、天堂及大佛像的薛怀义自然也在其中。酒宴将要结束时，武则天又命令薛怀义仿造周武王迁都洛阳安置九鼎而铸造九个大铜鼎，一鼎代表古代一州，名曰九州之鼎，即神州鼎、冀州鼎、雍州鼎、豫州鼎、青州鼎、徐州鼎、扬州鼎、荆州鼎、梁州鼎，除神州鼎高一丈八尺，容纳粮食二千八百石外，其余八州各鼎，都高一丈四尺，容纳粮食一千二百石。还要再铸鼠、牛、虎、兔、龙、蛇、马、羊、猴、鸡、狗、猪十二个神像，并分别依照它们所属方位放置。

薛怀义晚上望着那冲天大火确实高兴过一阵，心中直叫痛快。但见了武则天，心中也不免忐忑不安。没想到武则天还会命他再督造明堂、天堂，心中一时想不出原因，只得叩首领命。

那个自称为净光菩萨降世，能预知未来的河内老尼，在明堂失火后不久，进宫慰问武则天。这次武则天可没像上次那么客气了，她怒斥道："你常说有预知未来的能力，为什么不能预知明堂将要失火？"那老尼姑一句话也答不出，只是跪在地上发抖。武则天遂没收其所有财产，并将其押解回河内。麟趾寺中的年轻尼姑和那个自称五百岁的老胡人也四散逃亡。

在这之前，麟趾寺尼姑们的淫乱行为，早为邻人所知，地方衙门也早取得证据，只是由于河内老尼及胡人老头是武则天宠爱之人，一直不敢动手。现在有人向武则天告发他们作奸犯科的行为，要求捉拿他们。武则天听了，也大吃一惊，但稍加思考之后，便说："先不要惊动他们，朕自有主张。"

武则天又召回河内老尼，让她重任麟趾寺的住持。这样一来，那些四处逃散的年轻尼姑以为皇上不会再为难她们，也都纷纷回到麟趾寺。武则天在确定她们都回来后，派出内给使，将她们一网打尽，带回宫中，将她们充为宫中女奴。这时到南方采药为武则天配制长生不老药的韦什方，已从南方回来，当他走到距洛阳六十华里的偃师时，听到了河内老尼及其弟子们被捉拿的消息，他神仙也不想做了，当晚在驿站上吊自杀，只有那个自称五百岁的胡人老头从此失踪了。

薛怀义近来心情越来越坏，对人的态度也越来越傲慢任性。他知道武则天对他的宠爱已经转移到沈南璆身上，他开始为自己今后的命运担忧。特别是一把火将明堂、天堂烧毁后，武则天不但不追究失火原因，反而又命他重新督建明堂、天堂，使他感到有一种无形的压力。这种压力使他狂躁不安，他天天以酒度日，而喝了酒，言谈之间，越发狂悖。

武则天的女儿太平公主一向对什么事都心里清楚，头脑灵活，做事大胆，十六岁时便有了和母亲少年时一样的癖好，喜欢着男装。她对武则天说："陛下怎么能忍受那个疯和尚在京中如此胡闹呢？"

武则天说："我早就无法忍受了，只是此事不大好办。"

太平公主还没见过母亲有过不好办的事，便简单地说："一切交给儿去办吧！"

武则天心中明白："好，须小心才是。"

几天后，薛怀义接到通知，皇帝让他进宫商议重建明堂之事。当他如约进宫，走到瑶光殿前时，突然，他的身体向前栽倒，因为草丛中有一根细绳绊倒了他。接着，不知从哪儿蹿出好多健妇，将其用网罩住，嘴里也被一妇人用布堵住，他只能发出呜呜的低叫声。随之，木棒、扫帚棒往他身上乱打下来。这时，曾经给薛怀义牵过马的建昌王武攸宁带领十几名壮男跑了过来，随着木棒不停地打在他身上，薛怀义低吼的声音也渐渐减弱，直至最后血肉模糊断了气。倨傲不

棒杀薛怀义

可一世的薛怀义最终死于乱棒之下。当然，这一切都是太平公主事先安排好的。这件事做得干净利落。武则天非常满意，对太平公主倍加赞赏。果真有其母必有其女呀！

薛怀义的尸体被送回白马寺秘密火葬，后不知被埋在何处。有人说其骨殖和在泥里建成佛塔，也有人说随便丢弃在了洛阳街头。总之，不知所终。

几天之后，武则天从用了不到一年的"慈氏越古金轮圣神皇帝"中去掉"慈氏越古"尊号，只留下"金轮圣神皇帝"。当初，薛怀义为武则天登基称帝而编造宣称她是弥勒菩萨降世。现在，薛怀义已被杀死，再使用意味着弥勒菩萨的"慈氏"尊号，她自然感到心中不舒服。

如果说来俊臣从一介无赖游民蹿升到朝廷四品官，是武则天为打击异己、夺权和巩固政权的政治需要，那么薛怀义从江湖郎中一跃成为左威大将军，则纯粹是由于武则天生理上的需求。或许他能平平安安地当一辈子僧人，过上安定生活，但只因身有嫪毐之巨物，被几个有权势的女人弄到闺房宫闱之中驱使，并身居高位。薛怀义大概不能适应这种突然间的巨变，从而傲慢不逊、狂妄自大，即使在他感到失势之后，也仍不更改，以致最终走向死亡之路。不过，从历史上看，凡是由于满足权势者的私欲需要而突然间改变了命运的人，大多不能善终，薛怀义便是其中之一。

两妃失踪

"陛下，"团儿一边给武则天捶着背，一边说着早已准备好的话，"据奴婢所知，近来太子妃刘氏和窦氏二人每天晚上对着两个木人祈求鬼神，施法诅咒，企图陷害陛下，缩短陛下阳寿。奴婢已得到确切的证据，如若陛下怀疑，可以派人到东宫搜查。"

长寿二年（693年），也就是武则天登基称帝的第三年。元旦这天，按照以往天子每年年初例行的惯例，武则天祭祀天地。

武则天首先呈献供品。按照惯例，亚献应该由皇嗣担任。然而，这次亚献和终献分别由武则天的侄子魏王武承嗣、梁王武三思担任，太子却被完全冷落在一旁，无人问津。

武则天改唐为周自称圣神皇帝后，唐睿宗李旦由皇帝被改立皇太子，而先前的皇太子李成器，被册立为皇太孙。但在武则天心中，谁将被真正立为皇嗣，继承她的皇位，一直下不了决心。不过这次元旦祭祀天地，武承嗣是以皇嗣的身份进行亚献的。

第二天，皇太子李旦的二位妃子刘氏和窦氏，一起来到嘉豫殿，向武则天贺新年。刘氏是在仪凤年间以女官的身份进入当时还是相王的李旦府中，不久，生下了李旦的长子李成器，因此成为王妃，可以说是李旦的原配夫人。李旦继位成为唐睿宗后，她被册立为皇后，李成器也被册立为皇太子。随着李旦被迫让出帝位成为皇嗣，她也被降为皇嗣妃。窦氏也是以宫女身份进入王府的，李旦继位后，因其姿容婉顺，被封为德妃。她是唐太宗李世民母亲窦皇后之堂兄窦抗的曾孙女，其祖母乃是唐太宗李世民的同父异母姐姐襄阳公主，所以可谓与李唐王室有极深的血缘关系。她为李旦生有一子二女，其子李隆基，便是以后的唐明皇。

将近正午时分，刘氏和窦氏二人还没有从嘉豫殿出来，侍从们想，也许皇帝高兴，留她们二人一起吃饭，于是侍从们便继续等。又过了很长时间，还是不见二位夫人出来，侍从们有些着急，便向嘉豫殿中的宫女打听，但宫女们却说，二位夫人向皇上请过安后，便退出了，应该早已回去。直到天黑也没有见二位夫人回到东宫。第二天一早，又到嘉豫殿询问，仍然没有任何消息。刘、窦二妃从此便神秘地失踪了。

李旦得到二位夫人失踪的消息，也是心急如焚，但几年来提心吊胆的谨慎生活，使他养成了遇事不喜怒形于色的习惯。所以他一面派人暗中打听询问，一面将这几天发生的事细想一遍。很快，李旦将元旦在明堂祭祀时被冷落的情景与这件事联系到一起。看来自己虽为皇嗣，却无皇嗣之实，现在二位夫人不明不白地失踪，这其中必有密切的联系。从少年时期目睹几个哥哥的遭遇，生性软弱的李旦渐渐了解了母亲那专断、冷酷的心理，所以从他继位以来，特别是又让位于母亲以来，为保护自己，不使几位哥哥的悲剧在自己身上重演，他一直忍辱负重，不露声色。没想到害怕发生的事情，最终还是发生了。难道这是一种可怕的前兆？不管怎么样，李旦再次告诫自己，保持沉默，以不变应万变，即使心中再痛苦，再悲愤，也要像从前一样。对于李旦来说，这是自我保护的唯一办法了。

可是刘氏、窦氏毕竟是与自己生活多年的妻子，几个儿女的母亲呀！想到夫妻情义，李旦也只有暗自流泪叹息了。

暗中派出的心腹侍从陆续回来，整个皇宫能打听的地方都打听了，可是二位夫人还是未从嘉豫殿中出来。她们二人或是被幽禁，或早已被害，至于凶手，李旦和侍从们都不约而同地想到了一个人，但谁都又不敢说出口。到嘉豫殿去寻找，那不可能，况且武则天已通过身边内侍传出话："两位妃子从御前退出后，便离开了嘉豫殿，以后的事一概不知。"看来现在最明智的做法，是保持沉默与镇静。

表面镇静自若，而内心痛苦不已的李旦没有想到，自己两位爱妻失踪的原因是由他而起。

武则天身边有一个叫团儿的宫女，相貌俊美，身材多姿，而且头脑聪明，做事伶俐，一张小嘴见啥人说啥话，颇得一帮宫人的赏识。刚开始，她也只能做些擦桌扫地之类的粗活，但她极有心计，对身边的事琢磨得很透。在她看来，只有博得主子的欢心，才能得到权势，而有了权势，就可以支配一切。因此，她暗暗发誓，一定要出人头地。她开始处处见机行事，阿谀讨好。灵巧的小嘴与刻意的奉迎，使武则天渐渐注意到她的存在，并很快得到信任，成为宫中一个颇有实力的小主管。

尽管团儿有了权势，又颇得女皇帝的赏识，但这并不能使志向远大的团儿满足。因为她知道自己毕竟还是宫女身份，再有权势仍是受主子驱使的奴婢。团儿开始考虑如何摆脱宫女的身份了。要能实现自己的目的，必须要找一个替身，而且最好是一个男人。如果皇帝是一个男皇帝，团儿就不为难了。团儿自信凭着自己的美貌，不难将男皇帝迷住，使他宠幸自己。可是现在宫中只有一个女皇帝，这条路走不通。宫外的男人她又很少接触得到，看来只有一个人可以利用了。

团儿想到的这个人，便是能经常出入内宫的太子李旦。其实她早就注意到温厚笃实、颇具儒雅风度的皇太子了。应该说团儿自小进宫，除了太监，她很少能接触到成熟的男性。随着年龄的增长，怀春之情也开始在她心中萌发，而作为皇帝的贴身女侍，女皇帝与她的男宠们在宫中云雨，她也耳闻目睹了不少。初懂风情的团儿渴望得到太子的青睐，特别是太子俊秀的眉宇之间的几分忧愁，更激发了她心中女性特有的同情与爱慕。

团儿开始设法接近李旦。每次李旦进宫时，团儿便会出现在他面前，并想尽办法找一些原本不必要的事为他服务，有时没事，也会默默地在一旁看着他。虽没有机会说话，但团儿觉得就是看着也是好的。李旦好像没有注意到团儿的异常举动，虽然平常会说会笑、会殷勤的团儿，给他留有几分印象，也不过是'这个宫女好开朗活泼的性格"而已，其他的他不敢多想，更没有心思去想。

终于有一天，团儿期盼的机会来到了。那是一天下午，李旦进宫向偶有小恙的皇帝请安，哪料皇帝刚刚入睡，李旦便在外等候。四周静悄悄的，没有其他人，那一帮好吃懒做的宫人也许早已被团儿支开了。团儿走到李旦面前，含情脉脉。团儿的异样，使李旦有点吃惊，更使他吃惊的是团儿拉住了他的衣袖，并且说："恕妾无礼，妾对太子殿下思慕已久。妾虽卑贱，但愿服侍殿下终身，望能得到殿下的宠爱。"李旦是曾经做过皇帝的人，虽然没有皇帝的实权，可也享受过皇帝的待遇。他对这种宫女乞求得到皇帝宠幸的事，也曾遇到过。她们无非想通过皇帝的宠爱，获得荣华富贵，若能为皇帝生下一儿半女的，地位也能得到提高。

可是，李旦深知目前自己的地位很微妙，说不定哪一天自己太子的地位都保不住。因此，他在这一方面没有过多奢求。所以很快镇静下来的李旦用最温和的态度拒绝团儿："你的心意我很感激，可是我不能接受你的情义。况且，你是皇上所赏识的人，我怎么可以从皇上身边将你要走？"

以团儿的性格，不是几句话可以打发走的人，她看准的目标，一定要设法达到。"妾知道也很同情殿下的处境，如果殿下愿意的话，妾愿在皇上面前为殿下尽力。"

不说这话还好，团儿的这番话，却使李旦产生了恐惧感和戒备感。他开始认为这是皇上有意安排的，为的是更好地监视自己。想到这儿，李旦不敢久留，再次拒绝了团儿，抽回衣袖，快步走了出去。

对自己容貌很有信心的团儿，想凭着自己的姿色与巧语，打动一个处境不好的男人，不料却被李旦不软不硬地回绝了。这使她感到有点沮丧。但她是个不达到目的不死心的女人。"或许自己做得还不够"，团儿这样想。

这是又一次得到只有她和李旦在一起的机会。既然是千载难逢，团儿自然不会错过。她说话的语气更加大胆，表白得也更为真切。团儿的大眼睛中流露着渴望的目光，撩人的姿态，使李旦步步后退。

李旦一句话都不敢说，简直是逃也似的去了。

李旦再进宫，开始尽量避开团儿，实在避不开，也板着脸，或低头装作没看见，匆匆走过，不再给团儿接近的机会。两次被拒绝的团儿几乎愤怒到了极点，她还没有尝过失败的滋味。这样自信的女人，不成功，便会变本加厉地报复，而失去理智的女人，一旦有了这个念头，其恶毒的心肠比男人还要狠几十倍。正如那句俗语："最毒莫过妇人心。"

她的心肠的确够毒的了。团儿暗地里刻了两个木人，在其胸前写着皇帝的大名——武曌，胸口、额头和头顶都钉上大号缝衣针，然后收买东宫的一个宫女，命她将这两个木人埋在东宫草地的一棵树下。

一切都准备停当后，团儿的报复行为进入到实施阶段。

"陛下，"团儿一边给武则天捶着背，一边说着早已准备好的话，"据奴婢所知，近来太子妃刘氏和窦氏二人每天晚上对着两个木人祈求鬼神，施法诅咒，企图陷害陛下，缩短陛下阳寿。奴婢已得到确切的证据，如若陛下怀疑，可以派人到东宫搜查。"

武则天听了，没有言语，她首先想到的是近来自己在皇嗣问题上的举棋不定。虽然李旦已被立为太子，但对自己的侄儿武承嗣，她也考虑了很久，是否要册立新的皇嗣？她还没有下定决心。但今天祭祀天地，她已经让武承嗣任亚献，会不会太子妃们早已体察到了什么，这才施法诅咒，祈求自己早死？这也不是不可能的事。以武则天的个性来说，对这种事，她宁可信其有。不过，这次她认为暗中处理为好，事情不宜闹大。第二天，刘妃、德妃便在嘉豫殿神秘地失踪了。

刘妃、德妃失踪后，团儿的心中求得了一点平衡。但她没有忘记自己的志向，很快她又选择了一个新的目标能常常进宫的皇帝的侄子武承嗣。这次很容易便得手了，虽然武承嗣还没能使她在地位上获得满意，但是让她得到了女皇帝从男宠们那里得到的那种欢愉。满足之下，她将二妃失踪的事告诉了武承嗣，这倒使武承嗣对这个不择手段的宫女刮目相看了，便暗示她可以进一步将李旦杀掉。一个女人如果把一切都委身于一个男人时，不管男人的什么话都像蜜那么甜，这大概是女性的弱点。团儿也不例外，更何况两妃失踪后，她曾等着看李旦痛苦憔悴的模样，不料李旦却好像没有发生过这件事，每次进宫，依然是往日的表情。那时，她恨得直咬牙跺脚。现在，有人给她撑腰，而且李旦一死，太子之位定然归武承嗣莫属。到那时，她就不再是宫女了。

冲动和丧失理智使团儿想得如此狭隘和愚蠢。当几名心腹宫女听到这个大胆计划时，有点面面相觑。上次两妃事件，是奉密令而行，成功之后，也没得到什么好处，这次竟然搞到太子李旦头上，而且还是出于团儿的私愤。有人开始动摇了，虽然大家表面上应诺，但为求得安全，有人向武则天告了密。

武则天得到这个消息，很是惊讶。无论如何，李旦现在还是皇嗣，而且是她的亲生儿子。一个宫女为泄私愤竟敢企图谋杀，也真有点不知天高地厚了。武则天自然想不到武承嗣在背后还使着一把劲儿呢！

以极其巧妙的手段，将刘妃、德妃二人神不知、鬼不觉地杀掉，已不是一般人所能做到的，现在竟又准备暗杀太子！十四岁就入宫的武则天深知这种女人的可怕性，留这种女人在身边，终究是个祸害。

很快武则天下令，说团儿管理不善，致使宫内秩序混乱，应加施杖刑。当团儿反应过来是怎么回事，要将所有秘密当然也包括武则天的秘密说出来的时候，太监们的廷杖已使她只能发出哀号声了，很快连哀号之声也没有了。

团儿死了，武承嗣的阴谋没有得逞。但事情并没有就此结束。

窦德妃的父亲窦孝谌当时任润州（今江苏镇江）刺史。这时期正是告密风盛行之时，又有许多以靠告密为生的职业告密者，他们为获取职位与奖赏，纷纷引诱、唆使官僚富贵人家的奴婢仆人检举自己的主人，得到的奖赏二者分摊。窦孝谌家中的一个家奴，受到告密者的唆使，千方百计地寻找告密题材。无奈，窦孝谌为官清廉，品行端正，那个家奴找不到漏洞，于是便把目光盯在窦孝谌的妻子、窦德妃的母亲庞氏身上。

这个家奴先是对庞氏说，晚上院子里经常有鬼怪出现，有时还进到屋子里走动，并说他曾亲眼看见过。庞氏听后，开始有点害怕。他就进一步恐吓她，结果庞氏真的相信了，最后竟然有一种幻觉，半夜常常能看到鬼怪在身边乱跳，还能听到鬼的哭笑声。庞氏害怕得不得了，家奴趁机劝庞氏设置祭坛，深夜祭祀鬼神，祈求化解并驱走妖魔鬼怪。吓得快要疯了的庞氏认为只有这种方法了，便每天深夜进行祭祀活动。这个家奴立刻与主使他告密的人向官府告密，说庞氏每天夜里施行蛊术。

虽然不知道在诅咒何人何事，但发生在现任刺史而且是李旦岳丈家中，已是很严重的事情了。很快，武则天派监察御史薛季昶前往润州调查此事。调查结果很明白，没有什么其他的企图。但薛季昶却认为这是一个升官的好机会。窦孝谌与李氏宗室有很深的血缘关系，庞氏又是太子李旦的岳母，如何告倒他们呢？薛季昶回洛阳汇报调查结果。一见到武则天，他便马上匍匐在地，放声大哭，边哭边说："臣无法控制自己的悲痛，作为一个臣子，庞氏所作所为，我实在不忍说出口。"待武则天从薛季昶口中得知庞氏也在诅咒皇帝并祈祷女婿太子李旦复位时，她立刻想到团儿向她所说的窦德妃祈求鬼神，施法诅咒自己缩短阳寿的事。母女几乎同时如此，看来是千真万确了。武则天立刻下令迅速逮捕庞氏，并处以斩刑。同时擢升薛季昶为给事中，从正八品一跃而成正五品的官，他的目的达到了。

庞氏的儿子得知消息后，急忙进京，拜见侍御史徐有功，力陈母亲无罪。徐有功详细询问事情的前因后果，马上明白这是一个冤案，遂用公文通知主管单位，停止行刑，并上奏皇帝，陈述事情经过，认为庞氏根本无罪。

薛季昶知道此事后，也急忙上奏，弹劾徐有功包庇叛逆，并认为徐有功过去就曾经随意释放犯人，应该将徐有功一并交付调查。同时有人告发庞氏的儿子找过徐有功，于是判定徐有功有罪，应处绞刑。侍御史手下的一个史令得到这个消息后偷偷告诉了徐有功。徐有功听后，叹息道："难道只有我一个人要死？别的人都长生不死？"徐有功吃过饭，便躺在床上，用扇子遮住脸，睡起觉来。这个史令认为，一个人被判死刑后，绝不可能再睡得着觉了。徐有功这样做，虽然表面故作刚强，表示不害怕而装睡，心中肯定恐惧、绝望。过了一会儿，那个史令悄悄地走过去窥探，发现徐有功早已沉睡入梦。

武则天看了薛季昶的奏本，对徐有功随意释放犯人很生气，便召见徐有功，当面质问。徐有功刚一进殿，武则天迎面就厉声问道："朕听说你近来审理案件，常常将犯人改判无罪后释放。这是怎么回事？"

徐有功回答："如果真的错放了人，是臣的过错。而爱惜人命，将本无罪的人释放，则是陛下的伟大恩德。"

武则天听了，沉默不语。

徐有功的话起了作用，庞氏因此得以免除一死，减刑一等，与她的三个儿子一起流放至岭南，窦孝谌被贬为罗州（今广东廉东）司马。徐有功则被免除死刑，降为平民。

庞氏设祭坛驱除鬼怪时，大概还不知道她的女儿窦德妃已被团儿诬告祈求鬼神施法诅咒皇帝而失踪，然而武则天却不能不把她的行为与窦德妃本不存在的行为联系起来。现在窦德妃已经失踪，庞氏也被流放到岭南，知情的团儿被杖杀，与这件事有关的，只有太子李旦和其子女了。于是武则天下敕令，要李旦的五个儿子全部入宫，实际上是将他们幽禁起来。又剥夺了李成器的皇太孙的地位，贬为寿春王，第二子恒王李成义贬为衡阳王，第三子楚王李隆基贬为临淄王，第四子卫王李隆范贬为八陵王，第五子赵王李隆业贬为彭城王。

对于武则天来说，虽然她因为及时得到消息而杖杀了团儿，粉碎了她谋杀太子的企图，但她也同时认为，这个温顺、笃实的小儿子与他的几个哥哥不同，他对自己来说可谓从没有什么反抗行为，就连他的两个王妃突然失踪，也没有异常表现。越是这样，武则天越是感到不正常，不知道在他平静、柔顺的外表下　会不会隐藏着什么？再者，刘、窦二妃想以法术诅咒自己之事，身为丈夫竟对此事一点不知。就算真的一点也不知道，武则天心中也不能原谅他。于是她禁止李旦和所有的朝臣见面，也就和软禁一样了。

尚方监裴匪躬对太子李旦的处境深感忧虑，不顾武则天的禁令，偷入东宫，面见李旦，结果被告发，被处以腰斩极刑。还有内史范云仙，也是因为谒见太子李旦后被处死的。

李旦无论怎样保持平静、柔顺，还是免不了武则天对他持有的偏见，因为武则天唯恐她这个儿子对其有二心。可是越是这样，越有人火上浇油。

这天，来俊臣来到东宫后，先把太子李旦所有的家人、工匠、宦官召集在庭院中，然后将带来的刑具摆在众人面前，凶神恶煞般地审问起来。他先是鞭打，然后过刑，百般地折磨，惨声四起，人们开始受不了这种摧残，都承认准备与太子共同谋反。

然而有一名叫安金藏的工匠，却不承认有谋反的企图，不仅不承认自己参与谋反，而且坚持认为整个东宫里也没有要造反的企图。无论受到多么严厉的盘问和诱惑，安金藏始终是那两句话，要么干脆闭口不言。

安金藏的态度，激怒了来俊臣，自他出道以来，还很少有人在他的审讯中如此强硬，多少硬汉在他的酷刑下都供认出了他所希望得到的口供，可是现在他却无法让这个看来并不强壮的工匠降服。非得动用大刑不可了。

安金藏虽是个没有多少文化的工匠，平日也少言寡语，属于那种性格内向的人，但他生性刚直，是非分明。在他看来，东宫根本没有谋反的企图，他所接触的家仆和工匠，平日里只知道干活吃饭，能做出什么大事呢？他认定了的事情，至死也不回头。

当来俊臣手下那帮狱吏们向他扑过来的时候，安金藏突然从一个狱吏的腰间抽出一把腰刀，这个举动着实把来俊臣和众狱吏吓了一跳，难道真的要反了不成？这时，只听安金藏高声喊道："既然你们不相信我的话，我就把心掏出来，证明太子绝对没有谋反。"随着话音刚落，安金藏一刀刺向自己的胸部。鲜血喷出，安金藏大叫一声昏倒在地，那把刀兀自在他胸前颤动。没人阻拦，也没人来得及阻拦，一切都发生在瞬间。来俊臣和众狱吏们都被这一场面惊呆了！

倒是家仆、工匠们如梦初醒，随着胆小女人的尖叫声，有人围在了安金藏的四周，并开始了抢救。在场的人没有见过如此严重的刀伤，虽然手忙脚乱，却又不知如何是好。

消息很快传到武则天的耳朵里。她很惊讶，一个极普通的工匠，连心腹家仆都不是，竟会以自己的生命来洗清主人的冤情！她立刻让人把安金藏抬到后宫，又派御医抢救。也算是安金藏命大，没有伤及心脏，御医们小心地拔出腰刀，用上好的桑皮线缝合伤口，并敷上最好的创伤药，整整熬过一夜，安金藏才慢慢苏醒过来。

不知何故，忽然间产生了大慈大悲心理的武则天又来看望安金藏了。在过去，经她的手不知下诏书处死过多少人，然而那不过是她用朱笔在呈上来的名单上批示而已，偶有遇到杖责，她也只是在听到几声惨叫时便匆匆离去。只有这一次，面对殷红的鲜血，使她感到强烈的冲击。

听说女皇帝亲自来看自己，安金藏挣扎着欠起身来。武则天探过身去，看了看安金藏的伤口，深叹一口气说："朕自己的儿子朕都不了解，他也不能证明自己的清白，唯有你的忠诚，才使朕明白朕的儿子是无辜的。"接着命令来俊臣停止调查此案，太子李旦这才幸免于难。

安金藏的忠诚，李旦自然不会忘记。很久以后，当李旦复位睿宗时，安金藏被提拔为右武卫中郎将。李旦之子李隆基即位后，又升他为右武卫将军，后来又封他为代国公。安金藏的忠义行为，也被载于史书，成为大唐王朝的忠臣。

刘妃、窦德妃，李旦也不会忘记她们。他复位后，曾下令将嘉豫殿翻了个底朝天，连周围一带也掘地三尺，非要找到她们的遗骸不可。然而，让睿宗李旦失望的是始终没能发现二妃的遗体或衣物之类的东西，连她们遇害的有关信息也丝毫未得到。无奈之下，李旦便在洛阳南郊外建了两座空陵，追封刘妃为肃明皇后，陵曰惠陵；窦德妃为昭成顺圣皇后，陵曰靖陵。

至于二妃的尸体，有人曾推测，可能是毁其面目和衣物后偷运出宫，沉入洛水之中。其他猜测，也不下两三种版本。更有甚者，说她们二人早已嫁于民间，随夫流落到蛮荒之地，从此和大唐失去了任何音信。

二妃失踪，至今仍是个谜。

铁券誓文

为了防止日后互相残杀，几经思量，武则天召来皇太子李显、相王李旦、太平公主以及梁王武三思、定王武攸暨等人，命他们写下盟誓，并在明堂之上焚香，祷告天地神灵："皇帝千秋之后，皇太子与武氏一族永世和好，绝不发生争执，更不互相残杀。"为使盟誓世世相传，武则天又命人将其镌刻在铁券上，以告后世子孙。

武则天改唐为周，登上九五之尊的皇帝宝座，可谓心满意足。但是还有一件事，一直困扰着她，这便是皇嗣问题。

年近七旬的她不能不考虑这个问题。虽然她的儿子李旦已被赐为武姓，且立为皇嗣，但她知道，她死后，若李旦即位，势必会立刻恢复唐朝国号，使武周政权一夜而亡，自己一生为之奋斗的目标便会付诸东流，而大周朝开国之君的英明，必定成为篡夺唐朝的罪名，有愧于太庙之中武氏祖先的灵位，自己也将被弃于尘埃之中。每每想到这些，武则天便诅咒这个世界，为什么亲生儿子只承认父亲的血统？或许她还可以再生一个与李唐王朝没有渊源关系的儿子来继承自己的帝业，可是她毕竟年近七十，虽然外表看起来还是那么年轻，而且生理上的欲望依然不减当年，但她知道自己的确没有生育能力了。看来，要保证武周王朝世代相传，只能将皇位传于武氏血统的侄子，可是将来享受宗庙祭祀的又如何能有她这个当姑姑、姑奶奶的份儿？武则天想起这事，便心烦意乱。只好先暂时维持现状。

武则天在皇嗣问题上举棋不定的态度，使皇嗣随时都有可能改变，而李、武两姓对皇嗣的争夺厮杀也随之而来。最先向皇嗣地位挑战的是武则天的侄子武承嗣。

武承嗣虽然没有什么德望，但却是一个极能钻营的人。在武则天改唐为周的过程中，他也出了不少力，诬告他人，打击异己，献洛水"宝图"，带领众人请命改唐为周，都有他的份儿。武则天称帝后，封他为魏王。地位、权势使他的野心越来越大，他更猜测出武则天在皇嗣问题上的心思，他心中开始有一个强烈的欲望，一定要成为皇嗣。

凤阁舍人张嘉福与武承嗣臭味相投，往来密切。武承嗣将自己的想法暗示给了张嘉福。张嘉福心想，现在为武承嗣出力，一旦事情成功，他自然不会亏待自己。不过，张嘉福也想到了退路，他知道虽然武承嗣的野心有可能成为现实，但目前皇嗣毕竟还是李旦，所以他决定自己不亲自露面，便找来和他关系不错的王庆之。一番如此这般之后，当然像事成之后定会被武承嗣提拔重用之类的话是少不了的，王庆之领命而去。

王庆之虽是个粗人，却也豪爽、义气，靠着祖先留下的一点家产，日子过得倒也自在。平日还喜欢结交朋友，三教九流中他认识的也不少。一次因醉酒把人打成重伤，吃了官司，幸得张嘉福从中周旋，才很快放了出来。因此对张嘉福他一直很感激。这天听了张嘉福一番天花乱坠的话，着实让他高兴，想想不久便可以弄得个一官半职，光宗耀祖，而且后半辈子也可吃喝不尽了。仿佛这一切马上就会成为现实，王庆之越想越兴奋，不由得对丫环高喊道："拿酒来！"

王庆之很快便组织起几百号人的请命队伍，亲率他们来到皇宫前，递上联合签名的请命书，请求封魏王武承嗣为皇太子。这当然是效法当年傅游艺、武承嗣率众请求武则天改唐为周的做法。大概武承嗣认为这个自己用过的方法很管用，很灵验，才让王庆之故伎重演。不过，此次对象不同罢了。的确，这样一来不仅可以让武则天知道封武承嗣为皇太子是很多平民的意愿，而且可以在社会上造成一种声势。

被皇嗣问题困扰得心烦意乱的武则天，看了请命书，拿不定主意，便征求宰相文昌、右相同凤阁鸾台三品岑长倩的意见。岑长倩认为，现在已有皇嗣李旦，而且身在东宫，在这种情况下，不应允许有重封皇嗣的论调，必须严厉处罚王庆之，解散请命团。武则天又征求同是宰相之一的地官尚书同凤阁鸾台平章事格辅元的意见，格辅元坚决同意并支持岑长倩的意见。一方是平民请命支持自己的侄子成为皇嗣，另一方则是二位宰相坚决维护现有皇嗣自己的儿子。两种不同的意见，更让武则天心烦意乱。

岑长倩、格辅元的反对态度，触怒了武承嗣。他认为，要想顺利成为皇嗣，必须将反对他的人全部除掉。当时，正值吐蕃不断袭扰西部边境一带，武承嗣心生一计，上奏武则天，说西部边境屡遭吐蕃骚扰，须派大将率军征讨，而岑长倩身为宰相，善于用兵，可担此重任。于是武则天任命岑长倩为武威道行大总管，率兵征讨吐蕃。

岑长倩一走，武承嗣除去一大政敌，同时也使武则天面前少了一个反对自己的人，接下来便是要找出借口，将其彻底除掉。武承嗣立刻去找来俊臣商讨对策。对以告密起家并成为著名酷吏的来俊臣来说，整倒一个人简直易如反掌。来俊臣将岑长倩之子岑灵原抓来，百般毒刑一起用上，可怜岑灵原在痛不欲生之下，按照来俊臣的意思，供出父亲岑长倩及宰相格辅元、司礼卿兼判纳音事欧阳通等数十名朝臣反对封武承嗣为皇太子，并阴谋叛乱，复兴唐朝。格辅元、欧阳通等先后被捕下狱，正在西去征讨吐蕃的岑长倩，半途接到命令，要他立即率军回朝。岑长倩一回到洛阳，便被来俊臣抓了起来。

来俊臣对这十几个人严刑拷打，逼迫他们承认谋反的事实，但这十几个人都挺住了，没有像岑灵原那样屈打成招。岑长倩知道这是由于反对武承嗣而遭其陷害的，愤怒之下，大声斥责道："陛下有亲生儿子被立为太子，武承嗣想取而代之，这是不忠的行为。臣身为宰相，理应据理力争，并无过错。但要说臣有意拥立太子，反对陛下，则是诬陷。"结果，岑长倩被来俊臣等酷吏们打得奄奄一息。来俊臣一看实在掏不出口供，便使起了他的拿手好戏伪造口供，然后强行让他们画押，呈给武则天。几天后，岑长倩、格辅元、欧阳通等十几名朝臣，因谋反罪被处以死刑。

武则天从这件事中至少发现两点倾向性意见：一是侄子武承嗣想当皇太子继承皇位的野心极大；二是众朝臣在皇嗣问题上，还是拥护李旦的，也就是说他们多少还抱有匡复唐室的念头。武则天也正是基于这一点才下令处死岑长倩、格辅元等人的，虽然她清楚或许他们目前还没有复唐意图，而是受到武承嗣、来俊臣的陷害而已。武则天从中受到了启发，看来皇嗣问题是一座风向标，它的变化，显示了群臣们不同的心态。她在犹豫不决中，决定先放一放这个问题。

岑长倩、格辅元等人被杀后，武承嗣认为时机差不多了，王庆之也加紧了请命活动。上下努力的结果，使武则天决定召见王庆之。

看着跪在下边的王庆之，武则天面无表情地问："现在的皇嗣，是我的亲生儿子，你为什么还要请求废黜他？"

大殿中极其肃穆，金甲武士分列两旁，威严无比的女皇帝端坐在龙座上。第一次看到如此威严场面的王庆之，着实紧张了一阵，跪在那里不敢乱动。武则天冷冷的面孔，使他不由得颤抖。然而这是一次绝好的机会，他不能错过。

"回陛下，《左传》上曾经说过：'神不歆非类，民不祀非族。'现在是谁的天下？皇帝之位是属于陛下所有啊！"他竟开口引用《左传》上的话，这自然是武承嗣、张嘉福事先准备好的。王庆之也不知在心中说过多少遍。那句话的意思是神灵不接受不是同类的祭祀，人民不祭祀不是自己家族的祖先。这也算是一句有分量的话了。

武则天听后，对王庆之说："你的意思，朕已经明白，你可以走了。"

王庆之没想到自己辛辛苦苦地请命活动好不容易等来这次面见皇帝陈述的机会，得到的却是武则天极简短的一句话。他不甘心就此罢休，也不能错过这次千载难逢的好机会。于是他向前爬了几步，又痛哭流涕，恳请武则天废黜现行皇嗣，改立武承嗣为皇太子。

武则天有些不耐烦。虽然当年她也曾接受傅游艺、武承嗣的请命，但王庆之的请命与那时的请命有着天壤之别。皇嗣问题固然重要，可她也不想在一两天内解决。这次召见王庆之，她也不过是在无奈之下对请命活动表示安抚，同时看看这位反复带头请求改封武承嗣为太子而进行请命活动的王庆之是一个什么样的人物。现在看来武则天对王庆之并没有什么好感，可是由于皇嗣问题很重要，对这种请命活动也不能过分冷漠。

王庆之得以觐见武则天，虽然没能使武承嗣为皇嗣的请命活动有实质性的进展，心中很失望，但却得到了随时入宫觐见皇帝的恩准。这让武承嗣、张嘉福为之振奋，他们认为是一个好兆头，只要能在皇帝面前提及这事，不愁大事不成功。自古好事多磨嘛！

从此，王庆之便三天两头地请求觐见武则天。武则天的本意是想安抚一下王庆之，不想让武承嗣太难堪，不料却惹出这等麻烦。刚开始的时候，她还能耐着性子听王庆之的唠叨，可王庆之翻来覆去就那几句话，武则天开始厌烦了，便暗中命令凤阁侍郎李昭德教训教训他。

李昭德性情刚直，敢说敢做，而且极具自我表现力。在皇嗣问题上，他的意见与岑长倩、格辅元是一致的。对王庆之的请命活动，他早就看出是有人在背后指使，而且对近来王庆之频繁要求觐见皇帝，要求废黜太子李旦的皇嗣地位，改立武承嗣的行为感到厌恶，一直劝谏武则天不可过分重视这种请命活动。这次武则天命他教训教训王庆之，正中他的下怀。

这天，王庆之又来要求觐见武则天。早就等候在那里的李昭德，立刻命人将他推至光政门外。王庆之不明就里，大声说："你们要干什么，我要觐见圣上。"

李昭德命人将王庆之按在地上，并对围过来的文武官员高声喊道："这个毛贼，居然打算废黜皇太子，给我打。"一声令下，李昭德的左右侍从举起手中的木棒就打，直打得王庆之哭爹叫娘，哀求不止，不一会儿便七窍流血，断了气。

王庆之一死，跟着他请命混饭吃的一群乌合之众也一哄四散。

武则天的本意是要李昭德教训一下王庆之，使王庆之不再频繁地来找自己，没想到李昭德却一顿乱棒将王庆之打死。不过，李昭德事后对她说的一番话，她也觉得有道理。李昭德对她说："按亲近血缘来说，先帝是陛下的丈夫，皇太子是陛下的儿子，陛下建立大周帝国，身为皇帝，皇位当然要传给自己的子孙，才能使大周朝成为万代大业。臣虽孤陋寡闻，但还没听说有侄子为姑母建立太庙的！况且陛下受先帝托付，如果立武承嗣为皇太子，将皇位传给他，那么先帝恐怕再也享受不了祭祀的香火了。"听了这话，武则天若有所思地点点头。

李昭德接着又说："现在武承嗣的权势太重呀！"

这句话武则天不爱听，她说："武承嗣是朕的侄儿，所以朕才把他当作心腹，予以重用。"

李昭德说："侄儿和姑母的亲密程度，怎么能跟儿子和父亲相比？自古以来，就有儿子杀父篡位的，何况姑侄之间呢？而今，武承嗣既是陛下的侄儿，又是亲王，还是宰相，实不宜再立为皇嗣。如果真的是那样，臣恐怕陛下在天子宝座上，不见得就能平安长久地坐下去！"

这番话让武则天吃了一惊，说道："朕还从来没想到这一点。"

想当年，武则天受宠得势后，她的姐姐韩国夫人及外甥、外甥女，还有异母兄弟及堂兄弟都因此得以重用，然而他们最终都背叛了武则天。这些年来，不管是否属实，她杀了不少背叛她或阴谋造反的人。或许是一心对外的缘故，对于施有大恩的自家侄子叛变自己的可能性，哪怕这种可能性很小，都没有仔细考虑过，现在倒是李昭德的一番话提醒了她。

武则天越发感到，在皇嗣问题上，还是应该慎重再慎重。她开始放弃改立武承嗣为皇太子的念头。同时，她认为李昭德敢于进谏，开始信任并重用他。不久李昭德便被提升为凤阁侍郎同平章事，成为宰相之一。

武承嗣自从暗中策划的请命活动失败之后，心中恨透了李昭德，一直想找机会报复。怎奈自上次李昭德劝谏武则天后，武则天就开始信任他，武承嗣不敢在这个兴头上去招惹自己的姑母。这次，李昭德竟被列为宰相之一，这使武承嗣再也不能忍受。他对武则天说："陛下过分重用信任李昭德，必有祸患。"

不料武则天听完他的话，却极平静地说："朕就是因为信任并重用了李昭德，晚上才睡得着觉。他能替朕分担许多忧愁，这是你所不及的。你不必多说。"

武承嗣自讨没趣，只得作罢。

武则天自然了解，温顺、憨厚、笃实的儿子，一旦她死去，那些唐朝旧臣，拥推他恢复唐朝是必然无疑的。若废黜李旦，立武承嗣为太子，她创立的大周政权，国祚是可延长，但必遭众臣反对。再看看武承嗣，武则天的心马上就凉了，缺乏机智，没有尊严，为薛怀义执鞭坠镫，极尽欺下媚上之能事，似乎没有她所希望的那种魄力。而武三思、武懿宗等武氏一班人，与武承嗣不相上下。武则天真有点恨铁不成钢。可是，武承嗣毕竟又是自己的侄子。究竟立谁为皇嗣，本已将此问题放下去的武则天，又开始反复了。这种反复的结果，使立武承嗣为皇嗣的念头再次占了上风。

长寿二年（693 年）元旦这天，在举行的祭祀天地的大典上，武则天首先呈献祭品后，有意安排魏王武承嗣为亚献，梁王武三思为终献，而身为皇嗣本应为亚献的李旦，却被冷落了，只能尴尬地站在一旁。整个祭典上，一派武氏天下的架势。李、武两姓争夺皇嗣之战再度白热化。

武则天的有意安排，大大刺激了武承嗣。他认为姑母并没有放弃册立自己为皇嗣的念头。这愈发增强了他的野心。但过了很长时间再没见武则天对他有什么特别的表示或暗示，这使武承嗣感到不解。他想，会不会因为团儿的事，使皇上立自己为皇嗣的念头有所动摇？团儿可能没有出卖自己，否则，就不会有安金藏之事发生，皇上也不会对自己不露声色。可是皇上毕竟已是七十岁的人了，表面看上去虽然精神很好，但随时都可能发生意外。万一皇上有个三长两短，李旦即位，恢复唐朝便是显而易见的事，到那时，恐怕自己就没有立足之地了。这样消极地等下去，是不会解决问题的。想到这里，武承嗣决定采取更积极的手段，博取武则天的欢心，促使武则天尽快立他为皇太子。

早先武承嗣联络了五千多人，联名上书，请求武则天接受他们所呈献的尊贵称号"金轮圣神皇帝"。"金轮"就是指"佛"，按照佛家经典的说法，轮王爷称转轮王，大劫之初，有转轮王降世，登基时，天心感应，得到金轮法宝，即征服四方，所以称转轮王。武则天改唐为周当皇帝，曾借口是弥勒菩萨降世，现在称"金轮"，那便又是转轮王及佛祖了，武承嗣可谓费尽苦心。不过，武则天倒是很高兴。她亲自前往明堂，接受了这个称号，并大赦天下，又制造金轮宝、白象宝、女宝、马宝、珠宝、王兵臣宝、主藏臣宝七宝，每天早朝时，陈列于金銮宝殿之上。

过了不到一年，武承嗣又上奏请增加"越古"尊号，称"越古金轮圣神皇帝"。这一次，有两万多人联名请命，武则天来者不拒，又一次很高兴地一一笑纳，又是大赦天下，还改年号为延载。半年之后，武则天又加尊号"慈氏"，全称为"慈氏越古金轮圣神皇帝"。这自然又是武承嗣搞的把戏，武承嗣可谓摸透了姑母的心。这样做，一方面可以迎合武则天的虚荣心；另一方面，可以树立他在世人心中作为圣神皇帝最忠诚的拥戴者的地位。而这二者，对于他谋求皇嗣的位置，都是极为有利的。

可武承嗣不知道，在他谋求皇嗣的竞争对象中，除了皇太子李旦外，还有一个人，这便是武三思。

作为武氏家族的一个成员，武三思自然也希望做皇帝的姑母能把皇位传于武氏家族，而他认为最合适的人选，应该是他才对，也就是说，他应该成为皇太子，成为皇帝的合法继承人。武三思对这个才学和能力都不如自己的堂兄一直看不起。武三思认为，自己不能再袖手旁观了，也应该采取一些有效的措施，争取皇帝的欢心才是。

皇帝的尊号够长了，况且也不能重复别人做过的事。不过博取皇帝欢心的事却有的是。武三思联络四方夷族酋长，上奏请求熔化铜铁，制成天枢耸天的巨柱，象征天的中心上面刻着歌颂武则天及赞扬周朝贬黜唐朝的文字，竖立在皇宫正南门端门之外，以昭天下人，使武则天及周朝功德流芳百世。

建立一个庄严宏大的纪念碑，让自己的丰功伟绩传诸后世，不仅武则天，古今中外的帝王们都想这么做。武三思的这个请求很快得到批准，并命姚琦为督作使，毛婆罗为工程设计。

为了得到铸天枢所需要的铜铁，武三思命四方夷族酋长向长安、洛阳两地的胡人特别是经商的胡人募捐，结果共得到一百亿钱。可是购买来的钢铁仍不够用，于是又强迫征收农民耕田犁地的种种铜铁农具，作为填补。武三思之所以这样做，一是为了不因为花费朝廷的钱财而遭到众臣们的反对，二是也表现出他的做法是多么深得人心。

七个月后，擎天巨柱落成。它高一百零五尺，直径十二尺，呈八面柱状，每面宽五尺。柱基是用铁铸就的一个小山丘，代表山岳，面积达一百七十尺，以铜铸就的蟠龙和麒麟盘旋环绕其上。柱顶直径三十尺，名曰"腾云承露盘"，由四条高十尺、手捧喷火明珠的人面龙身人支撑。所谓"腾云承露盘"，是仿汉武帝依道士之言而建的大铜盘的名称，汉武帝用此盘承接露水，和以玉屑谓服用后可成长生不老之仙人。在天枢上，刻有武三思所写的批判唐朝，歌颂大周朝及其开国皇帝武则天的功德文章，还刻有修建盛况及文武百官捐献数字，捐献一百亿钱的四方夷族酋长的姓名也镌刻其中。铜柱正面刻着武则天亲笔写的"大周万国颂德天枢"字样。

"金轮""越古"等尊号，武则天采用了，天枢也建成了，可是武则天并没有因此而将武承嗣或武三思立为皇嗣。这两个人开始注意到，通过这一手段并不能达到目的。在这种情形下，虽然他们各怀鬼胎，但为得到皇嗣之位，二人开始联合进攻了。

新近受武则天宠幸的张昌宗、张易之二兄弟，自然成为他们阿谀的对象，想通过他们讨好武则天。同时，只要有机会，二人便通过心腹或亲自对武则天说："自古以来，就没有以异姓者为皇嗣的皇帝，陛下还是立武氏家人为皇嗣，这样才能使大周政权世代相传。"

这时的武则天，已年近八十，晚年的她越发被皇嗣问题所困扰。她感到一种孤独、空虚，虽然权倾天下，但多少年来，并没有形成自己的统治集团核心，内心有一种随时有众叛亲离的不安全感。究竟谁能继承大业，使大周朝发扬光大，她自己也拿不定主意。要说自己的本家侄子，应该完全可以信赖，但他们缺乏才干，全靠她这个当姑母的皇帝，才一荣俱荣，况且在争当太子之事上，武承嗣和武三思闹得已不得人心，不管立谁为皇嗣，必将招致许多人反对。自己百年之后，保不准会引起造反和内乱，这似乎也不妥。

皇嗣问题，不仅武则天、武承嗣、武三思关心，朝中大臣也都对这个决定国家命运的问题忧心忡忡。正直、忠贞的狄仁杰，也常常在思考这个问题，但对于这个敏感的问题，必须讲策略：狄仁杰是一个很有计谋的人。

终于有一天，狄仁杰见武则天心情较好，便趁机对武则天说："太宗皇帝不避风霜，亲冒刀林剑雨，东征西战，南伐北讨，才平定天下，创立基业，并把王朝传给子孙。当初先帝驾崩前，把两个儿子托付给陛下，陛下却打算把天下移交到别人之手，这恐怕不是天意！只有把天下交给先帝的儿子，方可告慰先帝在天之灵。况且，姑侄之间、母子之间谁的关系亲近？若太子继承皇位，陛下百年之后，牌位也可送到太庙中，陪伴先帝，共享香火，世代相传，直到永远。若立侄儿当皇嗣，由侄儿继承皇位，臣还没有听说侄儿当皇帝，把姑母牌位祭祀在太庙里的。请陛下三思！"

狄仁杰把朝廷祭祀之礼说得很清楚，武则天自己也很明白，她也不想身后落得个无人祭祀的饥饿之鬼，这是很现实的问题。武氏兄弟不管是谁继承皇位，未尝不会对她冷落。狄仁杰虽多次被贬，但对武则天忠心耿耿，多次劝谏，都是以国家为重。他的才能与智慧，一向是她所赏识的。武则天似乎动了心，可她还没有即刻依从，她想听听狄仁杰还有什么高论。于是武则天很平淡地说："这是朕的家务事，你不必多操心。"

狄仁杰紧逼一步，继续说道："臣以为四海之内皆为帝王之家，所以四海之内，哪个女人不是陛下的婢女，什么事不是陛下的家事！君是首脑，臣为手足，道理上君臣为一体，皇嗣问题也就绝不只是陛下的家事而已。况且臣居宰相之位，辅弼陛下是臣的职责，对这样的国家大事，臣怎么可以不参与！"

狄仁杰情不自禁，雄辩滔滔。

武则天彻底陷入了沉思。她不得不再次权衡利弊，以武承嗣或武三思的德望与能力，自己身死之后，恐怕没有谁有魄力阻止众朝臣复兴唐朝的努力，特别是还有狄仁杰这样的优秀人物。退一步说，即使武氏兄弟能拒阻复兴唐室的势力，成功之后，他们之间会不会再起内战？还有自己的两个儿子及其子女，到时势必会遭灭顶之灾。想想自己从入宫后，三十多年的苦心奋斗，受尽了多少常人所难以忍受的痛苦，才得来今天的天下。过去多少大事，自己都能果断处置，难道在皇嗣问题上还要犹豫下去吗？是该下决心的时候了，武则天暗暗地提醒自己。

鸾台侍郎王方庆、内史王及善在这之后也都先后向武则天提出过同样的建议。而武承嗣、武三思曾经想通过张昌宗、张易之兄弟这条内线获取武则天好感的做法，不仅没有奏效，反而将其谋求皇太子的美梦彻底破灭。促成这件事的却是当初差点被来俊臣陷害致死的吉顼。

这时的吉顼与张昌宗、张易之兄弟同在控鹤监供职，而且关系密切。这天三人又聚在一起喝酒。喝到兴头上，吉顼对张氏兄弟说："恕我直言，你们兄弟二人地位尊贵荣耀，受到皇上宠爱，能有今天这种地位，并不是由于你们的品德或才干出众。你们大概也知道，现在背后有许多朝臣对你们怒目而视，咬牙切齿。没有为天下建立大功，而极尽荣华富贵，万一有不测之事时，你们何以自保？我很为你们担忧。"张昌宗兄弟听了大为恐慌，知吉顼说的是实话，便赶紧拉着吉顼，请教如何才能自救。吉顼说："依我看现在全国百姓及朝中大臣并未忘记唐朝的恩德，也一直思念庐陵王李显。如今圣上春秋已高，身后之事必有所托付，武氏一族的武承嗣、武三思之流，皇上并不中意，你们为什么不在适当时机劝告皇上立庐陵王为皇嗣，以维系人心，实现天下人的厚望？如果这样，将来不但可以免除灾祸，还可以永葆荣华富贵。"张昌宗兄弟听后，点头不迭，又是斟酒又是布菜，连声称谢。

从此以后，张昌宗、张易之每有机会，便请求武则天立庐陵王李显为太子。武则天刚开始还感到很意外，很快便知道是吉顼为他们出的主意，于是便召见吉顼询问。吉顼详细向武则天分析立庐陵王李显为皇嗣和立武三思等为皇嗣的利害得失，并说召回庐陵王也是顺应朝臣的愿望。武则天这才彻底放弃了立武承嗣、武三思为太子的念头，下决心召回庐陵王李显。

不久，武则天便声称庐陵王李显患病，密派职方员外郎徐彦伯，前往房州（今湖北房县）迎接李显及其妻儿老小。

李显秘密回朝的第二天，武则天又召见狄仁杰。武则天对他说："朕昨晚做了两个奇怪的梦：先是朕下棋老输，后来又梦见一只鹦鹉欲飞却像是双翅折断，飞不起来。这是怎么回事？"

狄仁杰心中像镜一般明亮，马上说道："陛下输棋，是因为陛下没了'棋子'，没有'棋子'，焉能不输？"

武则天自然听出狄仁杰的双关语，棋子便是"其"子，是说自己没有儿子。她便说："谁说朕无子，朕还有二子呢！"

狄仁杰表情严肃，说道："诚然，天下皆知陛下有子，但臣认为，陛下有子等于无子。自陛下登基后，将他们改为武姓，依照宗法，姓武的只是陛下的侄子，已不能算作生子，此所以有子等于无子。再说，陛下的亲生骨肉，一个远在南方，一个幽禁东宫。现在陛下贵为万民之上，且春秋已高，却无子晨昏定省，侍奉左右，这又是有子等于无子。"狄仁杰这一说，顿教武则天心中一片怆然。

狄仁杰接着又说："鹦鹉欲一飞冲天，必须要振翅而起，飞不起来，说明陛下虽欲振作，却苦于没有羽翼，常为此忧心。日有所思，夜有所梦，所以就梦见此等情景。陛下目前有的是满朝文武，可真正能为陛下羽翼的，臣认为只有陛下的两名皇子。鹦鹉的鹉与陛下的武同音，这两只翅膀就代表两名皇子。只要陛下起用皇子，鹦鹉的两只翅膀自然可以恢复原状，鹦鹉本身也就无恙了。"

狄仁杰慷慨激昂，说到最后，已是泪流满面。

武则天此时也已是心中释然，神情怡然自得。

她又问："那么是立旦，还是立显？"

狄仁杰明快果断："当然立庐陵王李显，显为长子。"

当他抬头看着武则天，武则天满面微笑，对他说："好吧！朕将庐陵王还给你。"

说着，拉开身后的帐幕，只见庐陵王李显站在那里，也已是泪流满面。

狄仁杰眨着泪眼，以为看到了幻影。很快他明白过来是怎么回事，立刻叩谢圣恩，庐陵王李显也走过来叩拜母后。

李旦是个识时务者。当初他从哥哥手中接过来的皇权，后又让位给母亲，自己成为太子。现在，他又坚决请求把皇嗣之位还给哥哥。武则天接受了他的请求，复立庐陵王李显为皇太子，封李旦为相王。

魏王武承嗣一心想成为皇嗣的美梦已经破灭，再没有一个人肯支持他，亲姑母武则天也放弃了他。他懊恨、惆怅，一病不起，抑郁而亡。

武则天的心情并没有因册立李显为太子而轻松愉快，她感到自己年事已高，太子李显的羽翼尚未丰满，要想接皇位，障碍重重。而武氏家族的势力却十分强大。虽然她已赐李显为武姓，但毕竟他是李氏的后代，她心中很清楚，一旦她死后，皇太子李显和武氏一族的不和，必定会白热化。李唐子孙掌权，定会无情打击武氏家族，以武三思为首的武氏一族也会反对李唐子孙掌权，双方很可能会演变成争夺天子地位的内乱。她不想让这种想象成为现实。

为了防止日后互相残杀，几经思量，武则天召来皇太子李显、相王李旦、太平公主以及梁王武三思、定王武攸暨等人，命他们写下盟誓，并在明堂之上焚香，禀告天地神灵："皇帝千秋之后，皇太子与武氏一族永世和好，绝不会发生争执，更不互相残杀。"为使盟誓世代相传，武则天又命人将其镌刻在铁券上，以告后世子孙。

这一天是圣历二年四月十二日，公元 699 年。这一年，武则天七十七岁，困扰她近十年的皇嗣问题，终于解决，她可以放心地死了。可是她不知道，她这个软弱的儿子却不是当皇帝的料，当他继位恢复唐朝后，他的老婆韦皇后，先后与武三思、西域和尚慧范、常侍马泰客、光禄少卿杨均勾搭成奸，最后竟将她的儿子、她最终下决心册立的皇太子、韦氏的丈夫李显毒死，并参与朝政，搞得朝廷上下沸沸扬扬，秽淫荒怠。当然，这是后话。

蓄养男妓

有其母必有其女，皇帝、公主都是个中老手。当下，太平公主便将张昌宗进献给武则天。这张昌宗果真面如傅粉，唇若涂脂，身材健美，穿着华丽，像是神话故事中的玉童，武则天一见惊异得一时说不出话来。

自从宠幸薛怀义、沈南璆之后，大概是受尽阳气的滋润，武则天感到身体轻松，心情舒畅，内心的那种烦躁不安一扫而光。她体会到了男女鱼水之欢的那种无法抗拒的魔力。怎奈薛怀义狂傲不羁，不听使唤，企图以她的宠幸来牵制她，最后竟召之不来，还放火烧毁明堂，这是她不能接受，也根本无法容忍的事。一气之下，便命她的女儿太平公主用计将他秘密杀死。御医沈南璆，身体本来就不及薛怀义粗壮伟硕，再加上她极度的索要，已渐渐虚弱，无多少床上功夫了。虽有上好的药物支撑，也不过瞬间的辉煌，近段时间更是如燃尽油灯般的枯竭，最终一蹶不振，不堪驱使，落荒而逃。据说，这位御医后来竟变得废人似的，不久之后便死去了。

这天午后，她的女儿太平公主进宫问安。毕竟是女儿最知母亲心，太平公主说道："女儿见陛下近来精神不太好，还望陛下注意保重身体才是。"

武则天缓缓说道："是啊，近来夷狄之乱再加上其他烦心事，朕的确感到有些累了。这也许是年龄大了的缘故吧。"

太平公主道："陛下怎能这么说？陛下看上去还很年轻，只是为了维护现有的健康，养精蓄锐，必须还要有长生不老的药才行。"

武则天当然听得出来，太平公主指的是薛怀义及沈南璆等在床上侍候的男人。她沉默了一会儿，对太平公主说："你知道朕的左右已经无人可乐了，为此也一直抑郁于心。"

太平公主立即跪拜道："女儿早就想对陛下说了，怎奈陛下不言，女儿安敢先言？薛怀义乃市井之徒，傲慢不逊，广遭众臣弹劾。陛下是何等圣神托身人间，广选男妃，自应择公卿世家子弟，姿禀秘粹者，置床第间，足以游养圣情，指除烦虑。何必再去找那些市井无赖之徒。此正如嫪毐、昙献的故事一样，将会被千秋万世嘲笑。"

嫪毐乃秦朝市井之人，与秦始皇之母赵太后有私，二人淫乱不堪，竟还为秦始皇生下两个弟弟。胡太后乃北齐末代皇帝高纬的母亲，生性淫荡，将和尚昙献男扮女装留在身边，以便寻欢，北齐被北周灭后，胡太后逃到长安，荒唐无耻淫性不改的她竟开了一间妓馆，还时常披挂上阵，厚颜无耻地说："比做皇太后乐趣还大。"

武则天听后，叹气道："女儿所言，朕亦知道。薛怀义受到废黜，也是朝臣们看不起市井小人物的缘故！若是能够得到公卿士大夫一样的通晓文墨之人，他们还敢辱骂吗？"

有其母必有其女，皇帝、公主都是此中老手。当下，太平公主便将张昌宗进献给武则天。这张昌宗果真面如傅粉，唇若涂脂，身材健美，穿着华丽，像是神话故事中的玉童，武则天一见惊异得一时说不出话来。太平公主见状，便转身出去了。女皇便急忙把张昌宗叫到跟前，轻轻揽在怀里，像祖母疼爱小孙子似的，在他粉腮上狠狠地亲了几口，问道："孩子，多大了？"

"回皇上，小人今年刚好十九岁。"昌宗悄然回答。

看张昌宗局促不安的样子，"哎呀，不用那么一本正经的，以后在这后宫里，说话做事都随便一些，像在家里一样。十九岁，正是能征惯战的年纪，来，让朕看看你。"昌宗通体雪艳，无微痕半瑕，瘦不露骨，丰不垂腴，武则天顿时欲火中烧，张昌宗尽力奉迎，武则天欲死欲仙，呻吟不止，把美少年越搂越紧。

不久，张昌宗便被封为青光禄大夫，并赐给豪华宅第。

有趣的是张昌宗的母亲阿藏，人到中年，寡居多年，武则天不仅封其为太夫人，还时常派尚宫女官中的最高官员问候她，并且应张昌宗的请求，给阿藏选了一个情夫，即凤阁侍郎李迥秀。如果想象男皇帝常把自己的妃妾赏给臣下，武则天的做法也就不足为怪了。李迥秀才能、人品都很出众，且又有妻妾，如果下赐的是位美貌佳人，或许他还有点兴奋，可这阿藏年近中年，正值虎狼之年，李迥秀心中虽不情愿，怎奈这是皇上旨意，只得勉强为之，这也算是奉旨的无奈之举吧。

薛怀义的狂野、沈南璆的老到，使武则天知道了女人床笫欢乐的奥妙。兴许是年龄相差太大的缘故，张昌宗这个妖艳美少年，又将她带入如痴如醉桃花源仙境般的梦幻之中。但张昌宗毕竟是个还未彻底发育成熟的青年男子，只凭一时年轻力盛，也抵不过她这般日以继夜的索要。于是张昌宗又向武则天推荐了他的哥哥张易之。张易之比张昌宗大几岁，也是个皮肤白皙、容貌端正的男子，且比张昌宗还要勇猛无比。武则天一试之下，自然欢心，当即赐封张易之为司卫少卿，仍赐给宅第家奴。

在武则天眼里，这二人宛如神仙境界里的玉童降世，将他们视为掌上明珠般的宠爱。

按照一般人的观念，以武则天七十多岁的年纪，要说早已过了如狼似虎的年龄，却仍在后宫宠幸张昌宗、张易之兄弟，日夜盘桓，淫秽宫闱，也是她先天禀赋异于常人，情欲亦异于普通妇人。也许是她连续紧张地为皇权争斗了四十多年，对政治已感疲倦，想从中解脱出来；也许在她看来，男皇帝可以拥有三宫六院和成百上千的妃嫔宫女，她当了皇帝，就应该有异性妃嫔；也许她更懂得调和阴阳的重要性，因为"阴阳不交，则坐致之病，故幽闲怨旷，多病而不寿也"，"男女相成，犹天地相生也，天地得交接之通，故无终竟之限，人失交接之道，故有废折之事。能避废折之事，而得阴阳之术，则不死之道也"。而且现代医学也证明，绝大部分老年人的性生活可以持续到七十岁以上，和谐的性生活还可以促使人体内分泌的增加，特别是女性荷尔蒙的增加，更能延缓女性衰老，增强人体活力。武则天在六七十岁时不仅长出新牙齿，而且又生出新眉，恐怕就与此有关。如果真的是这样，武则天也可谓自我保健的高手了。

张昌宗、张易之兄弟转眼成了有名人物，武承嗣、武三思、武懿宗、宗楚客、宗晋卿等善于阿谀之人，开始奔走于张氏兄弟家门。因张易之排行老五，张昌宗排行第六，都称他们为"五郎""六郎"。然而两个未经阉割的男人要留在宫中不被人们议论，又要显得合法合理。于是，武则天在宫中特设一个新衙门控鹤监，任张易之为控鹤监丞，吉顼、张昌宗、田归道、李迥秀、薛稷等为控鹤监

女皇拥抱张昌宗甜甜地睡去

内供奉。张昌宗、张易之兄弟领着一班人天天在控鹤监饮酒赌博，嬉笑戏谑，一时间控鹤监秽声淫语四处传播。

不久，武则天为了掩饰控鹤监的丑闻，又将控鹤监改名为奉宸府，张易之自然又成了奉宸令，同时又任命张昌宗、北门学士李峤为修书史，又召张说、徐坚、阎朝隐、沈佺期等人撰修《三教珠英》，主要是摘编儒、佛、道三教名言，以孔子、释迦牟尼、老子三氏名言为主，亦包括三教中各名哲的精言微义，基本上包括了三教中名篇的精华。这无非是想掩饰武则天荒淫的生活。奉宸府换汤不换药，依然干着控鹤监的勾当。武则天还大量遴选美貌少年，充当奉宸府内供奉。到最后，奉宸府里满是美貌少年。他们都争先恐后地想获得武则天的宠幸，有的还露骨地表示不亚于张昌宗、张易之兄弟，想和他们争宠。更有毛遂自荐者，要进入奉宸府的。尚舍奉御柳模为使其子能进入奉宸府，获得武则天的宠幸，曾上书武则天："臣有子良宾，年及二十，浑身洁白，有须眉之美，且下体极可观，微臣为尽忠陛下，欲以小儿进奉陛下，以供御幸，敬乞圣裁。临表不胜翘奉之至。"还有左监门卫长史侯祥，自称胜过薛怀义，愿进侍女皇左右。

作为一个男皇帝，他可以有三宫六院七十二妃嫔，世人对此好像没有什么特别的看法，以为这很正常。可是武则天是史无前例的女皇帝，她一旦宠幸过多的男性，便被世人看作是淫荡不堪，武则天这种自觉或不自觉的女权意识在当时是极难行得通的，所以连她的名字"曌"，也成了传遍市井茶馆酒肆的淫秽笑料——武曌，这个女皇帝够淫荡的，谁能够填满她的沟壑呢？于是一个和尚，一个御医，还有张氏兄弟也都成了世人最好不过的笑料。而在世人心目中充满淫邪的控鹤监——奉宸府，也成为《控鹤监秘纪》这本专肆描写张氏兄弟与武则天等人淫行的野史的写作对象。

民间对皇宫中的淫秽行为反应及一些人厚颜无耻的自荐，激怒了右补阙朱敬则。朱敬则以刚正善谏著称，当初曾强劲来俊臣滥用酷刑，残害臣民，受到过武则天的赏赐。现在面对朝中种种不堪入目的行为，他再也无法忍耐，便对武则天当面敬陈谏言："臣以为陛下先前宠爱薛怀义、沈南璆，如今又有张昌宗、张易之已足以自娱矣。最近又听说有柳模、侯祥等人明目张胆地自我炫耀，要求入奉宸府做内供奉，轻薄丑恶，不知羞耻，无礼无仪，传遍朝廷文武百官。臣的职责是直言无隐，所以不敢不奏报陛下。"武则天对朱敬则的意见一向比较尊重。听了他的话，便安慰他说："爱卿为国操劳，殊可嘉勉，如果不是你直言相告，我还不知道有这种事。"并且还赏赐给他各色绸缎一百匹，以示奖励。

　　然而，张昌宗、张易之等一班人并没有因朱敬则的谏言而有所收敛，照样是时常饮酒作乐，聚众赌博。有一次，张氏兄弟又和一帮内供奉饮宴，张易之还将四川富商宋霸子等人带来，一起赌博，被凤鸾阁侍郎同平章事韦安石撞见。韦安石很看不惯张氏兄弟的做法，便跪向武则天奏报说："商人乃卑贱之人，怎能让他们参加宫中的宴会？"说完，也不待武则天有何指示，就命左右侍卫将他们驱逐出宫。张易之能将宋霸子等人带进宫中，武则天肯定是默许了的。韦安石的做法，使在座的人都大吃一惊。但武则天并没有怪罪他，反因他说话正直坦率，对他慰劳嘉勉一番。

　　但并不是所有的大臣都像朱敬则、韦安石那样敢于进谏，相反更多的是对张氏兄弟阿谀奉承。内史杨再思，身为高官，却将全部精力用来谄媚拍马，专取权势高官的欢心。张昌宗的哥哥司礼少卿张同休，曾经在司礼专门设宴款待众公卿，张昌宗、张易之等人自然少不了。酒喝到半醉时分，张同休突然对杨再思大声说："杨内史相貌很像高丽人。"虽然张同休有几分醉意，是酒后狂语，但说宰相像被征服的纳贡国高丽人，未免有点太过分了。但杨再思不怒反喜，马上就用纸剪了一个帽子戴在头上，并反穿紫袍，跳起高丽舞来，惹得在座的人都忍俊不禁大笑起来。还有一次在御苑之中，武则天特别为张昌宗举行酒宴，当时正值百花盛开，九曲池畔，香飘十里，张昌宗身着武则天亲自为他设计的一袭袍服，轻飘飘的，看上去如神仙下凡。那些善于拍马屁的臣子们面对皇上最得宠的面首，而且当着皇帝的面，谁不争着奉承。于是围着张昌宗七嘴八舌地评头论足，从头到脚没有不好的，无非是六郎如何之美，六郎如何清逸。当时，有一个人指着池中最大的一朵莲花说："我看六郎简直像这朵莲花。"杨再思听了，马上大声说道："不对，六郎怎么会像莲花？是莲花似六郎才是真的。那莲花见六郎太美了，于是刻意学他俊逸丰神，可学来学去，也只能似六郎的六成而已。"他这么一说，众人立刻异口同声："是啊，谁道六郎似莲花，我说莲花似六郎。"只把张昌宗捧得越发飘飘然，武则天也乐得合不上嘴。

　　还有武三思，面对与他儿子大小的张昌宗，也是跑前跑后，牵马拿鞭，搬鞍扶镫，极尽曲意逢迎之能事。在一次酒宴上，为讨好武则天和张昌宗，他对武则天说："臣认为六郎之美，世间少有，大概是王子乔转世。"王子乔乃是周灵王的太子，本名姬晋，又名姬乔，因是周灵王的太子，故称王子乔。他早年即已得道升仙。当时有一个生而目盲却善于听声论相的奇人，叫师旷。一日二人相遇，王子乔笑着对他说："我听说你听音知相，而且能知人寿命长短，你能从我的声音中听出什么来吗？"师旷回答说："你的声音清澈而短促，面色肯定火赤，当不久于人世。"王子乔说："你真是神相。三年之后，我便要离开人间，升到仙班，为玉帝奏弄玉笛。"还没到三年，王子乔果然在伊洛之滨，仙人浮丘公带他骑鹤升仙而去。后人为他建有庙宇，武则天祭祀嵩山时，曾晋谒过该庙，并定名为升仙太子庙。现在武三思说张昌宗乃王子乔转世，武则天自然高兴，这样一来可以提高张昌宗的身价，更重要的是，可以不被人笑话她以这么一大把年纪去寻一个可以做她孙子的人当面首。因为一个是仙人王子乔转世，一个是弥勒菩萨转世，自然也就没有什么老幼之别了。

看到武则天认可，捧场的人立刻为张昌宗制作了一件鹤氅衣，又做了一只带轮子的木鹤，张昌宗身披鹤氅衣，头戴花阳巾，手执横笛，在众人的推动牵拉下，周行御苑之中，当真成了王子乔跨鹤升仙般的"升仙太子"。在场的沈佺期、宋之问、阎朝隐等宫廷御用诗人，也即兴为活的"升仙太子"做诗助兴。其中以宋之问作的最有名。宋之问在张氏兄弟未受到武则天宠幸之前，也曾自荐入宫侍奉武则天，只是武则天听说他口臭，才作罢。不过这宋之问作的诗的确有功底。其诗曰：

> 王子乔，爱神仙，七月七日上宾天。
> 白虎摇瑟凤吹笙；乘骑云气吸日精。
> 吸日精，长不归，遗庙今在而人非。
> 空望山头草，草露湿人衣。

这种胡闹的场面，简直与小儿做游戏一般。不仅如此，就连新册立的太子李显、相王李旦、太平公主也上书请求封张昌宗王爵。刚开始武则天还不准，可兄妹三人接连上书，最后武则天竟册封张昌宗为邺国公。张昌宗、张易之兄弟恃宠骄横，同享荣华富贵，势倾朝野，自武三思以下，对张氏兄弟都毕恭毕敬，小心谨慎，不少人为政治投机而先后依附二张，如崔荣、苏味道、王绍宗、郑情、韦承达以及专以谀媚取宠的杨再思等，都是些趋炎附势的人物。他们想依靠他们兄弟二人，谋求自己的政治地位。这时的张昌宗、张易之之势力如此膨胀，已不像薛怀义、沈南璆那样只是嬖宠之人。

张昌宗有个弟弟叫张昌仪，不过二十多岁，在政治上并没有什么建树，也缺乏应有的德行，却已是洛阳县令。这当然与两个哥哥有很大关系，而且据说，只要他出面说情，没有人敢拒绝。有一次，张昌仪上早朝时，被一个姓薛的候补官拦住了马头，呈献给他五十两黄金和一份申请书，让他替自己打点打点，希望尽早得到官职。张昌仪将黄金留下，把申请书交给了天官侍郎张锡。不料张锡却将申请书弄丢了，便又向张昌仪询问候补官的姓名。张昌仪听了，当面责骂道："你真是个没用的东西，我怎么记得他的名字？现在唯一的补救办法，便是将所有候补官中姓薛的，都给官做。"张锡很害怕，只得将候补官中六十多个姓薛的全部任官。

张锡是天官侍郎，正四品官，而且他还是宰相李峤的外甥，不久又升任凤阁侍郎同平章事，位列宰相之一，而张昌仪是正五品，比张锡官位低一级，可在张锡面前也敢耀武扬威。弟弟尚且如此，可想而知张昌宗、张易之的势力与专横已到了何种程度。

尚食俸御杨元禧曾因一点小事得罪过张易之，张易之便在武则天面前说："杨元禧与其兄弟杨元亨，是杨素的侄孙。杨素父子，是隋朝的叛逆，其子孙不应留在宫中当差。"结果武则天下诏说："杨素的子孙及他兄弟的子孙，都不可在京师为官。"杨元亨被贬为睦州（今浙江建德）刺史，杨元禧贬为贝州（今河北清河）刺史。

皇太子李显的长子邵王李重润及妹妹永泰公主李仙蕙、妹夫武延基，三人很能谈得来。他们对祖母武则天将朝中大事交给张昌宗、张易之兄弟处理看不惯。二张比他们大不了几岁，却年轻气盛，专横无比，对此他们深恶痛绝。而对于宠爱和孙子年龄差不多的张氏兄弟、纵容他们蛮横专行并与之搞出许多淫秽丑行的祖母武则天，他们更觉得难以忍受。于是经常暗中议论，发泄心中对张氏兄弟的不满情绪。可是他们都是被关在宫中多年、不谙世事的青年，并不知道告密之风并没有随着酷吏的消亡而彻底平息，阿谀二张的大有人在。他们的话很快便传到张易之耳中，张易之便在龙床之上添油加醋地向武则天诉说。武则天因之大怒。她一向不容有人企图背叛她，何况是她自认为待其不薄的家人。盛怒之下，武则天下令，赐李重润兄妹及妹夫三人自尽。没有下狱问罪，也算是她这个做祖母的对孙子、孙女、孙女婿的一点"恩赐"。

　　一向不肯向权势屈服而多次遭到打击、贬谪的魏元忠，又一次遭到权贵的诬陷打击。魏元忠虽多次受诬告，且被贬至外地为官，但武则天念其耿直、忠孝，常常又召其回朝。当魏元忠被召回任洛州长史时，张昌宗的弟弟张昌仪是洛阳县令；虽然洛阳令是正五品，洛州长史是从五品，但州是县的上级行政单位，所以张昌仪也不得不时常到州衙门汇报或听指示。而且依照规定，必须在院子里汇报请示，但连宰相张锡都不放在眼里的张昌仪，仗恃二位老哥的权势，每次参见时，都毫无顾忌，直闯衙门正厅。依别人，恐怕还巴不得给他搬椅倒水呢，但魏元忠却厉声呵斥他这种无礼行为。一向威风惯了的张昌仪，认为失了面子，便向张昌宗、张易之告状，这使二张对魏元忠怀恨在心。正巧张易之的一个奴仆，在洛阳街头狗仗人势，行凶作恶，魏元忠把这个奴仆抓了起来，在州衙门前将其乱棍打死。一时民心大快，街头相告。这更触恼了张氏兄弟，一直想找机会报复魏元忠。

　　在张氏兄弟的一再请求下，武则天打算把张昌宗的另一个弟弟岐州（今陕西凤翔）刺史张昌期改任为雍州（今陕西西安）长史。长史官位虽不如刺史，但雍州长史管辖的是陪都长安，实权很大。

　　金銮宝殿朝会时，武则天故意问各位宰相："谁有能力担任雍州长史？"

　　当时已是宰相之一的魏元忠回答说："现有的朝臣中，没有比薛季昶更好的人选了。"这时的现任雍州长史就是薛季昶。

　　武则天说："薛季昶这个位置时间太长，我打算另给他一个官职。至于雍州长史，你们看张昌期如何？"

　　各宰相听了异口同声道："陛下已经找到人才了。"

　　唯有魏元忠反对。他说："张昌期负担不起这么重要的工作。"

　　武则天问他缘故。

　　魏元忠说："张昌期太年轻，没有经验。他任岐州刺史时，当地老百姓都快逃光了。雍州地位重要，政务沉重繁多，张昌期的才干与能力不如薛季昶。"

　　武则天听了沉默不语。重用张昌期的事，也就不了了之。

　　后来，魏元忠还当着张昌宗、张易之二人的面，对武则天说："臣自先帝以来，深受皇家恩典，如今充数担任宰相，却不能竭尽忠心，死于职守，反而使卑劣小人环绕在陛下身边，臣真是罪该万死。".

　　武则天听了魏元忠的话，虽没有特别的反应，心中却大不高兴。而张氏兄弟对处处与己作对的魏元忠更为怨恨。

这时的武则天年事已高，身体大不如从前。张氏兄弟恐怕武则天一旦发生不测，自己便失去靠山，到时免不了遭到魏元忠等众大臣的诛杀。于是，他们便在武则天面前诬陷魏元忠，并将太平公主的情夫司礼丞高戬连带捎上。一日夜，张昌宗、张易之兄弟在床第之间讨得武则天的欢心后，趁机对她说魏元忠、高戬等人暗中议论说皇上已经老了，不如拥戴太子李显即位，这样才能长久保住自己的职位等。张氏兄弟说得天花乱坠，有鼻子有眼，不由得武则天不信。于是她即刻下令将魏、高二人逮捕下狱。为了进一步查明事实真相，武则天决定在早朝时，当着众大臣的面，让张昌宗、张易之与魏元忠、高戬二人当面对质。这使得张昌宗心中没了底。他秘密找到凤阁舍人张说，许给他高官肥缺，要他出面证明他确实听到过魏元忠与高戬的密谋。

这一天，在朝堂之上，武则天召集太子李显、相王李旦及各宰相、若干辅臣，命魏元忠与张昌宗当面对质。一方是遭到诬陷，要力争清白；另一方则要落井下石，整倒对方。所以双方怒目而视，争论不休，一时无法辨出真伪。张昌宗最终打出了自己的王牌，对武则天说："张说曾经亲自听到魏元忠、高戬密谋的事情，请陛下召见张说查证。"

旁听大臣都知道魏、高二人是遭张氏兄弟诬陷，所以当张说将要入殿觐见时，凤阁舍人宋璟对张说道："你要慎重考虑，声名、正义，至为重要，鬼神难欺，不要投靠奸邪小人，陷害正人君子，以求苟生。坚持正义，即使被判流刑，放逐偏远，也荣耀得很。万一发生不测，大祸临头，我一定据理力争，和你死在一起。为了正义，努力去做，必为后世敬仰。何去何从，就看你今天的表现了。"殿中御史张廷珪也说："孔夫子说过，朝闻道，夕死可矣！"左史刘知几说："不要在青史上留下污名，连累子孙！"

张说来到金銮殿上，脑中昏昏沉沉，不知该如何说好。

这时魏元忠先发制人，对这个突然出现的证人大声说："张说，你打算与张昌宗勾结，陷害本人，是不是？"

张说未曾开口，先挨了一闷棍。

张昌宗早在一旁催促他，要他赶快证明魏元忠谋反属实。

也许是宋璟等人的话使他良心上有所发现，张说稳了稳神对武则天说道："陛下请看，在陛下面前，张昌宗还逼臣到这种程度，可以想象暗中他的气焰有多高。臣现在在金銮宝殿，不敢说谎，魏元忠的事，臣实从未耳闻，是张昌宗逼臣作伪证不可。"

张昌宗、张易之兄弟见张说背叛自己，大为惊骇，气急败坏地叫道："张说与魏元忠一同谋反！"

武则天也被搞糊涂了，命他们——一陈述。

张昌宗、张易之二人回答说："张说曾经说魏元忠自比伊尹、姬旦。伊尹罢黜太甲，姬旦代理国王，这不是谋反是什么？"伊尹是商朝大臣，曾将即位后纵欲无度的成汤之孙太甲放逐到桐宫三年，令其自新后复位。姬旦就是周公旦，周成王即位后，由他摄政。张氏兄弟二人竟用两个典故来说明魏元忠以伊尹、姬旦自比，企图谋反。

不料张说反驳道："张昌宗兄弟真是卑劣的小人！只听说过伊尹、姬旦的事，却不知道他们的行为。先前，魏元忠刚穿上紫色官服时，我以凤阁舍人的身份前往祝贺。魏元忠告诉客人：没有功劳而受皇上宠爱，我感到十分惭愧惶恐。当时我确实说过：你身负伊尹、姬旦之重任，不过当了一个三品官，为什么要感到惭愧惶恐？伊尹、姬旦身为国家重臣，心怀至忠，从古至今，谁不仰慕！陛下选用宰相，不叫他效法伊尹、姬旦，叫他效法谁呢？我知道，如果今天我迎合了张昌宗，我就会得到高官。反之，便立刻召来全族屠灭。但我更怕魏元忠屈死之后，冤魂不散，所以我不敢诬陷魏元忠。"

武则天听了两个人的辩解，一时也断不清谁真谁假，只好先将张说押入狱中。过了几天再盘问张说，张说的回答和以前一样。武则天又命各宰相会同河内王武懿宗共同审问张说，但张说坚持初供。

正谏大夫朱敬则冒险上书，为魏元忠申冤。他说："魏元忠一向忠心正直，而张说又犯了何罪？如果使良臣服罪，必失尽天下人。"内宫苏安恒也上书指出："自周朝建立以来，天下皆称陛下是一位纳谏之主。可是近年来，天下又皆称陛下是一位受侫之主。自从魏元忠被捕下狱，大街小巷，人声鼎沸，一致认为陛下信任奸邪，排斥忠良，忠臣义士敢怒不敢言。而且现在赋税繁重，百姓疲惫，再加上谗言诬陷，随意赏罚。臣暗自担心，一旦人心不安，发生不测，陛下将用什么对付？用什么抵抗呢？"

这份奏章落到了张易之手中。他看过后大怒，向武则天请求诛杀苏安恒。幸亏朱敬则及凤阁舍人桓彦范、著作郎魏知古等出面拯救，才使其免于一死。

最终，魏元忠还是被贬为高要（今广东高要）县尉，高戬、张说被流放岭南。这一次，已是魏元忠第四次遭贬逐。临行前，魏元忠向武则天辞行，他对武则天说："臣已年老，现前往岭南生死未卜，但陛下将来一定会有想到我的时候。"武则天问他为什么，魏元忠指着侧立于她身边的张昌宗、张易之二人说："此二竖子，终要闯出祸端。"

太子仆崔贞慎等八人，在长安城外设宴为魏元忠钱行。张昌宗得知后，用假名"柴明"写了告密折，指控崔贞慎等人也是魏元忠同谋。武则天派监察御史马怀素调查，并在半天的时间内一连派了四五次宦官催问结果。可是马怀素是个认真的人，他找不出崔贞慎等人谋反的证据，便要求与柴明对质。

一听这话，武则天大怒："朕怎么知道柴明在哪里，你只要按诉状调查、依例结案即可。"

马怀素根据调查事实认证崔贞慎等人无罪。

武则天更为怒气："你是不是打算包庇叛逆？"

马怀素说："臣怎敢包庇叛逆，魏元忠以宰相之身份，被贬逐远方，崔贞慎只不过是他的朋友，才在郊外为其钱行，臣不能就此定论他们是同谋。陛下手握生杀予夺之权，想要给他们加个罪名，容易得很，由陛下直接裁定即可。既然命臣调查，臣不敢不辨明真相。以臣之愚见，实在也查不出他们犯罪的证据。"

武则天这才怒气渐消，崔贞慎等人由此免于一死。

张氏兄弟的所作所为，仿佛使众朝臣感到当年滥刑下的厄运又要临头，一批正直大臣们开始群起而攻之。

张同休、张易之、张昌宗、张昌期、张昌仪兄弟五人，凭着张易之、张昌宗二人被武则天所宠幸，处处霸道，生活糜烂，而且都是贪污高手。结果兄弟五人遭众大臣弹劾，以贪赃枉法，被捕下狱。

御史大夫李承嘉、中承桓彦范上书说："张同休五兄弟贪赃枉法，张昌宗依法应该免职。"张昌宗狡辩说："我对朝廷有功，而且所犯的罪也不至于免职。"武则天就问各宰相："张昌宗是不是有功？"又是那个善于逢迎拍马的杨再思说话了："张昌宗配制仙丹，陛下服用后很有效，所以他对朝廷是有功的。"于是张昌宗得到赦免，恢复原职。

宰相韦安石对武则天没有处置张昌宗很不服气，再次弹劾张昌宗，武则天只好命韦安石、唐休琮联合调查审问张昌宗。武则天一看大臣们认真起来，便很快变了卦，将韦安石和唐休璟调离京师，草草结束了调查。张昌宗在武则天的庇护下，躲过了大臣们的弹劾。

武则天的确老了，再加上群臣对张昌宗、张易之兄弟的弹劾，她病倒了。这可是真正的病魔缠身，张氏兄弟进献的再好的返老还童仙丹也于事无补。张氏兄弟忧心忡忡，他们知道自己树敌太多，四面楚歌，一旦皇帝驾崩，肯定会大祸临头，于是暗结党羽，以求对抗。当时，街头不断出现招贴，说张昌宗、张易之兄弟图谋不轨，欲篡夺皇位。有人曾在张昌仪的豪宅大门上写过一行字："一天丝，能作几天络？""丝"与"死"同音，"络"与"乐"同音，意思是说，总有一天要死，你能有几天快乐？张昌仪命人擦去，第二天那字又出现了，一连几天都是如此。最后，张昌仪索性不擦了，在那话下写道："快乐一天就够了。"但武则天对张氏兄弟的谋反意图，毫无觉察，也不深究。

不久，杨元嗣上书武则天，说："张昌宗曾经让术士李弘泰给自己看相，李弘泰说张昌宗有帝王相貌，并劝他在定州（今河北定州）建造佛像，以得到天下拥护。"武则天这才命凤阁侍郎韦承庆、司刑卿崔神庆、御史中丞宋璟联合调查此事。张昌宗得知这个消息后，便自行将李弘泰为自己相面的事上报武则天，以求解脱。果然，韦承庆、崔神庆认为张昌宗自首，可以免刑。但宋璟不肯退让，他认为张昌宗谋反之意很明显，如果他不图异谋，为何不早奏明皇帝，而要到案发之后才上奏。而且如果他不图异谋，必定会认定李弘泰说的是妖言，就应将其交给朝廷处置。可见，张昌宗虽说自己已经奏报，但内心仍隐藏邪念。所以，他坚持要逮捕张昌宗，并将其斩首。但武则天却不肯接受宋璟的建议。左拾遗李邕也上奏表示支持宋璟，认为宋璟的目的，只在保护朝廷安全，不是为己谋利。武则天还是不采纳，而且像调开韦安石、唐休璟一样，三次命宋璟到外地调查案件或到陇蜀地区安抚人民。宋璟不肯接受，他上疏说："依照前例，刺史及县令等地方官员犯罪，如果官阶较高，可派侍御史前往调查，如果官阶较低，可派监察御史前往调查，除非是朝廷大事，御史中丞不该出去办案。而今陇蜀地区也没有发生变乱，不知陛下派我前去干什么？所以我不能接受陛下的命令。"司刑少卿桓彦范也上疏说："张昌宗对国家没有什么功劳可言，却蒙受宠爱，陛下心慈，不忍诛杀，是违反天意，这是不祥之征兆。而且张昌宗既然说已向陛下奏报，就不该再跟李弘泰继续交往，这证明他根本没有悔意，只不过作了两手打算，事情一旦败露，便作为脱罪的借口，事情不败露，就坐等时机，这是奸臣的诡计。如果这种人可以赦免，那么谁还受到国法处罚。何况这种叛逆事件陛下不管不问，只能使张昌宗越来越认为他的智谋高人一筹，可谓陛下纵容他们作乱。这种叛逆不杀，国家定会覆灭。所以请求鸾台、凤阁等联合调查。"天官侍郎崔玄玮也屡次上疏，要求查办。武则天这才答应司法机构先讨论张昌宗犯了什么罪，司刑少卿崔升认为张昌宗当斩，宋璟认为可先捉拿下狱，再定死罪。武则天还想以张昌宗已奏报过为借口，为其开脱，宋璟再次陈述是张昌宗自我开脱的诡计，并说："谋反是最大的恶逆，即使自首，也不可以免刑。如果张昌宗不受极刑制裁，还要国法干什么？"并且又说，"张昌宗受到陛下特别宠爱，我知道我这样做，会大祸临头，但基于正义，我虽死不悔。"武则天无奈之下，只得批准宋璟的建议，命张昌宗接受调查。宋璟在御史台才审问张昌宗几句话，武则天派的内宫宦官拿着她的手令便来了，赦免了张昌宗，并召张昌宗进宫。宋璟悔恨地叹息道："悔不先击碎这小子的头，使他脑浆迸裂，真是辜负了良机。"

正义又一次败落在皇帝的权势之下，张昌宗、张易之又在武则天的卵翼下为非作歹。

朝中大臣们忍无可忍，他们决定除掉张氏兄弟。

九、神龙革命

"二张"被诛

王同皎抱起太子，推上马背，率领士卒一路砍杀，冲到了迎仙宫。张昌宗与张易之一起赶来迎仙宫看个究竟，不料即时被逮住，并立刻诛杀，连喊叫一声也未来得及就身首异处了。大臣们终于去掉了一块心病。

由于近年来少有的恶劣天气的影响，再加上女皇武则天年龄过大，抑或是过度沉迷于酒色的缘故，她的病情再度恶化。现在，她四肢无力，身体难支，不得不长期孤寂地躺卧在洛阳城内迎仙宫，遭受着难耐的病痛折磨与摧残。

武则天在当皇后的初期，为了显示权力和尊严，大兴土木，修造了豪华气派、令人神往的迎仙宫。现如今她已是身体不支而又孤单地卧病在床。前后相比，天壤之别，威武的女皇帝黯然神伤。

这年十一月，洛阳一带又出现了极为罕见的灾害天气，竟然连续下了几场大暴雪。洛阳这个唐朝东都几乎与世隔绝，交通中断，水陆不通，城内物资严重匮乏，老百姓所需的柴、米、油、盐等日用品极度短缺。如果不及时采取措施，势必酿成大乱。为解黎民百姓忧愁，宰相们多次请求觐见皇帝，可是把持大权的张昌宗和张易之兄弟，不是用皇帝身体欠佳、无力召见各位臣子为由，就是以皇帝在睡眠中不得惊扰来应付。就这样有一个多月的时间，宰相们一直未能见到皇帝。本来，在这种情况下，皇帝身体不好，可以让太子临时摄政以此来锻炼太子处理政务的能力，以便将来即位后可以得心应手地治理国家。可如今，武则天虽然病情严重，也不下诏让太子李显暂时代为理政。对于太子李显来说，他年纪虽也不小了，应该主动为江山社稷操心。可是他看到的事情太多了，以往朝野的倾轧和为争权夺利不惜使用最残忍的手段的政治戏剧，使这位经过无数惊涛骇浪的太子得到了丰富的经验。他对母亲过去为权力杀兄逼父的举动还历历在目，他不愿引起母亲的猜忌，也不愿再做老虎嘴里拔牙的勾当。即使是母亲武则天请他代为执政他也不敢，他要力避嫌疑。

然而，武则天病情恶化，已经无法上朝理政。整个朝廷混乱一片。在这种情形之下，几个宰相商量要尽力避免危局产生，同时要求御医竭尽全力为武则天治病。

当武则天病情稍有好转时，朝中大臣就抓住机会，见缝插针，求得一见。为实现几个宰相定下的谋略大计，崔玄看着躺在病榻之上，身体仍十分虚弱的女皇帝武则天，谨慎小心地进谏道："皇太子及相王是仁明孝廉的人，又是皇上至亲，最适合持汤喂药照顾皇上。宫禁事关大局，臣等恳请皇上勿使异性接近龙床，以免发生不测之事。"不言而喻，这是劝武则天疏远二张等奸佞小人，以免误国。

武则天是何等精明之人！尽管身体大不如从前，可是神志还是惊人地清楚，言语表达也井然有序。她有分寸地说："卿之厚意，朕已知晓。朕会妥善安排，请卿放心罢了。"

本来武则天的病情已稍有好转，可是为了张昌宗的案子连续受到打击，再加上自己力不从心，病情又见恶化。武则天的身边仍是只留二张侍奉。通过这一段时间的折腾，他们彼此大有"同生死"的情感，关系更加密切。这位老皇帝在此时非常需要张昌宗兄弟给她的温情和床上的肌肤之爱。对武则天而言，他们两兄弟已成为自己血肉之躯的一部分。二张心里也非常明白武则天对他们的重要性。通过前一阵子的事情，他们明显看到了武则天对他们的保护作用。尽管武则天病卧龙床，但她毕竟是至高无上的皇帝，只要有她保护，自己就可以高枕无忧。现在问题在于这个保护伞已经老化，已经是朝不保夕，自身难保。她的驾崩之时，也就是自己的丧生之日了。为此二张也十分痛苦与烦恼，整日坐卧不宁。他们要尽早找好退路，以免被人生吞活剥，落得个尸首不全的惨局。表面上他们还要装得若无其事的样子，照常衣着锦绣，浓妆艳抹，出入于皇宫大殿。

宰相们也难见皇帝

一帮子大臣冒死进谏无济于事。他们开始担心，恐怕什么时候皇帝会突然颁诏让位给张昌宗。他们思虑再三，不能再等待，也不能再浪费时光了，既然前面的努力没有奏效，那么就必须立刻再想办法。现在，唯一的办法就是要迫使武则天退位。

既有了打算就要立即付诸实施。他们要诉诸武力，拥立皇太子李显为天子，这也是武则天篡唐改周以后，他们多年梦寐以求的夙愿。"复兴唐室"也是他们义不容辞的责任。"唐室光复派"的成员是张柬之、崔玄曰韦两位宰相，中台右丞（尚书右丞）敬晖、司刑少卿桓彦范及右台中丞袁恕己等五人。由老宰相张柬之担任领头。他们要在迫使武则天退位之前，首先诛杀二张。

张柬之既然已成企图光复大唐王朝的主谋人物，就需要时时注意身边官员的举止表现，以便物色心目中的志同道合之士，然后以宰相推举"贤才"为名推荐他们担任适当的职务，为借机图事做好人事上的准备。其实他的举动并不难理解。张柬之本人是位自幼醉心儒学的人，中国出现了一个女皇帝，从他的儒家观念上来说，身为唐朝老臣无法忍受，更何况武则天皇帝以低微的身份，玩弄阴狠毒辣的手段，篡夺了自己亲生儿子的天子帝位，这是个天人不赦、犹如恶魔般的狠毒女人。张柬之自她从皇后、太后时代以及终于即皇帝位，改"唐"为"周"以来，在长年累月隐忍，虽然武则天仍委任他宰相重职，也没有丝毫改变他内心的仇恨。在他吸收同谋的同时，那些对局势十分敏感的奸人朝官，看到大势所趋，为图自保也纷纷加入张柬之的行列里来。张柬之对此看得非常清楚，但是为壮大自己的力量他也就默许了。

鉴于张柬之痛恨武则天由来已久，所以他纠合同谋的行动也不只是现在才开始。早在久视元年（700年），还是荆州都督府长史的张柬之被提拔为洛阳司马时，他就开始着手这件事情了。正要离开荆州到洛阳赴任之前，张柬之在向下一任杨元琰办理政务移交时，了解到杨元琰也慨叹武氏夺权，于是两人肝胆相照，结为生死盟以图后事。后来由姚元之（姚崇）热心推荐，张柬之得以在长安四年（704年）九月出任宰相。他不忘盟誓，立刻向皇帝推荐杨元琰，提拔他为右羽林将军，为诛杀二张走出了超前的一步棋。

武则天的病势更加严重，身体十分虚弱，除了相当重要的军国大事，一般琐碎朝务已经不愿再一一细问。趁此机会张柬之等人推荐的"贤才"她都默许了。

张柬之等人的大力举贤，引起了敏感的杨再思的注意，他感到莫名的紧张，所以就在张柬之、桓彦范共同推荐詹事司直阳峤为御史时故意说："我认为阳峤不会喜欢御史的工作，不知道有没有必要推荐他？"

桓彦范岂能让人干涉自己的行动，他与张柬之等人的计划要慢慢向前推进，他们要把一切拦路虎清除掉，所以一听到杨再思这样说话，就立刻加以驳斥。他说："杨大人，这话怎么讲？你是何意？是否你有更合适的人选推荐？你如何知道阳峤会不喜欢御史的工作？再说选任担任某种职务时，有必要先调查他的喜好吗？食朝廷俸禄，就要无条件地为朝廷分忧，为国家效命，岂能只顾一己之私利？"

杨再思被问得无话可说。他知道再继续争论下去，对自己也无任何益处，他没想到他的一句话，就引起了桓彦范如此激烈的攻击，他知势在必行无法阻挡了，结果只好同意提拔阳峤为右台侍御史。这一步棋张柬之集团又胜了。

纵观历史，不论是哪朝哪代，要夺取政权，没有自己的军队是绝对不能成功的，所以要逼武则天退位和诛杀二张就要有自己的力量。因此下一步张柬之等人的计划，就是要拉拢有威望有兵权的大将军参加到他们的行列里来。这是头等重要的大事。

那么，先吸收谁呢？张柬之已经选好一个目标，那就是右羽林卫大将军李多祚，李多祚的先人是靺鞨族的酋长。他继承了祖先的血统，正如游牧民族的特有习性，他骁勇善战，气概豪迈，深得部属将士们的拥戴，将士们愿意为他赴汤蹈火。他指向哪里，他们就打到哪里。这是一位不可多得的将军。

张柬之在自己的府中，设下丰盛的酒席宴请李多祚。寒暄过后，边吃边聊。酒足饭饱之后，张柬之以不经意的口吻切入正题，试探性地说："将军真不愧为名门之后，英勇善战，屡建奇功，成为当今天下数一数二的将军，名贯天下，令在下仰慕至极。"

张柬之这番话一出口，不由得李多祚黯然神伤，泪如泉涌。他伤感地说："就这北门宿卫的职务，我一干就是二十多年，这全是先帝（高宗）的赏赐。"

闻听此言，张柬之心里十分高兴。在李多祚的心里只要还有先帝的位置，往下的话就更好说了。他又说道："李将军果然是一位忠义之士。如今将军知恩报德的机会到了。"

李多祚一惊，问道："张大人何出此言？"

到了这一步，张柬之索性放开胆子说道："先帝既然对将军恩重如山，可是今天他的皇子，却因为二张的关系，处于十分危险的境地。难道将军不愿为他做点有益的事吗？"

本来李多祚就有一腔热情，只因势单力孤，无处下手，只得忍耐，如今有宰相出谋划策，心里就踏实了。所以他果断地说："我李多祚向上天起誓，只要为了国家的利益，豁出身家性命也在所不惜。一切愿听明公的安排。"

就这样张柬之把李多祚给吸收了过来，为以后举事奠定了坚实的军事基础。

为确保万无一失，张柬之又分别推荐桓彦范和敬晖，还有右散骑侍郎李湛为左右羽林将军，由他们掌握禁军。

桓彦范和敬晖担任左右羽林将军，使得张昌宗与张易之兄弟有些惶恐不安。为了安抚他们，张柬之使用了个稳军计，他立刻把张易之的同党淮阳王武攸宜也推荐任右羽林大将军之职，使张易之不起疑心。

正在这时，姚元之也因公务来到洛阳，这下可把张柬之给乐坏了，他又多一个左膀右臂。他大为兴奋地说："太好了！这样一来我们绝对有成功的把握。"

另外张昌宗和张易之的一举一动被张柬之掌握得一清二楚，因为在迎仙宫内的宦官中有许多已是张柬之暗中安排好的内线耳目。张柬之深知只有知己知彼，才能百战百胜。

张柬之等的暗中策划乃是高度机密的，即使对自己的父母和妻儿也不得泄露。就连桓彦范的老母对此事也十分理解，她对桓彦范说："自古以来忠孝不能两全，应以国家为重。身为人臣，应精忠报国！"

接下来的事就比较关键了，那就是诛杀二张要师出有名，若不然，则名不正言不顺，被武则天定个谋反之罪，就要株连九族。解决这一问题，只有从太子李显身上下功夫。于是桓彦范与敬晖一同秘密觐见太子，向他挑明要以武力革命的行动，请求以皇太子的名义举事。刚开始他还顾虑重重，后来看到他们两个死不回头的勇气，终于点头答应。

诛杀"二张"的时机终于到了。正月二十二日，张柬之、崔玄曰韦、桓彦范和左威卫将军薛思行等人，率左右羽林军五百余人，到达北门玄武门，派李多祚、李湛及后来的驸马督尉王同皎，来到北门的临时东宫迎接太子。

事到临头，太子李显又开始迟疑。他胆小怕事的性格，使他遇事缩头缩尾，退避三舍。他胆怯地说："诛杀二张是非常正确的决定。可是现在皇上玉体欠安，万一因此而影响圣体安康，则为子为臣均属不妥。各位不妨稍向后延，重新计议如何？"

他的退却态度令大臣们十分生气。若此时受挫，万事皆休。王同皎迈步向前晓以大义："先帝将天下付托太子，不想太子中途遭到邪恶阴谋，被废黜幽禁，在人神共愤的压抑生活中度过二十三个春秋。如今正是天遂人愿，我等誓死齐心协力诛杀二张，以清君侧，恢复李唐天下之时机。愿殿下顺应人心，以应众望。"

可是太子李显仍然十分恐慌。他支支吾吾不置可否。他的懦弱举止使大臣们深感无奈。这却急坏了李湛，他厉声说："没有殿下参加的举事会变成臣子叛乱的大逆不道之事，而今诸将士抱定不顾身家性命要为社稷而死，而殿下莫非要使这些起义的诸位将士变成大逆不道之徒处以极刑吗？况且大家的举动最终目的又是为了谁？如果殿下真的不愿参加，就请到外面说服众将士停止这次行动计划吧！"

太子李显这时不得不站起来走到外面。看到这种情况，王同皎抱起太子，推上马背，率领士卒一路砍杀，冲到了迎仙宫。张昌宗与张易之一起赶来迎仙宫看个究竟，不料即时被逮住，并立刻诛杀，连喊叫一声也未来得及就身首异处了。大臣们终于去掉了一块心病。

大周帝国的终结

二月初四，大唐国号正式恢复。于是自从天授元年（690年）以来，由武则天称帝的十五年的大周帝国彻底宣告结束。大唐旗帜的颜色也从周的大红色恢复为唐的黄色，大唐的旗帜又迎风飘扬了。

诛杀"二张"之后，就轮到向武则天开炮了。众人拥入皇上的寝殿，站在武则天的龙榻前。他们看到武则天已经龙颜憔悴了。在往昔，武则天尽管年事已高，却是极端注意修饰打扮，妆梳华贵，气度非凡，每一位能见到皇帝龙颜的臣子，无不感到她的风华绝美，看上去是超越自己的年龄，令人不可思议——她这么年轻貌美，精力充沛，简直如地上王母。如今他们面前的皇帝，虽也略施粉黛，但大不如从前，与昔日相比较，真是天壤之别——她面色焦黄，神情疲惫，没有一点威慑人的气魄。

恍惚之际，武则天听到外面惊天动地，杀声连天，她就觉察到是出了什么大事。不知哪儿来的力气，她仰起身，环顾四周，见到群臣们面带杀气地伫立在自己的床头，她用沙哑柔弱的声音问："你们要搞叛乱吗？是何人带头如此胡作非为？"

她的声音虽然不大，但是分量不轻，不失王者之风。李湛连忙上前解释："圣上有所不知，不是我们叛乱，而是张昌宗和张易之兄弟阴谋发起叛乱，因情况万分紧急，事前来不及上奏，就奉太子之命将其二贼臣逆子诛杀。臣等罪该万死，不过臣等一片忠心，为国除奸，还望圣上开恩！"

武则天就是武则天，她不愧为一代君主，她仍然有极强的判断力，能洞察一切。再说纵观她统治的这么多年来，她对一切困难从不低头，极富挑战精神和冒险精神。也正由于这些原因养成了她的自信，以致发展到成为自负。她听到李湛的一段自白后，一切都明白了。她知道自己此刻面对着紧张局势，她仍不服气。她的眼睛里突然发出炯炯的神光，虚弱的身体刹那间充满摄人魂魄的力量，如同受伤的猛虎对着一群豺狼，正要发出王者的怒吼。

武则天不与李湛理会，利剑一般的目光直逼太子李显。李显被她的炯炯目光和愤怒的气魄刺得魂不附体，无处藏身。这时他听到他母亲的斥责："原来是你做的好事，好大胆的太子。啊，你已经贵为太子，竟然还不满足，要急不可耐地坐上皇帝之位，真令朕不可思议！"说着说着武则天慢慢抑制自己愤怒的情绪，脸上浮现出轻蔑的表情。她要采取缓兵之计，便用低沉的语调说："既然已经杀死了那两个'逆贼'，现在好了，没有别的事，赶快回你的东宫去吧。"

听完这番话，桓彦范立刻明白了武则天的用意，使他感觉到不安，他想要一鼓作气，绝不能功亏一篑。于是他向前迈步跪下说："皇上圣明，如今太子焉能就此返回东宫？往日先帝把爱子交付在皇上手里，让皇上辅佐太子执政。而今太子已过不惑之年，却仍住在东宫，天下思李姓已久，因此臣等才奉太子之命诛杀奸臣。如今奸臣已除，朝野太平，但愿皇上能即刻将大位让给太子，以顺应民心，自己也可安享天年。"

她的目光巡视了一会儿，视线盯在刚才还说话的李湛脸上。李湛是李义府的幺子，当初李义府全家被流放，李湛也被流放到岭南，后来上元年大赦时，李湛回到洛阳，不久后朝廷还准他任官，蒙长安四年（704年）武则天特别恩准，李湛得以担任要职。所以他本应该感恩戴德，效忠武则天，如今却参加起义，使武则天很生气。武则天对着李湛道："李湛，你好大胆，原来你也是乱军之一员，你好好想想朕待你不薄啊！今天竟然还参加罪不容赦的阴谋，真乃忘恩负义，恩将仇报之徒！"

武则天的一席话，对李湛而言，真乃当头一棒，打得他晕头转向，不知如何是好。他先是面色苍白，继而面红耳赤，一句话答不上来。

武则天把目光转向披挂盔甲、威风凛凛的宰相崔玄曰韦身上。她凝视了他一会儿，她企图用目光威慑他，使他不安，然后再用话语刺激他。她用严厉而哀婉的话说："崔玄曰韦啊，你可想过，别的人都是由宰相提拔的，可是唯有你是朕一手提拔的，没想到你竟然也会参加叛乱，背叛朕！"

崔玄曰韦听到此言，也不由自主地脸色通红，豆大的汗珠直往下流。他的内疚与不安是显而易见的。可是他还是鼓足勇气，立刻回答道："臣参加这次起义是从大局出发，只有这样做，才能真正回报陛下的大恩大德。况且为国除奸，为社稷安稳，这也是被逼无奈的。"

与此同时，被关在狱中的张昌宗的兄弟张同休、张昌仪、张昌期三人，在神龙元年（705 年）一月二十二日这天被处以斩刑，首级挂于长安西市街口示众。看着他们尸首的狰狞面目，与以往耀武扬威的神情相比也真够惨的。众人皆说这是罪有应得，张昌宗、张易之的同党，宰相韦承庆、房融以及司礼卿崔神庆，均被捕入狱。到此为止，张昌宗集团被彻底捣毁。武则天完全成为孤家寡人了。

起义人员尽管力图让武则天退位，但由于武则天也是智谋过人，采取种种策略以退为守，大臣们看到一时间让她完全退位不太现实，所以采取了一个折中的办法，那就是"太子监国"。武则天终于答应这一条件。第二天，也就是一月二十三日，皇帝颁布政变派拟好并自行盖上玉玺的制敕，命太子监国，大赦天下。

太子李显如今已成为监国太子，但是他仍然惊魂未定。他的无能完全可以理解为对他母亲武则天的敬畏所造成的。如今他年岁已长，他母亲以往杀戮的情景还历历在目，这对他产生了深远的影响，所以一直没有任何作为，也不敢有所作为。如今虽然监国，却仍生活在原来的阴影里，茫然不知所措，成为张柬之等人的傀儡。张柬之以他的名义，即日升袁恕己为凤阁侍郎同凤阁鸾台平章事，成为宰相。升为宰相的袁恕己立刻利用职权制作敕书，派特使分别到天下十道而去，以安抚各州，稳定局势。

武则天完全成为孤家寡人

一切安排妥当，再无任何顾虑，他们再也不能容忍窃国篡朝的武则天坐在皇帝宝座上了，他们要让历史上空前绝后的女皇帝武则天长达数十年的统治宣告结束。神龙元年（705年）一月二十四日，武则天被迫让位给太子李显。二十五日，太子李显在通天宫迷迷糊糊又坐上皇帝的宝座。他万万没有想到自己还能从母亲的手中夺回国君之位，这位中宗皇帝这时已经五十岁了。

既然中宗即位，就要按惯例再次大赦天下，但这次大赦与武则天的改元大赦有明显的不同。她大赦一般是为了解决自己的宠幸之臣之所为。而这次中宗大赦天下，则是为由于周兴、来俊臣等酷吏以冤罪致死的人们平反昭雪改判无罪，而对武则天的宠幸张昌宗、张易之的同党则不予以赦免。

这几日武则天的病势更加恶化。从感情上讲，她无论如何也不能接受这意外的打击，权力在自己的手里把玩了几十年，却在短暂的一瞬间化为乌有。可是这又是沉痛的现实，不容她不接受。这种矛盾心理使她整日处于激愤之中，不食不眠，这对她本来就很虚弱的身体来说是一点也吃不消的，所以她脸色枯黄，两眼深陷，目光呆滞。作为一代精明的帝王，尤其是像她这样的女皇帝，能坐到皇帝的宝座上，这件事本身就不容易，她也没有想到竟然在自己还活着的时候李唐王朝就重新勃兴了，而且使自己非常难堪。她痛恨自己没有防备，同时她又为众叛亲离而痛苦。再加上情人张昌宗等被诛杀的事也严重侵蚀着她的心灵，如今再也没什么人为她分忧与共欢乐了，这些种种事情逐渐加深她的伤痛程度。

二十六日，武则天被尊为"太上皇"。她要从迎仙宫搬出，到皇宫城西的上阳宫内仙居殿静养。由李湛率禁军担任警卫工作。

姚元之当时非常感伤，想当初这位女皇帝是多么的威武、开明、治国有方，而后来竟能被张昌宗等人坏了大业，又想到当初这位明君是多么器重贤才，包括他自己在内也非常受重用，而今他却要参加政变反对武则天。这真是世事难测，又身不由己啊！想到这些，姚元之不禁失声痛哭出来。张柬之、桓彦范异口同声斥责道："在这种时候，姚大人如此啼哭，岂不让人费解？"

姚元之边呜咽，边回答说："本人在太上皇身边任官已经很久了，太上皇对在下恩情似海，今天这种告别方式，实在让在下悲哀难忍。几天来与诸公为大义而共诛奸贼，匡复唐室，这是为人臣当有的忠义之举。今日感旧主昔日之恩泪洒而别也是人臣之情义。"

张柬之却大不以为然。他以为新君刚刚临朝称制，要重整朝纲，对这次革命不积极的官员要加以整顿，意在新帝的率领下鼓舞士气，重振大唐雄风之时，岂能哭哭啼啼丑态百出，这事要严加处理，以儆后来之人。于是刚刚上任的宰相姚元之又立刻遭贬为亳州（今安徽省亳州）刺史，而且要即日启程。

曾经向武则天极力推荐张柬之为宰相的姚元之，如今却被张柬之贬为亳州刺史，这是多么大的讽刺。

二十七日，新帝到上阳宫探望他的母后，奉她为"则天大圣皇帝"，此时才开始有"则天"的称号。中宗看见母亲在几日之内就憔悴到这种地步，深感不安，甚至于惊恐万分。看到母亲那阴森的眼光，就恐惧得浑身直冒汗。武则天看到儿子的表情，心里也很不是滋味，她胸中的怒气慢慢地消失得无影无踪。她想长期以来，在她的统治时期，儿子慑于自己的威仪，从来就是温顺厚道，从不背弃自己，如今被人利用，自己坐上皇帝宝座却又是傀儡，想到这里她又开始为儿子担忧了。所以她就用告诫的语气缓缓地对中宗说："如今你已坐上了皇帝的位置，这也算不容易。你要用自己的双手对自己的地位和生命细心保护……"中宗何时曾从母亲的口中听说过这么温暖的话语，禁不住泪珠夺眶而出。

中宗严命御医极力为母亲治疗，而从这天以后，武则天慢慢开始接受药物治疗。御医、侍女尽心竭力地侍候着她，偶尔她也会心情愉悦。当她的身体逐渐恢复的时候，她又开始日思夜梦她的如意情郎了。

在梦中武则天又开始与她的六郎相会。突然她的眼前浮现出张昌宗白如莲花的脸，她连忙把自己的脸凑过去，脸贴着脸，臂搂着肩，耳鬓厮磨，互诉别后相思之苦。

武则天先开口道："六郎啊，这些天你上哪儿去了，不见你个踪影，让朕好不想你啊！"

听罢武则天的话，张昌宗又开始鼓动他那玉一般的嘴唇对武则天诉说起来："圣上哪里知道，六郎好苦啊！幸好因为六郎过去对圣上服侍尽心忠诚，天帝可怜得见，使六郎得以像升仙太子一般生活。"

说着说着慢慢地言语消失，武则天面前又呈现出美貌六郎骑白鹤吹玉笛的形象。那笛声由美妙悦耳渐渐变得凄凉哀怨，如哭泣一般刺耳难听。这声音使武则天从迷迷糊糊的梦境中醒来，她倍感寂寞难熬。

中宗到上阳宫探望母亲武则天的第三天，也就是正月二十九日，举行神龙革命成功后的庆功会。他论功行赏，大封重臣。政变中首屈一指的领袖当推张柬之，从组织起义队伍到领导举行革命的每件事都倾注了他的心血。他的功劳最大，被封为夏官尚书同凤阁鸾台三品。敬晖、桓彦范也因功不可没，被封为纳言，这些都是新宰相，他们同时也分别获赐郡公的爵位。李多祚被封为辽阳郡王，王同皎为右千牛将军，琅琊郡公李湛被封为右羽林军大将军及赵国郡公，其余的也各自按功行赏。

在论功行赏中出现了这样一件事，那就是田归道本当受罚，却被提拔。不过这件事细究起来倒也合情合理。事情是这样的：担任千骑之将的田归道，并没有参加到政变集团中来，在政变军诛杀二张时，他正在北门值班守卫，他为了阻止政变军入宫而奋起抵抗，使政变军遭受很大阻碍和损失。革命成功后，敬晖想给他定为死罪而杀之，可是田归道毅然不服地辩解道："由于事出意外，我并不知晓内情，我只不过是奉命守门，尽职尽责罢了。"包括敬晖在内的所有宰相听了他的辩解，对他能忠于职守的忠义行为颇为赏识，不但没给他定罪，反而提拔他为太仆少卿，委以重任，让他继续为朝廷效力。

论功行赏之后，就是按罪处罚了。二张的同党宰相韦承庆、房融等被当日拘捕入狱。如今韦承庆由于有功于朝廷，被贬为高要尉，房融被除名官籍，流放岭南，司礼卿崔神庆也遭到同样命运。几人思前想后，非常懊丧；本来位高权重，盛极一时，却偏偏贪心不足，这山望着那山高，妄想通过与武则天宠幸的男妓二张勾结，以图大事。加官晋爵的愿望未能实现，如今却落得个悲惨境地，真是无可奈何花落去！早知今日何必当初。

最令人感到不可理解的是对二张的同党杨再思的处置。杨再思素有"两脚狐"之称，革命前他也曾对张柬之的组织活动加以阻挠。可是如今他却安然无恙，没受任何处罚，不但没受罚仍保留宰相地位，而且还被委任为国都长安的留守。他何以能躲过张柬之等的追究而免去一场大难呢？谁也不知其中奥秘。纵观他的一生，不论是大周革命，也不论是二张被诛，还不论武则天被迫退位，在种种大事关头他都没有受到任何不好的影响。这与魏元忠、姚元之的遭遇大不相同。由此看来这位"不倒翁"自有一套处世为官的绝招。从他的平时所作所为看，可能是因为他长期担任宰相，精通一切事务，所以能明察局势，见风使舵，随时讨好实力派。当朝政与实力派相矛盾时，他能保持基本中立的地位，而不言辞激烈加害任何一方。由于他一贯奉行"洁身自爱"的原则，所以才安然地活下去，直到景龙三年（709年），他在尚书右仆射的任上去世。在他去世后，被追封为并州大都督，准许陪葬在乾陵。连死后都能享受这么高的荣誉，可见他是多么的幸运。他以"世路艰难，直者受祸"作为心中的座右铭，在宦海沉浮的多险岁月中，能在荣华之中得享天年，确实也是一件十分了不起的事情。这与忠臣们的刚直受祸形成鲜明的对比。

二月初一，中宗再次率领百官到上阳宫探望武则天。

经过精心的调治和充分的休息，武则天的病情有所好转。中宗看到武则天的气色比以前好了些，心里也稍觉宽慰。他对武则天恭恭敬敬地说："看到母亲的病情有所好转，儿非常高兴，还望母亲积极与御医配合治疗，争取尽早痊愈以安享晚年。"

武则天默不作声，静静地听中宗往下还要说些什么。

中宗李显见母亲武则天没有任何反应，以为她开始接受自己的意见了。他于是就把以后的打算继续说给武则天听，也不管该不该说，就和盘托出："儿既已成为皇帝，就打算改周为唐。"说到这里，他看到武则天的脸色骤变，再不敢往下说了。这个无能的皇帝简直有些莫名其妙，他哪里知道这句话严重刺痛了刚强的武则天，尽管他自己觉得是小心谨慎的措辞。

武则天心想，中宗刚当上几天皇帝就敢在自己面前说什么"既为皇帝"和"改周为唐"，真是气死人也。回想前几年武则天因为自己年近八十，身体状况每况愈下，常为身后事担忧。到底立谁为皇帝好呢？她思想上一直很矛盾。因为她觉得她的两个儿子平庸无能，缺乏统治天下、治国安邦的才能。把位子传给侄儿吧，又遭到李昭德和狄仁杰的劝阻，况且自己也考虑到那样会引起天下人的公愤，于国家于自己皆为不利。同时她还担心将来太子李显和相王李旦与武姓诸王不好相处，不能平安共事。于是她在圣历二年（699年）七月特地召集太子李显、相王李旦、太平公主与武三思、武攸宁、武攸暨等人在明堂敬告天地，立下誓言，保证今后平安共事，共图大业，绝不互相残杀，做那些让亲者痛仇者快的事情。并把他们的誓言刻在铁券上藏于宫内。这样她的心情才略有宽慰。

就在武则天犯难的时候，长安元年（701年）八月，武邑人苏安恒不仅给武则天皇帝上疏而且还面见皇帝劝她让位给太子李显。第二年八月，苏安恒再次上疏，言辞激烈地说："陛下虽然位居正统，可是依靠的是李唐的基业。如今太子的年纪德行都在盛时，陛下不可贪恋宝座而绝母子之情。若不然，将来陛下

"不倒翁"杨再思安然无恙

大唐的旗帜又迎风飘扬了

有何面目去见先皇呢？"武则天听到这番刺耳的话不是勃然大怒，而是平心静气。她觉得臣民们的劝谏不无道理，所以没有给苏安恒治罪。这就是武则天的明智之处。

可如今，她万万没有想到平庸胆小的儿子李显会在大臣们的怂恿下，夺取自己的帝位，并且还在自己面前说出刺伤自己尊严的话来，这着实让她不能接受。她气恼地说："事到如今，还有什么可说的呢？"

这次探视又不欢而散。尽管如此，从这以后，中宗每十天就到上阳宫探望一次武则天。"百善孝为先"的古语对他很有启发，身为天子他要为天下做楷模，用这种方式表达天子的孝心，以顺民心。这是一种策略。同时这也是他向母亲赎罪的一种方式，他毕竟是趁着母亲病魔缠身之际，强行登基称帝的，他只有以"孝顺"为名来减缓他的罪恶感。

二月初四大唐国号正式恢复。于是自从天授元年（690年）九月以来，由武则天称帝的十五年的大周帝国彻底宣告结束。大唐旗帜的颜色也从周的大红色恢复为唐朝的黄色，大唐的旗帜又迎风飘扬了。大臣的官阶、名称、官服颜色也都恢复永淳元年（682年）以前的规定，定长安为国都，神都恢复为洛阳旧名，成为陪都。天授元年时指定为"北都"的并州，也恢复旧名。因为并州是武则天家族的发祥地，因此武则天在成立大周国时，就授命称之为"北都"。则天文字，亦是武则天自己制造出来的文字，如"曌"字等也正式废止。当年高宗认为老子是李氏的祖先，乾封元年（666年）尊奉为"玄元皇帝"，但大周革命成功后，武则天把他改称为"老君"，如今中宗再度恢复他为"玄元皇帝"尊号。如此经过一阵子拨乱反正，大周终于结束，唐朝光复才算基本完成。

中宗皇帝李显同高宗皇帝李治一样，生性多疑，却又懦弱无能。在他的身边尽管有一帮贤臣为他出谋划策，新王朝的统治很快走入了正轨，但是一下子就想实现太宗时期的"贞观之治"和高宗即位初年的"永徽之治"的局面，也确实不易。就近期目标来说，他能像武则天那样治国有方，使得国泰民安也就不错了。正因为武则天在位期间，凭借着自己的胆量和谋略，还有她独特的创造力和知人善任之能，使贤能之人能充分发挥自己的才能为国效力，所以才能有她多年的统治地位稳如泰山，大唐江山一派祥和的局面。她的统治毕竟对后世产生了很深刻的影响，中宗要想超越是十分困难的。这样一个罕见的大权威者，一旦突然崩溃，所造成的影响和大的变动，以及许多乱后余波，也是必然的。

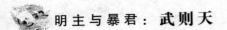

看来唐室真正复兴的道路上还有许多艰难和坎坷。

韦皇后干政

原本应该成为他们傀儡的中宗皇帝，即位之后却公然忽视他们的存在，他们感到十分愕然。中宗不仅没有成为他们的傀儡，反而成了韦后的傀儡。这正像当初长孙无忌想使高宗成为自己的傀儡，却被武则天抢走的情形一样。

神龙革命成功后，中宗论功行赏，按罪处罚，直到正式恢复唐朝国号。一切整顿基本就绪的第十天，才开始册封亲族。

首先册立原太子妃韦氏为皇后。一人得道，鸡犬升天，即日中宗追封韦后的亡父玄贞为上洛郡王，亡母崔氏为郡王妃。这就意味着他的后人可以世代世袭王位，享用郡王爵禄，荫及子孙。

观古察今，自汉以来多少朝代都是不以异姓为王的。汉朝刘邦分封诸王，出现混乱，后来又逐渐铲除异姓王，以稳固自己一姓天下。异姓王为祸不浅，这样的事且不说远的，就拿高宗当初追封皇后武则天的亡父武士彟为太原王，扩大了武氏家族的势力，这也是后来武则天乱唐的祸起之源。前车之鉴过时不远，大臣们建议中宗，应命皇后主动辞去这种封赐。

无论如何中宗没有依大臣们的谏言去办。不要说韦皇后不会辞，就是中宗自己也绝不能接受这种建议。他觉得自己对韦皇后感激还来不及，怎么会做些忘恩负义的事呢？也难怪中宗有这样的想法，回顾以往的十多年，这其中的秘密就会不言自明。

昔日中宗被幽禁庐陵，他的精神有些恍惚无常。由于武则天权力极盛，为了加强自己的统治地位，凡是对自己构成威胁的人，不论是谁，也不管是大臣还是自己的子嗣，立即诛杀。甚至于听到谁说了自己的坏话，也不予放过。一时间朝野上下人心惶恐，不敢妄动，尤其是对自己亲人的残酷屠杀，使当时的庐陵王就是今天的中宗皇帝触目惊心，时常出现恐惧症。每次听到从朝廷派来刺史时，他都会过度恐惧，怀疑自己不知做错了什么事而惹恼了皇帝，皇帝才派人来收拾他。因此常常被吓得魂不守舍地滥言自杀，再也不愿过提心吊胆的不安生活。每每在这时，韦妃也就是如今的韦后，以温柔的夫妻情分好言安抚，晓以利害，劝慰他要坚强地活下去，终究会有重见天日的那一天。韦后心里也非常明白，妇以夫贵，只有中宗出人头地，才有自己露脸的时候。所以她也试图在中宗身上赌一赌自己人生的运气。有了这种强烈的心理和愿望，她就对中宗百般体贴，无微不至地关怀，时时给中宗以鼓励。最终，中宗振作起精神，并逐渐适应正常人的生活。

正是由于平日韦后的关心和体贴，使得中宗才慢慢恢复了在武则天残酷诛杀时的出于自保的精神状态，所以他常常发誓般地对韦后说："有朝一日，我真的还能得见天日，你想要什么我就给你什么。"这充分表现出他对韦后的感激之情。韦后听他这么说，心里也就充满无限的欢喜。

如今中宗终于得见天日，重登龙王宝座，成为人间至尊的天子。此刻他正应该报答在长期的痛苦中，始终给他以支持的妻子。对韦后的要求自然是百求百应，毫不吝啬。这在一定程度上对韦后的放纵行为提供了条件。

韦后原来也是十分好强的女人，只是在长期的幽禁生活中，她有意压抑着自己的本性，如果她不加约束，恣意放纵难免要招致灾祸。反过来说，这长期的幽禁生活，给她以锻炼的机会，虽不外露，但使她比以往更加有头脑，也比以前更大胆，且不说在庐陵被长期幽禁，就是和中宗及一家人被迎回洛阳后的一段时间里，她仍然感到很大的压力，尽管丈夫被册立为太子，自己身为太子妃。但她十分清楚，只要有武则天存在，太子的地位就不可能绝对稳当。这从她多次立太子、废太子、杀太子的举动中很容易看出来，所以韦后一直谨谨慎慎地过日子。如今她一旦登上皇后宝座，再也无所顾忌了。她再也不用担心武则天会把她从宝座上突然拉下。这种自信和自负使这位四十二三岁、身心精力最旺盛时期的女人更加放肆。她甚至想要对武则天采取报复。她对武则天的憎恨由来已久，早在弘道元年（683 年）十二月底，李显初次即帝位时韦后也随之被册立为皇后，于是她要使自己的亲族因此而荣华富贵，所以在背后唆使皇帝将父亲玄贞从豫州刺史升为侍中。当时武则天知道这件事后非常恼怒。武则天采纳裴炎的意见，粉碎了韦后的阴谋，以至于以此为借口，把中宗从帝位宝座上给拉了下来，也使韦后一夜之间跌落到万丈深渊。从那个时候起，她就极其憎恨武则天，也在内心打上了一道深深的烙印。不过当时她对武则天身为女性，却有如此大的能力和魄力是深感敬佩的。当然，在她的敬佩中夹杂着深深的敬畏和强烈的向往。

韦后长期的忍耐和祈祷终于有了结果，如今她总算时来运转。她想要的奢华生活得到了；她想要得到的地位也得到了。她现在终于可以随心所欲了。她过去一直受压抑的那颗野心，现在开始膨胀，她要为过去遭受的痛苦而向所有的人报复，她的野心开始不断地扩张。

充满野心的韦后，在当上皇后的同时，至少在形式上开始参与朝政大事。

张柬之等一班宰相大臣，每次看到中宗临朝听政时，韦后就坐在他身后浅紫色帐幕后，心里十分不平静。他们非常害怕，仿佛看到了当初武则天垂帘听政的情景，生怕这一可怕的场面重新出现。

武则天在她长达五十年的统治中，为铲除异己，宁可错杀一千，也不放过一个政敌，所以告密组织和酷吏活动猖狂。比如像来俊臣这样的酷吏就为害不浅，使贵族官僚阶级常常生活在恐怖、压抑的气氛中，人人自危，提心吊胆。而武则天不重身世而只重才干，用人唯贤，有才能就能平步青云、做官为相的人事革新制度，对他们贵族阶层出身的为官者的特权是一大打击。

自古至今，历史上的君主与贵族官僚的关系，就是一场微妙的权力攻防战。在神龙革命中，大臣们抬出"光复唐朝"的金字招牌，也不过是为了从武则天手中夺取权力，收回到官僚手中。他们不满意武则天的君主独裁，诛杀"二张"及其同党也是为了夺取武则天手中权力的借口而已。张柬之等之所以拥立中宗，也有自己的用意。当第一次中宗从皇帝宝座上掉下来时，他们就看清了他的无能，还有他那胆小如鼠的样子。这对他们揽权是极为有利的条件。

经过无数艰苦卓绝的斗争，才终于把女皇帝武则天推倒，可如今又出现了一个新的女主人，如果任其发展，那么张柬之等发动的政变将变得毫无意义，亦纯属徒劳。况且韦后与武则天这个精明的政治家相比，简直有天壤之别。韦后对政治完全是外行，如果把政权交给这个无知的危险人物手里，谁知道她将会弄出什么严重后果，至少说对大臣们的利益有所影响。所以他们立即上奏，劝谏中宗。可是昏庸无能的中宗根本不予理会。

张柬之等看到，原本应该成为他们傀儡的中宗皇帝，却在即位之后，公然忽视他们的存在，他们感到十分愕然。中宗不仅没有成为他们的傀儡，反而成了韦后的傀儡。这正像当初长孙无忌想使高宗成为自己的傀儡，却被武则天抢走的情形一样。这样，张柬之想要扮演长孙无忌角色的梦想破灭了。

韦后对中宗的操纵在另外一件稀罕事中也有很明显的表现。有个名叫慧范的西域僧人，他经常巧妙地向名门贵族或富商讨好。这慧范也曾受过张昌宗与张易之的光顾，按他们的要求祈福禳祸。当时身为东宫妃的韦后，也密召慧范来作些消灭对手的法术，她的敌人就是武则天和二张，因为她家在过幽禁生活时，二张是起了很大作用的。如今二张已被诛杀，武则天也风烛残年，卧床不起，以致被逼退位，而韦后又成为受人羡慕的国母。于是韦后劝中宗授他银青光禄大夫之职，准许他公开进出宫中。中宗受到韦后的影响，日后也常常微服到慧范宅第行幸。

张柬之看到这种情况又平添一桩心事。他想，如果就此让慧范这样下去，对朝廷的毒害要远远超过薛怀义的危害。遇到中宗这无能的天子和无知愚昧而好权逞强的皇后，必然要比武则天时代产生更坏的恶果。于是以桓彦范为代表的一帮朝臣们开始进谏，他们强烈要求诛杀慧范。中宗皇帝置之不理。可见他受害之深和韦后对他的操纵程度。

武三思乱宫廷

韦后与武三思私通之后，韦后感觉到武三思有许多美妙之处，不可言喻，身心通泰，所以对他百依百顺。在他们两人嬉欢之时，武三思经常信誓旦旦地说，有朝一日他能够掌权的话，必定尽心孝敬韦皇后，把韦后逗得乐不可支。

现在，韦皇后不仅垂帘听政，直接掌管朝政，还开始摆脱各种束缚，自由自在，无所畏惧了。在不受任何约束的情况下，要说她还有什么不满足的话，那就是身为女人，又在四十二三岁年纪，正是如虎似狼之年，由于长期的幽禁生活，使其女性魅力无以施展，人的本能受到压抑。现在她要像武则天那样充分享受女人应该享受的幸福生活，当然其中也包括对异性的肌肤之爱和令人欲死欲仙的性需求。

韦后对中宗早已缺乏兴趣。早年在庐陵幽禁时期，韦后看到中宗软弱无能，胆小怕事就极为不顺眼，感觉到他没有一点男子汉的气概。

到这时我们不得不说一下武三思与两个女人的微妙关系。要说清楚这一问题，还需要提及这一时期的武三思的一些表现。

在神龙革命诛杀"二张"时，洛阳长史薛季昶向张柬之、敬晖等提出建议，那就是诛杀"二张"以后，为斩草除根，不使武则天的势力死灰复燃，必须要彻底铲除武三思。可是他们认为，大事已决，武三思纵有通天本事也掀不起大浪来。又有朝邑尉刘幽求向桓彦范与敬晖警告说："诛杀'二张'，可武三思犹在，这样任他逍遥的结果，将使各位死无葬身之地。"桓彦范等人认为这是危言耸听，小题大做。

自神龙革命后，武三思自己非常警觉，极为小心谨慎。张昌宗、张易之兄弟被杀后，他认为下一个目标就该是整个武氏家族了，因而整日忐忑不安。然而时间慢慢过去了，除韦承庆、房融等人被处理之外，对武姓族人中的其他人秋毫无犯，甚至搁置一旁不予理会。尽管如此，他仍然不敢掉以轻心。他认为，人无远虑，必有近忧。现在，既然不能得知张柬之内心的想法和下一步的打算，就要在他们采取打击武氏势力之前，尽快找到妥善的保身之策。由于中宗最疼爱的女儿安乐郡主嫁给了武三思的儿子武崇训，所以他要利用与中宗的这层亲戚关系做保护伞，从而得以安身保命。

如今三步一岗，五步一哨，整日戒备森严的天子后宫，不像以往东宫，再也无法自由出入，更何况还要避开张柬之等人的怀疑，所以必须有后宫的宦官或宫女做联络员，以与后宫互通信息。他把这一人选定在了武则天身边的宫女上官婉儿身上。

上官婉儿反应敏捷，处理百官上奏的能力很强，武则天把她留用。中宗皇帝李显即位后，相当重视她的能力和才干，继续让她掌文诰。实际上中宗即位后，后宫中天子妃妾制度也已恢复，婉儿当然也可以接受中宗的宠幸。可是聪明伶俐的上官婉儿早就看出了韦后残暴凶狠的性格，她不愿意引火烧身地四处惹麻烦，尽力避开中宗。鉴于此中奥妙，武三思便要利用上官婉儿这一内线为达到他的目的而效力。

虽然上官婉儿过着奢华的宫廷生活，但是她作为一位女性，缺乏男人的体贴也是十分难耐的。如今这位四十二岁、风华正茂的才女又遇到风流倜傥的武三思的进攻，很快就被武三思征服。她心里兴奋异常，与武三思真有如胶似漆的情意，一日不见，如隔三秋，她想尽一切办法为武三思创造自由出入后宫的条件，借机与他幽会偷情。此后的上官婉儿更加青春焕发，美丽迷人了。

女人独有的敏感使韦后对上官婉儿与武三思的秘密有所觉察，因此她常借机嘲讽上官婉儿。婉儿从韦后嫉妒的眼神里发现韦后对武三思也有思恋之意，这使她愕然。经过仔细观察，她发现韦后对武三思有着迫不及待的私情。为了大家彼此都能相安无事，她决定采取与以前一样的策略，进行第二次战略大撤退。但是她难免有些留恋武三思，她要与他商量一下。

当上官婉儿对武三思诉说完以上情况时，刚开始武三思有些惊讶，继而露出了得意的神情。

韦后自从发觉上官婉儿与武三思的通奸勾当后，产生了无法抑制的羡慕和嫉妒。又因为她对中宗失去了兴趣，所以对武三思的认识是，他是充满吸引力的才气纵横的男人。

为了讨好韦后，上官婉儿精心安排韦后与武三思偷情。韦后如鱼得水更见鲜活。也许是武三思背后的唆使，她对朝中大事的干预更加猖狂。她也由于上官婉儿的善解人意而更加宠爱她。

韦后与武三思通奸之后，韦后感觉到武三思有许多美妙之处，不可言喻，身心通泰，所以对他百依百顺。在他们两人媾欢之时，武三思经常信誓旦旦地说，一旦他能够掌权的话，必定尽心孝敬韦皇后，把韦后逗得乐不可支。所以她也经常给中宗吹枕边风，极力推荐武三思掌权。

在韦后的再三怂恿之下，中宗李显在决定政务时，开始和武三思商量。中宗对武三思也是言听计从。这其实也是武三思"前栽树、后乘凉"的结果。在中宗仅有太子之名而无太子之实的"二张"一手遮天时代，武三思经常频繁地往来于中宗府，给他以安慰。现在，当初的感激之情成了中宗信赖的基础，武三思的深谋远虑总算有了回报。这一段时间一直处于不安状态的武氏家族突然活跃起来，在没有武则天的今天，武氏家族的势力反而开始比以往任何时候都更加强大了。

张柬之等宰相及群臣，开始听命于武三思了。他们痛恨自己的失察和不听劝告，也可以说，他们为自己的大意而后悔不已。但是他们还没有放弃希望，还要再搏一搏。由张柬之等觐见中宗皇帝，请求诛杀武三思及武氏一族。他们的唯一王牌是，因为他们的政变才使得中宗重登宝座，中宗应该感激他们。

韦后把张柬之觐见的事秘密告诉给了她的情人，不料武三思对这个消息并不吃惊。这正是他预料之中的事。他知道中宗的主张既然是根据武三思的裁决而定，那么中宗就不会对他不信任。况且，中宗对张柬之杀"二张"拥立自己为帝之事产生后怕，对他们力量的日益庞大感到恐惧，他会采取措施控制他们势力的扩大，不会给他们以支持。

接下来张柬之又用讽刺尖厉的语言劝中宗诛灭武氏一族，至少要废黜他们的官爵，监察史也力劝皇帝不要与武三思多有来往。不料这些事中宗还是在无意间泄露给了武三思。武三思对他的信口开河感到高兴，他在心里暗自想到，从此再也不会有什么秘密了。他更团结本族蓄势而发。

神龙元年（705年）二月十六日，武三思荣升为司空，兼同中书门下三品，成为名副其实的首席宰相。十七日太平公主之夫武攸暨升为司徒，爵位也封为宣王。其实，已是幕后帝王的武三思对首席宰相一职已不感兴趣了。所以他和武攸暨假意推辞中宗对他们的封职，以示谦恭。可是中宗到底还是给他们封了官职。这还不算，武三思和武攸暨也得赐"铁券"（持有铁券者触犯刑律可以免除死刑）。而他们对神龙革命却是一点贡献也没有。

如今政变方才成功，尚不及庆祝，天下却已落在使中宗成为傀儡的武三思手中，真是螳螂捕蝉，黄雀在后。杨元琰对朝政已经绝望，上奏辞官。敬晖也有点毛骨悚然，他深恐武三思报复自己，所以派考功员外郎崔湜秘密探听武三思的动静，万万没有想到崔湜却趋炎附势出卖了他。

后来武三思又与韦后双管齐下，不断在中宗面前对张柬之等五位大臣屡进谗言，并向中宗献计，以尊重他们复唐功绩为名封五人为郡王，借此使他们脱离实际权力，仅徒有一个空头衔而已。这是武则天曾经使用过的手段，这可算是故伎重演。中宗言听计从，册封敬晖为平阳王、桓彦范为扶阳王、张柬之为汉阳王、袁恕己为南阳王、崔玄曰韦为博陵王。让他们晋升并赐给金帛鞍马，他们因此也只得放弃宰相之职。这还不够，中宗又听从武三思的建议，下"朝朔望"特令，使他们每月只有初一、十五两次参加早朝就够了。这种特别照顾老臣的特令，如今成了剥夺他们手中权力的伎俩。实在是宦海沉浮，人心叵测啊！

武三思经过一系列的行动，又通过傀儡皇帝中宗恢复武则天皇帝时代的政治形式，同时也完成了打击对武氏一族持反对态度的敌对势力。终于武三思架空功臣和操纵中宗，巩固了自己的势力。大唐王朝的大权掌握在武三思手中了。

女皇升天

她在弥留之际，断断续续地吩咐内侍写下遗嘱：去掉自己的帝号，称则天大圣皇后，陪葬在高宗的乾陵，立一块碑，上面一个字也不要镌刻。这就是有名的无字碑。武氏临死还勾起后人的悬念。

　　神龙革命成功后，在上阳宫内长生殿养病的武则天，实际上过着寂寞孤独的幽禁生活。朝野的混乱与倾轧与她已经毫无关系。刚开始时儿子中宗每十天来探望一下病情的事，现在已经渐渐不复存在。这在一定程度上是出于韦后的缘由。由于韦后对武则天怀着刻骨的仇恨，如今她要报复，所以就劝谏自己的丈夫中宗皇帝说："皇上日理万机，朝政繁忙，可以不去上阳宫了。"而最主要的原因是中宗认为如今朝政已经稳定，张柬之等一帮老臣已经得到妥善处理，再不需要装什么孝子了，况且武则天已经对他不构成威胁，对失去权势的母亲武则天再也没有敬畏、惧怕的心理了。

　　随着中宗的懒散，御医及监护人员也开始不负责任。他们对于这具活尸，希望她尽快闭眼，撒手人寰，永远离开人世。可是武则天的毅力和顽强的生命力支撑着她，使她仍然健康地活着。

　　在上阳宫内长生殿养病的武则天，当时是以何种心情度过这种幽禁的生活，后人已无从得知。但她在没有任何人安慰的情况下，过着寂寞孤独的疗养式的生活，其中的滋味可想而知，尤其是对一个老年人来说。

　　就在中宗称"应天皇帝"，封韦后为"顺天皇后"，大摆宴席以示庆贺，并极尽欢乐之能事时，武则天的病情急剧恶化，处于昏迷状态。她就像一个到达顶峰的旅行者回首遥望坎坷的来路一样，脑海里回顾着她辛酸而又辉煌的一生。一幕幕往事使她时而兴奋，时而懊丧苦恼。她在弥留之际，断断续续地吩咐内侍写下遗嘱：去掉自己的帝号，陪葬在高宗的乾陵，立一块碑，上面一个字也不要镌刻（这就著名的无字碑）。王皇后、萧淑妃两家以及褚遂良、韩瑗的子孙亲属等当时受牵累的人，都让他们恢复官爵。鸟之将死，其鸣也哀；人之将死，其言也善。英明一世的武则天口述完遗嘱，闭上双眼，与世长辞。这天，是神龙元年（705年）十一月二十六日。武则天享年八十三岁。

　　中宗闻讯，火速赶来，看到在银烛灯光下的母亲的遗容，他惊愕得几乎要停止呼吸。

　　死亡，使武则天的相貌突然变成另一种神圣严肃的美，面容上似乎飘逸着从未有过的安详，嘴角还浮现出一丝笑意。也许这种不屑一顾的笑是人的一生中，只有永远不休止战斗才能获得的特权和荣耀。同时，她的美妙的微笑，是在演奏着乐曲的金童张昌宗、张易之兄弟陪伴下，骑上仙鹤飞向苍天而发出的自然的微笑，也或者是她看到父亲武士彟正张开双臂欢迎她，并以充满慈爱的声音说"你完成天命了"时所回报给父亲的笑容吧！

中宗在如此强大的母亲面前，不由得跪拜在地，泪流满面。

神龙二年（706年）五月，她被安葬于乾陵。

她的儿子中宗皇帝李显登位复唐后，仍用神龙年号。

李显不改元，也不许称中兴，以表示尊重"圣母神皇"。

千百年以来，史学界对武则天的功过是非众说纷纭，莫衷一是。

有人唾骂她是个残忍淫杀的暴君，有专家则说她是位精明干练的政治家，更多的人则对她毁誉参半。历史事实证明，她与历史上所有有作为的皇帝一样，有时代的局限性，包括她残忍地滥杀无辜，致使李氏宗族死亡大半。但从总的方面看，她仍然不失为一位历史上少有的有作为的女政治家。她从一次出家、两次进宫的切身体验中总结出一个道理，那就是决定自己命运的主宰是自己。在宫廷斗争中她锻炼出了才能，彻底清除了太宗在位时就比较担心的关陇贵族集团的势力和对朝政的干预。她辅佐丈夫高宗皇帝二十八年，临朝称制六年，自己做皇帝十五年。在近五十年的政治生涯中，她任人唯贤，善于纳谏，赢得朝野内外大多数人的拥护。她平叛乱，安边疆，没有影响生产力的发展和人民的正常生活，基本上做到了天下太平，人民安居乐业。没有武则天的苦心经营，可以说在"贞观之治"后就不会出现中国封建社会的黄金时代"开元盛世"。她对中国历史的发展作出了卓越的贡献，她的一切过错与她的功绩比较起来是微不足道的。用瑕不掩瑜来比喻她的功过是非，不算过分。

附录　武则天历史年表

武德六年（公元 623 年），武则天一岁。

武则天于岁末出生于长安（今西安）。

武则天是其父武士彠续娶杨氏所生的次女。

李渊称帝后，武士彠被封为工部尚书兼禁卫军将军。

武德七年（公元 624 年），武则天二岁。

此年唐朝统一。全国统一设州县，颁新律令，推行均田制。

武德八年（公元 625 年），武则天三岁。

唐高祖李渊联合西突厥叶护可汗。

张柬之出生。

武德九年（公元 626 年），武则天四岁。

六月四日唐宫廷中发生"玄武门兵变"，李渊的二子、秦王李世民杀死太子建成、齐王元吉，迫使李渊退位。

八月李世民登皇位于显德殿，是为唐太宗。设弘文馆。起用旧臣魏徵、王珪等。

贞观元年（公元 627 年），武则天五岁。

唐太宗从元月至十二月，先后诛利州都督李寿和李孝常。提升武士彠为扬州都督府长史。二月划分全国为十道，更定律令。

贞观二年（公元 628 年），武则天六岁。

唐太宗李世民调武士彟做利州（今四川广元市）都督。武则天母女随至利州。

高宗李治生。四月唐太宗打败梁师都。契丹首领率部投降。九月放宫女3000 人。

贞观三年（公元 629 年），武则天七岁。

唐太宗派玄奘高僧去印度取经。

武士彟及全家在利州。此年多水旱灾害。

贞观四年（公元 630 年），武则天八岁。

武则天仍随父母在利州都督府上。

三月征讨东突厥胜利。各族酋领称唐太宗为天可汗。此年五谷丰收，国泰民安。

贞观五年（公元 631 年），武则天九岁。

武士彟上表请封禅，太宗不允。

唐太宗赎回在突厥做奴隶的汉人八万。

日本国首次派遣使臣到长安。

贞观六年（公元 632 年），武则天十岁。

唐太宗撤销利州都督府，调武士彟为荆州都督。武则天随父母到荆州。

唐太宗放死囚 390 人归家，后如期返狱，太宗皆赦之。

此年新罗国曼德女王继位。

贞观七年（公元 633 年），武则天十一岁。

武则天随父母在荆州，攻书习文。

安南地区有少数民族武装反抗，李世民派兵镇压。

李淳风改造浑天黄道仪成功。

贞观八年（公元 634 年），武则天十二岁。

唐太宗敕令李靖为黜陟大使，分赴全国十道检查吏治。

武士彟在荆州得了重病。

贞观九年（公元 635 年），武则天十三岁。

武士彟病死于荆州任所，终年五十九岁。太宗委派并州大都督英国公李世勣监护丧事，所需费用，一律官给。

武则天随母扶灵柩葬于山西文水县。葬后返回长安。此年唐高祖李渊驾崩。

贞观十年（公元 636 年），武则天十四岁。

武则天应召入唐宫，册封作才人，正五品。

长孙皇后死，基督教传入中国。

贞观十一年（公元 637 年），武则天十五岁。

武则天驯服烈马"狮子骢"。唐太宗称她为武媚娘。经常随皇帝车驾出行。

房玄龄等制定新律令及颁发新礼。

贞观十二年（公元 638 年），武则天十六岁。

皇子李治（即唐高宗）与则天有爱情关系。

李世民重修《氏族志》。

贞观十三年（公元 639 年），武则天十七岁。

此年唐朝版图扩大，计有三百五十八州，一千五百一十一个县。十月间，唐太宗将文成公主远嫁西藏吐蕃赞普松赞干布，和好汉藏民族关系。

贞观十五年（公元 641 年），武则天十九岁。

文成公主到达拉萨，嫁于松赞干布。

此年吐蕃、朝鲜、缅甸、越南派留学生到长安留学。

武则天仍在宫中作才人。

贞观十六年（公元 642 年），武则天二十岁。

敕括天下无籍民众。

日本皇极女皇登基。

贞观十七年（公元 643 年），武则天二十一岁。

太子李承乾谋反事发，被废。此年魏徵病故。

唐太宗立皇子李治为太子。

贞观十八年（公元 644 年），武则天二十二岁。

太宗派李勣、张亮率军援助新罗，东征朝鲜。

贞观十九年（公元 645 年），武则天二十三岁。

二月唐太宗领兵亲征高丽，九月班师。茂州羌人谋反，裴行方大破之。

唐僧玄奘游学印度十七年，归至长安，写成《大唐西域记》。

日本发生"大化改新"，派留学生来中国学习大唐文化及先进制度。

贞观二十年（公元 646 年），武则天二十四岁。

太宗派官员巡视四方。派李勣击败薛延陀。宫内流言唐朝三代以后，女主武姓将取天下。

贞观二十一年（公元 647），武则天二十五岁。

太宗派李勣、牛进达率军分路讨伐高丽。设燕然都护府。在长安建翠微宫与玉华宫。

贞观二十二年（公元 648），武则天二十六岁。

四月梁建方破松外蛮，内附者七十部、十余万口。设安西四镇。

八月令剑南道等造船，讨伐高丽。九月雅州、邛州、眉州少数民族因苦于造船，群起反抗，太宗发兵击之。此年王勃生。房玄龄死。

贞观二十三年（公元 649），武则天二十七岁。

五月唐太宗驾崩（五十一岁），太子李治继位。武则天入长安感业寺为尼。

永徽元年（公元 650），武则天二十八岁。

高宗改元永徽，册立王氏为皇后。因临汾地震甚烈，高宗令群臣极言时政得失。

松赞干布死，唐遣使往吊。

永徽二年（公元 651），武则天二十九岁。

高宗李治到感业寺烧香，见到武媚娘（则天）。

永徽三年（公元 652），武则天三十岁。

则天被高宗接入唐宫，封昭仪。冬生子李弘。弘化公主自吐谷浑来朝。

高宗庶子燕王李忠立为太子。

永徽四年（公元 653），武则天三十一岁。

二月，太宗女高阳公主驸马都尉房遗爱等谋反，事发皆死。三月，颁《五经正义》于天下。

九月睦州女子陈硕真反，伪装男子，称文嘉皇帝。二月战败被俘，伏诛。

永徽五年（公元 654），武则天三十二岁。

春，高宗追封武昭仪之父。武昭仪扼杀女儿嫁祸王皇后。

雇一千人筑长安外城。

永徽六年（公元 655），武则天三十三岁。

三月武昭仪著《内训》一篇。五月高宗命程知节等讨贺鲁。

九月贬逐反武派重臣褚遂良。王皇后、萧淑妃被废。

十月，高宗下诏，立武昭仪为皇后。内外命妇入宫谒武皇后。朝皇后，自此始。十一月武皇后生次子李贤。

显庆元年（公元 656），武则天三十四岁。

正月改元显庆，大赦，令天下大庆三日，以庆祝立则天为皇后，立则天所生长子李弘为太子。二月追封武士彟为司徒、周国公。废太子李忠。

自显庆以后，武皇后"决百司奏事"。

九月武皇后著《外戚诫》。

显庆二年（公元 657），武则天三十五岁。

闰正月，高宗、武后至洛阳。十一月观练后于许郑之郊。十二月宣布以洛阳为东都。升任礼部尚书许敬宗为相。

显庆三年（公元 658），武则天三十六岁。

五月重设四镇。六月程名振、薛仁贵率军击败高丽。

高宗、武后自东都还长安。世界上第一部百科全书《文馆词林》一千卷，修成。

显庆四年（公元 659），武则天三十七岁。

四月于志宁、许圉师为相。贬逐长孙无忌。六月改《氏族志》为《姓氏录》，以武姓居一等。亲自策试举人，张九龄等人居上第。

世界上第一部国家药典《新修本草》编成。

显庆五年（公元 660 年），武则天三十八岁。

正月，高宗、武后离东都，二月至并州，赐宴、致祭。三月，武皇后宴请文水县亲族邻里于并州朝堂。高宗因并州乃皇后故乡，升并州都督府长史等勋级。观练兵于并州城西郊。与高宗游汾阳宫。四月，同返东都。改建东都，建合璧宫，洛阳成为政治中心。

龙朔元年（公元 661），武则天三十九岁。

武则天第四个皇子旭轮出生。继续东征，五月命大将军契苾何力、苏定方等统军讨伐高丽，水陆共二十五个军。七月苏定方军围平壤。九月契苾何力军大破高丽盖苏文军于鸭绿江上。

六月在吐火罗、波斯等十六国故地，设置八个都督府、七十六个州、一百一十个县、一百二十六个军府。立战胜西突厥之纪功碑于吐火罗（今阿富汗北部）。

九月高宗、武后至河南县一百零三岁之长寿女张氏家，又访问功臣李勣故居。

龙朔二年（公元 662），武则天四十岁。

正月立卑路斯为波斯王。二月改百官名称。令苏定方撤平壤围，班师。

三月，高宗、武后自东都至蒲州，四月还长安。

三月，薛仁贵军进至天山，击败铁勒。七月刘仁轨等挥军大破百济。

龙朔三年（公元 663），武则天四十一岁。

二月迁燕然都护府于回纥，改名瀚海都护府。八月罢造船东征之役三十六处。九月刘仁轨等率水师大破来援百济之倭军于朝鲜白江口，焚倭船四百艘。唐平百济。十月令太子弘学习政事（十岁）。

此年编成《瑶山玉彩》五百卷。

麟德元年（公元 664），武则天四十二岁。

百官尊称高宗、武后为"二圣"（圣皇、圣后）。则天生太平公主。高僧玄奘圆寂。

大臣上官仪谋反，伏诛，其孙女上官婉儿初生，收入宫中抚养教育。

麟德二年（公元 665），武则天四十三岁。

四月观练兵于北邙山之阳。日本"遣唐使"来朝。近年农业丰收，今年大丰收，米一斗，钱五文，豆类大麦无人买卖。

冬，高宗、武后赴泰山行封禅礼。

乾封元年（公元 666），武则天四十四岁。

正月高宗一行至泰山封禅。禅社首山时，高宗为首献，武后为亚献，越国太妃燕氏为终献。令齐州给复一年半，车驾经过之地皆免今年租庸调。"二圣"归时，至曲阜，封孔子为太师；又至亳州，封老子为太上玄元皇帝。四月归至长安。

乾封二年（公元 667），武则天四十五岁。

唐军拔高丽数十城。废乾封钱，复用开元通宝钱。张说生。

二月在羌族地区所置州县皆被吐蕃所陷。海南岛僚人反，陷琼州。

总章元年（公元 668），武则天四十六岁。

四月彗星现，高宗避正殿，减膳，令内外百官上封事，极言皇帝过失。

九月唐军破平壤，灭高丽。以高丽、百济为安东都护府，分置四十二州。命薛仁贵为首任安东都护。留兵两万人戍之。阎立本为相。

总章二年（公元 669），武则天四十七岁。

五月徙高丽人三万八千二百户于江淮以南及山南。

六月永嘉等县海水泛溢（海啸），人畜田屋损失惨重。冀州大水漂没居民数千家。剑南十九州旱。各遣使赈济。运太原仓米粟至京。英国公李勣死（七十六岁）。

咸亨元年（公元 670），武则天四十八岁。

吐蕃陷西域十八州及四镇（龟兹、于阗、焉耆、疏勒）。八月薛仁贵奉命率军击吐蕃，失利于大非川。令各州县修建孔庙及学馆。

九月则天之母杨氏死（九十二岁）。

此年天下四十余州有虫害、霜害及旱灾，百姓饥，关中尤甚，运江南米赈济。武皇后因天灾自请避位。

咸亨二年（公元 671），武则天四十九岁。

正月，高宗、武后至东都，留皇太子在长安监国。七月高侃破高丽叛众于安市城。十一月，高宗、武后至河南许汝等州，并校猎于许州叶县。此年高僧义净赴印度取经。

咸亨三年（公元 672），武则天五十岁。

正月派梁积寿率军击姚州"叛蛮"。昆明"蛮"二万三千户归附。

四月吐蕃贡使来朝，遣使报之。八月许敬宗死。

十一月，高宗、武后自东都还长安。

咸亨四年（公元 673），武则天五十一岁。

三月，令刘仁轨修改国史。闰五月李谨行大破高丽叛众。

七月婺州大水，溺死五千人。十月名画家宰相阎立本死。

令皇太子李弘试理国事。

西域弓月、疏勒两国王来朝。

上元元年（公元 674），武则天五十二岁。

二月，因新罗收纳高丽叛众并扩增武力，派刘仁轨等率军讨伐。三月武后祀蚕神，表示重视农桑。八月，文武百官等称高宗为天皇、武后为天后。九月追复长孙无忌官爵。十一月，天皇、天后校猎于华山，至东都。天后提出施政方针十二条，强调发展农业，减轻赋役。

十二月，波斯王卑路斯来朝。

上元二年（公元 675），武则天五十三岁。

二月唐军大破新罗。新罗遣使入朝请罪，赦之。新罗复为唐之附属国。此年朝鲜全境皆用唐历。

三月，武后祀蚕神于洛阳附近之北邙山。高宗欲令武后出面正式总理国政，宰相郝处俊谏止之。武后仍居幕后执政。

四月，太子李弘因服汤药暴卒（二十四岁）。追谥为孝敬皇帝。六月立皇子李贤为太子。

武后创建"北门学士"（即智囊团），令学士参决奏疏，编撰《列女传》《乐书》《百僚新诫》等。许宫中女官每年回家省亲一次。王勃卒（二十八岁）。

仪凤元年（公元 676），武则天五十四岁。

正月，纳州僚人反，发黔州兵击之。二月，令安东都护府自平壤迁于辽东。四月吐蕃进攻鄯廓河芳四州，令契苾何力等十二总管统兵抗击。八月，青齐等州大水，漂溺五千家。遣使赈恤。

因星变，高宗、武后避殿、减膳，放京城囚，令百官上封事，言得失。对桂广交黔四府，行南选法取士。

九月，狄仁杰犯颜直谏，升为侍御史。

十二月，太子李贤上所注《后汉书》，赐织物三万段。派宰相来恒等为大使，巡抚河北、河南、江南等道。

仪凤二年（公元 677），武则天五十五岁。

正月，高宗举行躬耕籍田仪式于长安东郊。四月，河南河北旱，派使臣赈济。五月吐蕃扰扶州。八月皇子李显改名哲。

十二月令关内及河东诸州召募勇士以讨吐蕃。又令两京三品以上官员各举文武才能堪任将帅或牧守者一人。今冬两京无雪。

新罗势力及于全朝鲜。

仪凤三年（公元 678），武则天五十六岁。

正月元旦，文武百官及外国使臣朝天后。

四月因天旱，天皇、天后避正殿。天后亲录囚，释囚。七月得雨，夏麦丰熟，秋稼滋荣。又得李敬荣表奏击败吐蕃于龙支，因宴近臣于东都。

九月，天皇、天后车驾还长安。

李敬玄与吐蕃战于青海，大败。黑齿常之力战，反败为胜。娄师德说服吐蕃，相安数年。李邕（北海）生。

调露元年（公元 679），武则天五十七岁。

正月，车驾至东都。侍御史狄仁杰劾邪官，朝廷肃然。许圉师、戴至德死。二月，吐蕃有国丧，遣使往吊。东都地区饥，官出糙米赈济。六月，西突厥勾结吐蕃扰安西都护府边地。裴行俭奉命护送波斯新王尼归国。七月，裴行俭返国时，擒西突厥可汗都支而归。十月，东突厥扰边。十一月，特升裴行俭为礼部尚书兼右卫大将军，又命为定襄道大总管，与诸将统兵 30 万以讨东突厥。王方翼筑碎叶城（在中亚）。

永隆元年（公元 680），武则天五十八岁。

正月，霍王李元轨率百官请捐一月俸料助军讨东突厥。天皇、天后游汝州温泉及嵩山。三月裴行俭军大破东突厥于黑山，擒其首领。四月，黄门侍郎裴炎升为中书省侍郎。

七月，吐蕃扰河源，李敬玄失败，黑齿常之力战，大破吐蕃，升为经略大使。八月，废太子贤，立皇子李哲为太子。九月，河北、河南诸州大水。十一月，洛州饥，官粜减价以救饥民。文成公主死。

开耀元年（公元 681），武则天五十九岁。

正月，突厥余部扰原庆等州，命裴行俭讨之。禁雍州华服，厚葬。

二月，东突厥阿史那伏念叛，自称可汗。曹怀顺讨之于横水，大败，流怀顺于岭南。五月，黑齿常之破吐蕃于良非川。七月，太平公主下嫁薛绍，赦京城囚犯。闰七月，裴炎升为侍中（宰相职）。裴行俭、程务挺大破突厥，逼伏念降，东突厥叛乱尽平。新罗、吐火罗使臣来朝。河北河南水灾区免征地税一年，雍岐华同等州免征地税两年。

永淳元年（公元 682），武则天六十岁。

二月，破例立皇孙重照为皇太孙。四月，安西都护王方翼讨平西突厥叛乱于伊丽水及热海。七月，建奉天宫于嵩山之阳。娄师德抗击吐蕃，八战八捷。十二月，东突厥余部扰并州北部，杀岚州刺史；薛仁贵率军至，大破之，俘两万余人。

此年，关中旱灾、蝗灾、疫疠并起，死者相枕籍，人相食。四月天皇、天后赴东都时，减扈从，士兵及从者多饿倒于路。孙思邈死（百岁以上）。

弘道元年（公元 683），武则天六十一岁（高宗卒）。

春，东突厥余部又反，命程务挺等击之。四月，绥州稽胡白铁余聚众反，据平城，称帝，大肆攻掠。程务挺、王方翼击平之。七月，高宗病渐笃，召太子赴东都，命皇太孙留守西京（长安）。十二月，高宗病逝于东都（五十六岁）。太子李哲（中宗）继位。此年，薛仁贵死（七十岁）。

嗣圣元年（文明元年，光宅元年公元 684），武则天六十二岁（为皇太后）。

二月，因中宗不肖，则天废之为卢陵王，立皇子李旦为皇帝（睿宗）。武皇太后公开临朝执政。改东都为神都，改元文明。后又改元光宅。七月，广州都督路元睿纵部下欺压外商，被昆仑人所杀。

八月，葬高宗于乾陵。九月，徐敬业等反于扬州，十一月讨平之。杀附逆之宰相裴炎及大将军程务挺。冬，立武家七庙于神都，建武家五代祖祠于文水。十二月，派御史出巡诸道，以清吏治。

垂拱元年（公元 685 年），武则天六十三岁。

正月，因徐敬业之乱已平，大赦天下，改元垂拱。则天亲制《垂拱格》（格即办事条例），颁布全国。二月，设登闻鼓及肺石于朝堂，以通民情，以求谏言。四月，东突厥扰代州，杀五千人。五月，令内外百官九品以上及百姓有才能者皆可自荐。七月，始以僧人薛怀义（即冯小宝）为白马寺寺主。此年刘仁轨死（八十四岁）。

垂拱二年（公元 686），武则天六十四岁。

正月编成《兆人本业记》，颁发各道，提倡发展农业生产。

三月，置铜匦（意见箱）于朝堂，箱分四面，各有口，以纳建议、谏诤、自荐、军事之投书。

十二月，免并州百姓终身庸调。撤出四镇戍兵。

垂拱三年（公元 687），武则天六十五岁。

二月，突厥骨笃禄扰昌平，派黑齿常之击之。七月又扰朔州，黑齿常之大破之。交趾都护刘延佑苛征俚户，被起义军所杀。十一月，取消御史监军制度。此年天下歉收，关中与关东尤甚。孙过庭撰《书谱》。

垂拱四年（公元 688），武则天六十六岁。

二月，毁乾元殿，就其地新建明堂。山东、河南饥荒，命王及善、欧阳通、狄仁杰赴灾区巡抚赈济。

四月，武承嗣等伪造瑞石以献。

五月，群臣上则天尊号曰"圣母神皇"（已是做女皇之前奏），七月大赦，令天下大酺（欢宴）五日。八月，博州刺史贵族李冲反，七日而败。其父豫州刺史继反，亦即败。因此，则天大杀通谋反武之李唐诸王。冬，明堂（明国家政教之堂也）成。鉴真和尚生。

永昌元年（载初元年公元 689），武则天六十七岁。

正月，"圣母神皇"亲祀明堂，改元永昌，大赦，令天下大酺七日，以示庆祝。二月，神皇追尊父为太皇，母为太后。

五月，命僧怀义率兵击突厥，至紫河，不见敌。派右相韦待价抗击吐蕃，韦迟留不进，七月战败，流绣州。

闰九月，酷吏得势横行：前相魏玄同被酷吏周兴罗织下狱，饿死。内外大臣被诬死及流贬者甚多。

十一月，改用"周正"（周朝历法），以十一月为正月，改元载初。宗楚客献所造新字"曌"（照）等十二个，令颁行天下。孟浩然生。

天授元年（公元 690），武则天六十八岁（为女皇）

二月，神皇亲试举人于神都，殿试制度自此始。僧法明等编成《大云经》，谓则天乃弥勒佛降生。七月，太平公主改嫁武攸暨。

九月，侍御史傅游艺等率关中百姓九百人至神都，上表请神皇改唐为周，不许。又有百官、百姓、和尚、道士、各方首领共六万余人，上表请愿：改国号，称周帝。则天终于易唐为周，改元天授，称"圣神皇帝"（皇帝生时有尊号，自则天始）。免天下武姓赋役。令史务滋等十人巡抚十道。

十月，改文水县为武兴县，武兴百姓永免赋役。西突厥被东突厥所攻，继往绝可汗率众七万人入居内地，改号竭忠事主可汗。令娄师德以宰相兼管西北屯田事。此年，日本持统女皇登位。

天授二年（公元 691），武则天六十九岁。

二月，流酷吏周兴，途中被仇家所杀。诛酷吏索元礼。四月，升佛教于道教之上。六月，命岑长倩率军讨吐蕃。七月，迁关中七州人户数十万人，以充实神都。十月，令百官自荐。诛大将岑长倩及欧阳通。

如意元年（长寿元年公元 692），武则天七十岁。

正月，女皇引见诸巡抚使所荐之人才，即分别试用。试用制度自此始。二月，吐蕃人、党项人万余来归附，安置于十州。

三月，五天竺国王皆遣使入贡。四月，改年如意，大赦天下，禁屠宰。七月，大雨，洛水泛溢，漂流居民五千余家。派使臣巡赈济慰问。

九月，女皇生两齿，改元长寿，大酺七日。于并州设置北都机构。十月，王孝杰军大破吐蕃，收复碎叶、龟兹、于阗、疏勒四镇。重建安西都护府于龟兹。新罗王死，新王立，遣使册封。

长寿二年（公元 693），武则天七十一岁。

正月，女皇祀万象神宫（即明堂），女皇自制神宫乐章，用歌舞队九百人。

令宰相撰《时政记》，送史馆。撰《时政记》从此成为制度。罢士人习《老子》，改习《臣轨》（女皇所撰）。二月，酷吏乱杀岭南流人。裴匪躬因私谒皇嗣（武旦即李旦），被腰斩于市。

七月，群臣加女皇尊号曰："金轮圣神皇帝"。大赦天下，大酺七日。

长寿三年（延载元年公元 694），武则天七十二岁。

正月，东突厥骨笃禄死，其弟默啜自立为可汗，扰灵州。室韦反，李多祚击破之。三月，王孝杰大破吐蕃及突厥各三万余人于冷泉及大岭。命僧怀义统兵讨默啜。

五月，群臣又加女皇尊号曰"慈氏越古金轮圣神皇帝"，改元延载。

六月，永昌蛮二十余万户来附。八月各族各国首领请铸天枢，征神都钢铁，不足，征及农器。此年，摩尼教僧人从波斯携其经文来朝，摩尼教开始传入中国。

证圣元年（天册万岁元年公元 695），武则天七十三岁。

正月，天堂失火，延及明堂，皆烬。火照洛阳城中如白昼。女皇以明堂火灾告太庙，手诏责躬，令内外文武九品以上各上封事，极言正谏。改元证圣。仍令怀义督造明堂及天堂。

二月，去"慈氏越古"尊号。因怀义拥僧兵不法，杀之。四月，天枢铸成，立于宫城端门外，高五百尺。名曰：大周万国颂德天枢。又铸成十二生肖神像。

七月，吐蕃扰临洮，命王孝杰击之。九月，又加尊号曰："天册金轮圣神皇帝"，改元天册万岁。大赦，且赦免常赦所不及之十恶大罪等死罪。大酺九日。十月，突厥默啜战败请降，封为归国公。

万岁登封元年（万岁通天元年公元 696），武则天七十四岁。

正月，女皇封神岳嵩山，禅少室山，改元为万岁登封。天下普免租税一年，洛州免百姓赋役二年，以示国家富足。

三月，重建明堂落成。四月，女皇亲祀明堂，又名通天宫，改元万岁通天，大赦。因天下大旱，令百官极言时政得失。

五月，营州契丹李尽足反，命二十八将讨之，不利。起用狄仁杰为魏州刺史，防御契丹。

铸九鼎成，女皇亲作豫州大昌鼎歌。

万岁通天二年（神功元年公元 697），武则天七十五岁。

正月，太平公主引荐医生及音乐家张昌宗、张易之兄弟为宫廷小官。酷吏武懿宗诬陷朝臣三十余家，流放千余人。三月王孝杰击契丹，战败，死之。默啜求赐朔代六州之突厥降户及谷帛铁器农具，皆许之。

四月，九鼎铸成，列置明堂前，共用铜五十六万零七百余斤。

六月，诛酷吏来俊臣。酷吏横行至此结束。契丹主李尽忠死，其孙继位，被唐军击败，为其部下所杀，契丹集团瓦解，余众陆续归附。

九月，因契丹叛乱已平，改元神功，大赦天下。十月，始设员外官，达数千人。以娄师德、狄仁杰、杜景俭为相。郭子仪生。

圣历元年（公元 698），武则天七十六岁。

女皇终于采纳大臣狄仁杰等的意见，将来将皇位归还李家（夫家），三月，召庐陵王自房州回神都。九月，宣布以庐陵王（李显）为太子。

自八月起，突厥默啜可汗攻扰河北诸地，大肆杀掠。九月，命狄仁杰为副元帅统军进击，默啜闻之，饱掠而遁。

升姚元崇、李峤为相。此年大祚荣建渤海国。

圣历二年（公元 699），武则天七十七岁。

二月，新设控鹤府以安置近臣张易之、张昌宗，旋改名为奉宸府。女皇出游神岳嵩山，并谒升仙太子庙。女皇生重眉如八字，百官皆贺。四月，吐蕃内讧，其大将赞婆等率所统吐谷浑七千帐来降。七月，吐谷浑一千四百帐来附。

封故高丽王之孙高德武为安东都护。

久视元年（公元 700），武则天七十八岁。

正月，女皇游汝州温泉，建三阳宫于阳城县之石淙。四月，女皇幸三阳宫，君臣唱和。五月，女皇病愈，改元为久视，大赦，大酺五日。夏，大旱，去天册、金轮、圣神等尊号。六月，命李峤、张易之等三十六学士（多北门学士）编修《三教珠英》（儒释道百科辞典）。契丹将领李楷固等来降，使之平契丹余部。

七月，女皇自阳城县三阳宫返神都。

闰七月，吐蕃扰凉州，唐将唐休璟大破之。

九月，内史狄仁杰死（七十一岁）。

十月，宣布废"周正"，复用"夏正"（夏历），仍以明年寅月（阴历正月）为岁首。

注：自垂拱四年（公元 688 年）改用周历以来，至此年，本表每年之"正月"，实皆夏历之十一月。其余类推。

十一月，女皇至新安县。

自长寿元年（公元 692 年）以来之屠禁，凡九年，至今年十一月始解禁。

大足元年（长安元年公元 701），武则天七十九岁。

夏历三月，以姚元崇为相。五月，女皇至三阳宫避暑、疗养。七月回神都。

五月命御史大夫魏元忠为总管，练兵以备突厥。八月，突厥默啜扰边。

十月，女皇回长安，改元长安，大赦天下。

十一月，命郭元振为凉州都督。元振在凉州，筑要塞，开屯田，在任五年，牛羊遍野，军粮充足，突厥不敢犯。

此年《三教珠英》修成，共一千三百卷。李白生、王维生（有异说）。

长安二年（公元 702），武则天八十岁。

此年，女皇在长安（年老有病）。日本"遣唐使"来朝取经。平反冤狱甚多。

正月，初开武举以选将帅之才（从此至清朝，皆开武举）。

三月，突厥扰并州，七月扰代州。

九月，吐蕃请和，十月又扰茂州，败退。

十一月，女皇亲祀长安南郊，大赦。

十二月，设北庭都护府于庭州。命魏元忠为安东道安抚使。

徐有功死（六十三岁）、陈子昂死（四十二岁）。

长安三年（公元 703），武则天八十一岁。

女皇春夏秋三季皆在长安，十月还神都。

四月，吐蕃献马求婚。

六月，宁州山洪暴涨，漂流二千余家，溺死千余人。

九月，听张昌宗谮言，贬魏元忠为端州高要县尉，流张说于岭南。长安大雨雹，天寒，人畜有冻死者。女皇十月回神都。

默啜可汗既请为女皇之子，又请以女妻太子之子。十一月，遣使来谢许婚。

十一月，始安僚人起义反抗官使之侵凌，旋抚定之。

分道遣使以"六条"纲领视察州县。

长安四年（公元 704），武则天八十二岁。

正月，建兴泰宫于寿安县（河南宜阳县）之万安山。

女皇年老多病，四月至七月，在兴泰宫疗养。正月，封阿使那怀道为西突厥十姓可汗。四月，复课僧尼。十月，升张柬之为相。

神龙元年（公元 705），武则天八十三岁。

元旦，改元神龙，大赦天下。

正月，张柬之等拥太子发动政变，率兵入宫，杀张易之、张昌宗于廊下。女皇去冬以来卧病。至此被迫传位于太子（中宗李显）。中宗登位，上尊号曰："则天大圣皇帝"。

女皇由正殿迁居上阳宫养病。十一月，病逝于上阳宫之仙居殿。终年 83 岁（根据《旧唐书·本纪》）。其后葬于乾陵。

中宗虽登位复唐，但仍用神龙年号，不敢改元，不许称中兴，以表示尊重"圣母神皇"。

再版后记

我主编的《旷世女皇武则天》在 2007 年 1 月出版，2009 年重印一次，出版后受到不少读者关注。有鼓励的，有提意见的，也有不少读者要求邮购此书的，所以，我受出版社委托对该书整编修订再版，加工提高，以应读者之需。这次再版，书名改为《明主与暴君：武则天》，整个内容也作了大的修改。这次修订再版主编是李古寅、彭华杰；副主编是刁歆、王秋霞、祁雨江、韩伟；编委是王秋霞、彭华杰、刁歆、祁雨江、韩伟；插图李长松。

路漫漫其修远兮，吾将上下而求索。知我者谓我心忧，不知我者谓我何求。知人者智，自知者明。我致力于古籍整理、古文献开发、传统文化和中国古代思想史研究有年，虽然竭忠尽职，但真正满意的成果不多。现在，全社会焦躁轻浮，急功近利，投机取巧者众，踏实苦干者寡，能静心写书的有几人？能坐下来读书的又有几人？我虽然老迈愚钝，但当悬鞭自警，以不负读者厚望。本次再版，曾得到中国言实出版社张志华主任、商丘师院图书馆贾光主任的不少帮助，谨致谢忱。

李古寅识于郑州

2015 年 5 月 29 日